社会保障通论

胡　勇　李宝龙　马泽春 等　编著

中国农业出版社

图书在版编目（CIP）数据

社会保障通论/胡勇等编著．—北京：中国农业出版社，2008.6

ISBN 978-7-109-12672-5

Ⅰ. 社…　Ⅱ. 胡…　Ⅲ. 社会保障　Ⅳ. C913.7

中国版本图书馆CIP数据核字（2008）第073678号

中国农业出版社出版
（北京市朝阳区农展馆北路2号）
（邮政编码 100125）
责任编辑　姚　红

中国农业出版社印刷厂印刷　新华书店北京发行所发行
2008年6月第1版　2008年6月北京第1次印刷

开本：850mm×1168mm　1/32　印张：8.625
字数：250千字　印数：1～2 000册
定价：28.00元

主　编: 胡　勇　李宝龙　马泽春

副主编: 李巧兰　韩　芳　张彦敏
康文刚　彭君芳　马建全
张晓凤

前　言

随着我国社会福利与社会保障制度的改革与发展，人民群众越来越多地关注与自己生活密切相关的养老、医疗、社会救助、社会工作与社会服务领域的动向。为适应新形势的发展，我们组织编写了《社会保障通论》一书。

本书编写组成员始终遵循理论与实践相结合的原则，力求内容深入浅出，力求让读者在了解社会保障基本理论知识的同时，也能够结合实际案例进行现实的分析。本书还在养老、医疗、工伤、救助部分，专门针对农民群体的社保相关内容进行了论述。这些不仅有利于广大人民群众依法维护自身的合法权益，同时也有利于高校社会保障课程的教学，有利于提高从事社保工作的相关人员的实际操作水平，有利于农民兄弟对与己利益相关的社保内容有所了解和把握。

本书在编写过程中，参考了大量的国内外社会保障的相关文献资料，参阅了许多与社会保障内容相关的网站。编写组在搜集、整理、总结、归纳、提炼相关文献资料的同时，又结合自己教学及科研当中的实例，对相关案例进行了细致的理论与政策的分析，提出了很多独到的见解。

本书在编写过程中，得到了《中国社会保障》编辑部的胡俊生老师和北京农学院人文社会科学系华玉武主任的大力支持与帮助。本书的出版得到了国家教育部留学归国人员科技资助项目、北京市教委人文社科面上项目、北京市科委博士论文资助项目资金的大力支持，在此谨向以上单位表示由衷的谢意。限于编写组成员的水平，书中难免会有不妥与疏漏之处，恳请专家、学者和广大读者给予批评指正。

本书编写组

2008 年 4 月

目 录

第一章　社会保障概述

关于社会保障，国际上尚无统一定义。现在通常将社会保障制度理解为：国家通过立法，采取强制手段对国民收入进行分配和再分配，对基本生活发生困难的社会成员给予基本生活保障，以保证社会安定的一系列有组织的措施、制度和事业的总称。在20世纪五六十年代，我国将社会保障的几个组成部分称为劳动保险、社会救济、社会福利等。在第七个五年计划（1986—1990）中，才正式开始使用“社会保障”一词。

第一节　社会保障的概念及内涵

社会保障制度的产生，是生产力发展到一定阶段的产物，是社会进步和文明的重要标志。经过一百多年的发展，它已经成为市场经济不可或缺的重要支柱，被称之为社会的“稳定器”、经济运行的“减震器”和实现社会公平的“调节器”。

在我国，作为构筑社会主义市场经济体制基本框架的五大支柱之一，健全完善的社会保障体系在保障基本生活、维护社会稳定、促进经济发展、实现社会公平等方面有着不可替代的作用。

一、社会保障的概念

社会保障是指国家通过立法，积极动员社会各方面资源，保证无收入、低收入以及遭受各种意外灾害的公民能够维持生存，保障劳动者在年老、失业、患病、工伤、生育时的基本生活不受影响的一项制度。

世界各国由于政治经济制度、经济发展阶段、价值取向、法律文化传统等方面的不同，社会保障的项目内容体系各有差异。有的国家社会保障项目非常庞杂，包括十几种甚至上百种。但概括起来，一般包括社会保险、社会救济、社会福利、社会优抚和社会互助等内容。其中，社会保险是社会保障的核心部分。

社会保障制度的萌芽，一直可以追溯到几千年前的古代文明时期。最初是社会成员之间自发地进行互助互济，然后产生了民间和宗教的慈善事业，后来逐渐发展成为政府的一项社会政策。最早的社会保障法，可以追溯到1601年英国颁布的《济贫法》，当时规定通过征收济贫税对无力谋生的贫民发放救济。现代意义上的社会保障制度则是伴随着各国工业革命的完成而逐步发展起来的，首先在1883年的德国产生，之后相继在欧美国家得到确立。1935年美国国会制定通过了《社会保障法》，成为世界上第一个制定《社会保障法》的国家。第二次世界大战以后，各国在恢复经济的过程中，为了减少社会冲突，稳定社会政治经济秩序，都在不断完善和加强社会保障制度改革和立法。西欧北美一些国家实行了“从摇篮到坟墓”或“从胎儿到天堂”的福利政策。当代世界各国无论是发达国家还是发展中国家，都普遍建立了不同类型的社会保障制度。现在已经有160多个国家和地区进行了社会保障立法。

从以上社会保障制度的历史沿革可以看出，世界各国的社会保障制度，从其诞生到逐步得到确立和发展，无一不是同社会保障立法相伴相生的。可以说，社会保障法律制度在当代各项法律制度中占有重要的位置。

二、社会保障的内涵

社会保障是国家和社会依法建立起来的、具有经济福利性的国民生活保障与社会稳定系统。在当代经济社会生活中，它具有以下一些内涵。

（一）社会保障是市场经济的必要组成部分

建立社会主义市场经济体制，是我国总结几十年的经济社会发展经验后的一种理性选择，是我国经济社会改革的总体目标。市场经济可以建立一种激励机制，提高劳动生产率，提高效率，但是，市场经济和计划经济一样，都不是万能的，都有“失灵”的一面，都会产生一定的经济社会问题。市场经济“失灵”带来的经济社会问题，如果没有有效的解决手段，必将造成严重的社会后果。西方发达国家市场经济的发展实践表明，完备的社会保障体系和健全的社会保障制度是市场经济必不可少的润滑与维系机制。因为，社会保障首先是为社会成员提供了生存保障；其次是为社会成员的发展创造了安定的社会环境；再次是通过各种社会保障项目的实施，缓和了贫富差距和社会成员之间的矛盾，促进了社会成员的协调发展，并最终使社会秩序稳定的目标得以实现；最后社会保障可以为经济社会发展提供一定的资金投入，减缓经济周期波动的危害。因此，社会保障是整个市场经济发展的安全机制和稳定机制，是不可或缺的精巧的社会稳定器和推进器。

市场经济社会是由四个子系统组成的，即社会生活系统、社会生产系统、社会管理系统、社会保障系统。其中社会生活系统是目的，构成社会的中心；社会生产系统是实现目的的物质手段，构成社会的基础；社会管理系统是实现目的的主观手段，构成社会的关键；社会保障系统也是实现目的的主观手段，它消减社会的后顾之忧，构成社会的稳定机制。后三个系统共同为社会生活系统服务，三者缺一不可。因此，社会保障是社会主义市场经济的必要组成部分。

（二）社会保障是保障人权的有效手段

人权问题是当今经济社会发展的重要问题之一，其基本内容包括生存权和发展权。生存权的确立要求政府和社会要尽可能保障社会成员的生存，这是人权的第一层次，是基础；发展权的确立要求政府和社会要创造一切条件满足社会成员的发展需求，这是人权的第二层次，也是最高层次，是社会发展的最终目的。因此，保障人权是政府和社会的应尽职责，而开展社会保障就是做好这项工作的有效措施之一。

现代社会保障是政府和社会为了解除或预防贫困以及某些经济社会风险对社会成员造成的威胁，通过立法和一系列公共措施，为社会成员的生存安全和发展提供的一种保护。在这里，实施社会保障的目的不仅是为受社会风险威胁的那部分社会成员提供保护，而且是为全体社会成员提供生活的安全感和发展条件，维护人格尊严。因此，现代社会保障是保障人权的有效手段之一，是社会成员的一项基本权利，这已经得到各国的法律和一些国际法的确认。如我国的《宪法》在第四十五条中明文规定："中华人民共和国公民在年老、疾病或者丧失劳动能力的情况下，有从国家和社会获得物质帮助的权利。国家发展为公民享受这些权利所需要的社会保险、社会救济和医疗卫生事业、国家和社会保障残废军人的生活，抚恤烈士家属，优待军人家属。国家和社会帮助安排盲、聋、哑和其他有残障的公民的劳动、生活和教育。"再如《世界人权宣言》第二十二条规定："人既为社会之一员，自有权享受社会保障，并有权享受个人尊严及人格自由发展所必需之经济、社会及文化各种权利之实现"；第二十五条规定："人人有权享受其本人及其家属康乐所需之生活程度，举凡衣、食、住、医药及必要之社会服务均包括在内；且于失业、患病、残废、寡居、衰老、或因不可抗力之事故致有他种丧失生活能力之情形时，有权享受保障。"总之，将社会保障确定为政府的一项责任，是保障人权的一项有效手段，是社会成员的一项基本权利的思想，已经成为世界上大多数国家的共识和建构现代社会保障制度的基本立意，这里的意义是很深远的。

（三）社会保障是公平与效率的统一

公平与效率的问题是经济社会发展的重要内容，经济社会发展既应维护应有的公平，又应是高效率的，但是公平与效率的统一始终是难以协调的。其实，如果制度安排得合理，公平与效率是完全可以同时实现的，建立完善的社会保障制度就可以达到这样的目的。

首先，社会保障制度可以促进公平。这主要表现在：①社会保障可以促进机会的公平。完善的社会保障制度是面向全体社会成员的，不将任何人排除在社会保障之外，任何社会成员只要符合法律统一规定的条件，不论其地位、职业、民族、性别、信仰、年龄等均被强制性地纳入社会保障范围，因此，每一个社会保障项目对于其适用范围内的社会成员而言，即是一种机会公平的保障。②社会保障可以一定程度地促进起点与过程公平。社会保障为社会成员提供基本生活保障，免除了他们的后顾之忧，不致于因先天不足或某些社会风险的侵害而陷入生存困境，导致发展起点和过程的不公平。社会保障通过补偿功能，可以恢复社会成员的基本生存能力，重新投入社会生活之中。③社会保障可以一定程度地促进结果的公平。社会保障实质上是一种再分配政策，具有调节收入差距的功能。一方面，社会保障制度的实施需要多方筹集资金，它一般要求高收入者多缴纳费用，低收入者少缴纳费用；另一方面，收入高、富裕家庭或社会成员因其生活水平高而享受社会保障的机会要少，而贫穷、低收入的家庭或社会成员享受社会保障的机会要多。从总体上看，是后者较前者更能从社会保障制度中获得好处。通过上述“付出”与“享受”的调整，将一部分国民收入集中起来进行再分配，客观上起到了调节收入差距的作用，使社会成员在社会发展中的不公平得到了缩小。

其次，社会保障制度可以促进效率。这主要表现在：①社会保障可以为经济发展创造良好的社会环境。社会保障可以缓解贫困，保障基本生活，调节收入差距，缓和阶层矛盾，解决社会问题，从而创造一个安定的社会环境，这无疑是提高效率的重要前提。②社会保障可以免除社会成员的后顾之忧，调动其生产积极性；还可以为社会成员提供基本的生活保障，消除各种社会风险的危害，免除后顾之忧，从而调动社会成员的劳动积极性。③社会保障可以保证社会再生产所需劳动力的供给。社会保障不仅可以提供基本的生活保障，维持社会成员的生活，使其恢复、补充和保持充分的劳动力以备发挥，而且还可提供健康保障和教育培训保障，从而提高社会成员的身体、心理和技能素质。另外，社会保障还可以促进劳动力市场的完善，促进劳动力的合理流动，有利于劳动力资源的有效配置。④社会保障基金可以支持经济发展，缓解经济波动的危害。一方面，在经济处于萎缩时期，社会保障可以保障社会成员的基本生活，增加需求，刺激经济增长；另一方面，在经济高速增长时期，社会保障又可以通过收费，增加积累，防止经济增长过热和发生通货膨胀。

（四）社会保障是权利与义务的统一

如前所述，当代社会保障已经被明确地确定为是社会成员应该享受的基本权利之一，社会成员是社会保障的权利主体，但这并不是说社会成员可以无条件地享受社会保障，与权利相伴随的是义务，社会成员也是社会保障的义务主体之一。社会成员作为义务的主体要为社会作贡献，履行应尽的义务，才能取得权利主体的资格，才能取得享受社会保障权利的资格。因此，社会保障是权利与义务的统一。

社会成员作为社会保障的义务主体之一，所应尽的义务包括两个方面，一是劳动义务，二是缴费义务。劳动既是权利又是义务，人人都有劳动的权利，同时人人又都必须履行劳动的义务，为社会创造财富，才能取得权利主体的资格，当他们遇到社会风险、生存发生困难的时候，才能享受社会保障。缴纳社会保障费（主要是社会保险）也是社会成员参加社会保障应尽的义务之一。

只有这样，才能分散风险，实现互助共济；才能调节收入差距，实现社会公平；才能建立激励机制，实现自助互助；才能建立雄厚的社会保障基金，预防社会风险。

社会保障作为权利与义务的统一体，既有强制性的一面，又有灵活性的一面。强制性是指凡是有劳动能力、收入达到一定程度的社会成员必须履行劳动义务和缴费义务，才能取得享受社会保障权利的资格。灵活性是指没有劳动能力、收入没有达到一定程度的社会成员可以不履行劳动义务和缴费义务，因为他们没有履行劳动义务和缴费义务的能力，他们不需要尽任何义务就可以享受社会保障权利。

（五）社会保障是政府、企业（单位）、个人的利益统一体

从参与的角度看，社会保障的参与者主要有三个，即政府、企业（单位）和个人。这三者都是社会保障的主体，但所起的作用和所处的地位不同。其中政府是责任主体，负责开办强制性的社会保障；政府、企业（单位）、个人都是义务主体，都要为社会保障尽各自的义务，如政府要尽组织、资金资助的义务，企业（单位）要尽缴费的义务，个人要尽劳动和缴费的义务；个人是权利主体，个人在履行义务的基础上有权享受社会保障；政府、企业（单位）、个人都是受益主体，即上述三方都可以从社会保障中受益。因此，社会保障是政府、企业（单位）、个人的利益统一体。

政府可以在开办社会保障过程中获益，这表现在：可以解决一定的社会问题，如贫困问题、失业问题、人口老龄化问题等；可以通过社会保障调节收入差距，维护社会公平，从而缓解社会矛盾，维持社会秩序的稳定；可以促进劳动力市场的完善，促进劳动力的合理流动，有利于劳动力资源的合理配置；可以稳定经济秩序，缓解经济波动的危害，利用雄厚的社会保障基金帮助政府顺利地进行宏观市场干预；可以体现政府的职责，获得人们的信任和支持。总之，社会保障是政府稳定和推进经济社会发展的有效手段。

企业（单位）也可以从社会保障中获益，这表现在：其一，由于社会保障是社会的稳定器，可以解决一定的社会问题，缓解社会矛盾，从而为企业发展提供一个稳定的社会环境；其二，可以使企业获得一个公平的社会环境，企业（单位）通过缴纳社会保障费的方式将社会风险（贫困、年老、失业、疾病、工伤、生育等）转移给社会保障，从而免除了社会风险的侵害可能导致的负担畸轻畸重，可以轻装上阵，在一个相对公平的社会环境中展开市场竞争；其三，可以使企业获得稳定而充足的劳动力供给。社会保障不仅通过提供物质帮助使社会成员的劳动力得以补偿、恢复、保存，而且可以通过提供教育培训使社会成员的劳动技能得以提高，从而为企业生产提供稳定而充足、优质的劳动力供给；此外，还可以增强企业（单位）的凝聚力，企业（单位）通过开办补充社会保障，可以增强企业（单位）的吸引力，吸引人才，增强职工对企业（单位）的信任和热爱，从而增强企业（单位）的凝聚力，提高劳动生产率。

社会成员个人不仅可以从社会保障中获得物质帮助，而且还可以获得精神安慰，这表现在：社会保障制度为生活在最低生活保障线下的社会成员提供必要的物质帮助，使其摆脱生存危机；社会保障制度为遭遇社会风险侵害的社会成员提供必要的物质帮助，使其维持基本的生活，避免成为贫困者；社会保障制度还可以为社会成员提供一定的日常生活服务、医疗康复服务、文化娱乐服务，方便和丰富社会成员的生活，提高生活质量；社会保障制度也为社会成员提供一定的教育培训，使其提高文化素质和劳动技能，促进就业；另外，社会成员还可以通过社会保障体会到政府、社会、企业（单位）的关心和爱护，人与人之间的互助友爱，人道主义的温暖，从而在一个良好的社会环境中实现个人的发展。

社会保障是政府、企业（单位）、个人的利益统一体，表明社会保障是一件利国利民的政策措施，因此，要求政府、企业（单位）和个人都要积极地参与到社会保障中来，共同把社会保障办好。

第二节　社会保障的特点与作用

一、社会保障的特点

从社会经济角度看，社会保障属于国民收入再分配的范畴。一种形式是，在国民收入初次分配时，由社会保障机构把劳动者个人已经得到或应该得到的一部分收入集中起来进行管理、运营和增值，按照国家立法规定进行再分配，用于劳动者养老、失业、医疗等社会保险项目；另一种形式是，在国民收入初次分配时，由政府以税金的形式将“社会扣除”部分集中起来进行再分配，用于社会救助、社会福利、医疗保健等社会项目，对劳动者遇到困难需要帮助时提供物质和经济保障，保证劳动力生产和再生产顺利进行，安定人心，稳定社会，推动社会经济发展。

（一）社会保障的一般特征

由国家组织和领导的社会保障，具有国家性、强制性、再分配性、基本生活保障性、社会性、适度性、福利性、多元性等特征。

1. 国家性。国家性是指有关社会保障的各项政策要由国家来制定，并且依靠国家的力量来组织实施。

2. 强制性。强制性一方面是指落实国家制定的各项社会保障政策是必须的、具有强制力的；另一方面，社会保障的强制性体现的是社会保障的法制性。国家性和强制性是密切联系的，国家是动员社会财富的最有效机器，是实现社会保障强制性的坚强后盾。

3. 再分配性。再分配性是指国家把劳动者个人已经得到或应该得到的一部分收入集中起来进行管理、运营和增值，按照国家立法规定进行再次分配。由国家出面动员社会财富，保证社会保障所用的财力要来自全社会，使筹集起来的社会财富在最长时间和最大空间上进行再分配，使社会保障的再分配性充分有效地得以实现。

4. 基本生活保障性。基本生活保障性是指社会保障所要达到的目标是当社会成员在处于生、老、病、残、失业等困难的情况下，社会为其提供最基本的生活需求资助。国家性、强制性、再分配性和基本保障性是确立社会保障制度的基本要求。

5. 社会性。社会性是指社会保障对象、社会保障基金的来源、社会保障的管理等具有的社会性。即社会保障对象是全体社会成员；社会保障基金来源于国家财政拨款、各类社会组织和个人的捐赠和缴费；社会保障管理要对全体社会成员负责。

6. 适度性。适度性是指社会保障旨在保障社会成员享受社会保障的水平要与公民抵御不可抗拒社会风险的能力相适应，与国民经济、社会发展水平相适应，与社会各方面的承受能力相适应。

7. 福利性。福利性是指社会保障体现了国家的福利政策和福利分配，使公民在生活困难时都能享受到从国家和社会获得物质帮助的基本权力。

8. 多元性。多元性是指社会保障形式的多层次性和举办主体的多样性，以及社会保障范围和给付标准的多层次性。

（二）我国社会保障的特征

社会保障的基本功能决定了各个国家的社会保障制度有共同之处。但是，由于国情的不同，各国社会保障制度又有一定差异。我国处在社会主义初级阶段，正在完善与社会主义市场经济体制相适应的社会保障体系，这种特殊国情和特定的经济发展阶段，决定我国社会保障体系具有以下特征。

1. 基本保障。受我国国民经济发展水平比较低、社会财富积累也不够多、人口众多等因素的制约，在相当长时期内，我国只能实行以保障基本生活为标准的社会保障。保障基本生活主要表现在两方面：一方面要保持适当的缴费水平，不能给企业造成沉重的负担，以免影响企业的市场竞争能力；另一方面要保持适当的待遇水平，政府强制实施的基本社会保障，只保障被保对象的基本生活。

2. *广覆盖*。享受社会保障是每个公民的基本权利，作为国家的一项基本社会经济制度，要尽量覆盖到全体公民。社会保障采用大数法则，具有社会共济的特点，参保人数越多，积累的资金规模会越大，抵御风险的能力就越强。因此，要采取各种措施，千方百计扩大社会保险覆盖面。受国家经济实力和农村经济发展水平的制约。目前，社会保障主要在城镇推行，以后随着经济的不断发展，还要逐步把农民覆盖进来。

3. *多层次*。借鉴市场经济国家的成熟经验，根据近年来社会保障改革的趋向，我国的社会保障体系应该由三个层次构成：第一层次是基本保险，是由政府强制推行的，包括基本养老保险、基本医疗保险、失业保险、城市居民最低生活保障等，保障标准是满足所有保障对象的基本生活需求；第二层次是补充保险，是由用人单位举办的，包括补充养老保险（企业年金）、补充医疗保险，是对第一层次的保障标准进行补充，以提高生活保障水平；第三层次是个人储蓄保险和商业保险，是收入水平较高者靠自己的积蓄、不动产投资及长期金融资产或者靠投商业保险进一步提高保障水平。

4. *逐步统一*。我国是一个地域广阔、人口众多的大国，地区之间社会经济发展不平衡，情况复杂。实行社会保障时，要从实际情况出发，在坚持缴费费率、待遇水平等大体相当的原则前提下，可以根据地方情况有所调整。但社会保障要实现公平目的，保障对象要享受基本权利，各地区的基本政策不能自行其是，各搞一套。从地区之间社会经济的协调发展和建立全国统一的市场体系来看，更要高度重视社会保障的统一和规范。这有利于形成统一的劳动力市场。尤其是在我国实施西部大开发战略中，有利于促进东部人才向西部地区流动。基本社会保障制度要逐步统一、规范，首要的是基本养老保险、基本医疗保险和失业保险等社会保险，要在全国实行统一制度。社会保险是政府行为，是一项庞大的社会系统工程，为了提高效率，协调行动，在管理机构、管理办法方面也要逐步统一，以便形成上下对口、政令畅通、工作协调、效率较高的行政管理体制和社会保险事业经办机构。

二、社会保障的作用

从社会保障的产生与发展来看，社会保障制度是市场经济的产物。社会保障的作用表现在多个方面，不同学科从不同角度对社会保障的作用进行了归纳和概括。从社会学的角度看，社会保障的作用表现在解决社会问题，抑制社会冲突和社会动荡，实现社会公平等方面；从经济学的角度分析，社会保障具有融资和调节投资，调节积累与消费，平衡需求作用等等。

总的来说，社会保障制度的作用主要表现在四个方面：确保社会安全与稳定；推动社会生产的发展，保证劳动力再生产顺利进行；推进社会公平；促进社会精神文明发展。

（一）社会保障具有促使社会稳定的社会效益

社会是人结群生活的系统，是人类生活最大的群体，是以物质生产活动为基础，以人际交往为纽带的。社会作为一个系统，保持良性运行和协调是运行中的社会的理想状态，但事实上，社会的运作有其自身的规律和特点，它不可能完全依照人们的理想设计来运行。如失业问题、养老问题、贫困问题总是伴随着社会发展不断产生，失业者、无生活能力者、贫困者或“弱势群体”的存在是任何社会都不可避免的。人类需要美好的生活，如果说一部分社会成员的基本生活都不能得到满足，可想而知，社会就有可能因失调而出现动荡。为使社会稳定和谐发展，社会须借助一定的手段去满足这些社会成员的基本需求。从这个意义上说，社会保障的主要功能之一是发挥社会的稳定机制作用。社会保障是社会稳定机制的重要组成部分，在抑制社会冲突和社会动荡、解决社会问题等方面起着重要作用。西方资本主义国家的社会保障制度，都是在社会出现不稳定趋势时建立起来的。例如，19世纪晚期德国推行了确保国家政权的社会政策，其中，重要的一点就是建立了以社会保险法为主要制度的社会稳定机制，使工人解除疾病、伤残、老年的后顾之忧，有了基本的生活保障，缓和了劳资矛盾，为德国的国家体制的发展创造了稳定的社会环境。20世纪30年代，严重的经济危机席卷了西方工业化国家，失业人数剧增，社会不宁，民不聊生。面对这种情况，英国著名经济学家凯恩斯提出了反危机理论，罗斯福总统在美国推行《社会保障法》，实施了一系列新的以社会福利为主要角色的保障措施，西方工业化国家也相继建立了以社会保障为主要内容的社会稳定机制，从而保证了绝大多数国家走出经济危机，稳固了国家政权。我国是社会主义国家，建立社会保障的目的是保障人民的基本生活需要，这与西方资本主义国家社会保障制度建立的历史背景有所不同。但是我国在实行市场经济体制之后，也面临着社会稳定问题，通过社会保障维护广大劳动者的利益，促进社会安定团结，也是同等重要的。

（二）社会保障可促进社会生产的发展，保证劳动力再生产的顺利进行

国家通过社会保障制度参与国民收入再分配，必然会对经济运行及社会生产的发展产生影响，主要表现为通过某些社会保障项目的实施，促进社会总供给和社会总需求趋向平衡。在市场经济运行中，不可能总保持总供给与总需求的平衡，不可避免地会出现经济过热、通货膨胀等问题，社会保障通过政府对经济进行调节和干预，使生产资料得到充分利用，弥补有效需求的严重不足，避免经济危机造成的损失。有学者形象地把社会保障这一作用比做“经济蓄水池”，当经济衰退时，随着贫困人口增多和用于社会救济的费用增加，社会保障基金就自动流入社会，消费需求增加；当经济高涨时，有关社会保障项目支出相对减少，社会保障基金积累相应增加，使现实的经济需求量转化为今后的需求量。社会保障的这一作用促进了社会生产发展的良性运行。社会生产的发展还需要高素质的劳动力，对劳动力资源的保护也是社会保障的重要目标之一。社会保障的建立，保障了人们的基本生活，解决了劳动者因各种原因可能会遇到的生活难题，消除了后顾之忧，使他们专心致力于生产劳动，释放出更大的生产能量，推动社会生产发展。社会保障为广大劳动者减少疾病、保持健康和旺盛的精力创造了条件，为患者能及时得到治疗并较快地恢复健康提供了条件，为妇女和儿童提供社会福利，为家庭生活困难者提供社会救济。使劳动者的体力、智力都得到必要的补偿，提高了全民的健康水平，为社会源源不断地提供更高素质的劳动力，从而保证劳动力再生产与物质资料再生产相适应，推动社会经济发展。

（三）社会保障的建立有助于在人们中间建立一种社会公平感，增强社会成员的调节能力

市场经济体制现已被世界几乎所有国家接受。市场经济是竞争经济，个体只有参与竞争才可能产生效率。但是，由于个体先天的原因以及拥有的财产不同、竞争机会的不均等，那些不能自立的人、竞争力差的“弱势群体”在优胜劣汰的市场经济条件下，毫无效率而言。其结果可能导致部分社会成员难以维持温饱和基本生活。国家通过社会保障制度介入国民收入再分配，对社会成员的收入水平进行调节；对贫困者提供救助；对社会成员基本生活需求提供保险；对社会成员提供公共福利和社会服务，使不同群体的不同需求基本得到满足；向社会弱势群体提供最基本的帮助，体现出为无劳动能力者或老弱病残者提供起点的相对公平和机会的均等，使暂时或永久丧失劳动能力者能同正常人一样生活下去，缩小和有工作能力者的收入差距，产生相对公平感，弱化不稳定因素。同时，社会保障的建立能够有效改善社会成员福利待遇的状况，提高人民的生活质量。如养老保险、医疗保险、社区服务、公共福利、文化教育等政策的实施，使广大社会成员普遍享受到基本的生活待遇，分享到社会经济发展成果，强化公平感，增强对失范行为的自我控制力，增强社会成员应对生活中突发事件的自我调节能力。

（四）社会保障对社会精神文明发展起着促进作用

人与人之间的互助共济行为是人类文明发展的结果。社会保障是一种社会互助共济的经济形式，体现着社会成员之间的互助、互济、合作的关系，因而对促进社会精神文明发展具有重要作用。如劳动者参加社会保险，遵循的是权利与义务基本对等的原则，是劳动者眼前利益与长远利益，个人利益与集体利益的统一，这对于增强劳动者的责任感，培养集体主义精神具有积极的意义。社会保障的建立，特别是目前在我国所倡导和实施的社区社会保障工作中，社区的社会保障设施与各类服务组织建设，使社区服务内容涵盖社区生活的各个方面，与社区成员的日常生活息息相关。这为在更大范围内形成互助合作、同舟共济、关心集体、敬老爱幼、扶贫帮困等良好的社会风尚提供了社会物质条件。

此外，社会保障还具有使公民权利进一步实现的社会功能，具有为国家积累基金、融资的功能等等。随着社会保障制度的日益发展，其功能和社会效益将不断增加新的内容。

第三节　社会保障的要素及内容

社会保障制度是国家对社会成员在年老、疾病、伤残、失业、遭受灾害、生活困难等情况时，给予物质帮助的制度。《宪法》规定："中华人民共和国公民在年老、疾病、或者丧失劳动能力的情况下，有从国家和社会获得物质帮助的权利。”

一、社会保障制度建立的必备要素

社会保障制度的建立一般具备以下几个要素：①依法建立。即现代社会保障制度遵循的是立法先行的原则，是通过社会保障立法来确立社会保障制度，法制规范是社会保障制度赖以建立的客观基础与依据。②突出以人为本。它以保障和改善国民生活、增进国民福利为宗旨，包括经济保障与服务保障。③具有经济福利性。即从直接的经济利益关系来看，因有政府、雇主与社会各界的参与和分担责任，受益者的所得要大于所费。④属于社会化行为。即由官方机构或社会团体来承担社会保障的实施人物，而非供给者与受益方的直接对应行为。

如果从保障的层次上划分，社会保障可以分为如下三个层次：第一层次是经济保障。即从经济上保障国民的生活，它通过现金给付或援助的方式来实现，解决的是国民遭遇生活困难时的经济来源问题。第二层次是服务保障。即适应家庭结构变迁与自我保障功能弱化的变化，通过提供服务的方式来满足国民对个人生活照料服务的需求。如安老服务、康复服务、儿童服务等。最高层次是精神保障。除了经济保障与服务保障需求外，人们在现实生活中还离不开相应的情感保障，即精神慰藉也是人的正常、健康生活的必要组成部分。精神保障属于文化、伦理、心理慰藉方面的保障，它突出地体现了社会保障制度的人性化要求，从而属于更高层次的保障。尽管在实践中，难以将精神保障作为特定的制度安排来加以建设，但发达国家或地区的社会保障制度实践表明，制度化安排中确实需要尊重并满足有需要者的精神保障需求。

目前，我国社会保障制度建设的目标和内容主要包括：坚持社会统筹和个人账户相结合，完善职工基本养老保险制度；进一步推进医疗保险制度改革；继续做好城市居民最低生活保障的落实工作，全面实施农村居民最低生活保障制度；完善社会救助制度；加快建立农村养老保险、医疗保险和最低生活保障制度；进一步增强社会保险费征缴力度。

二、社会保障制度的内容

一般来说，社会保障由社会保险、社会救济、社会福利、优抚安置等组成。其中，社会保险是社会保障的核心内容。

（一）社会保险

社会保险，是指国家通过立法，多渠道筹集资金，在劳动者暂时或者永久丧失劳动能力以及其他原因中断工作，没有经济收入或者劳动收入减少时，给予经济补助，使他们能够享有基本生活条件的一项社会保障制度。从社会保险的项目内容看，它是以经济保障为前提的。一切国家的社会保险制度，不论其是否完善，都具有强制性、社会性和福利性这三个特点。按照我国劳动法的规定，社会保险项目分为养老保险、失业保险、医疗保险、工伤保险和生育保险。

（二）社会救济

社会救济，是指国家和社会对生活在贫困线以下的低收入者或者遭受灾害的生活困难者提供无偿物质帮助的一种社会保障制度。从历史发展看，社会救济先于社会保险。早在1536年，法国就通过立法要求在教区进行贫民登记，以维持贫民的基本生活需求。1601年，英国制定了济贫法，规定对贫民进行救济。中国古代的“义仓”也是一种救济制度。这些都是初级形式的社会救济制度。维持最低水平的基本生活是社会救济制度的基本特征。社会救济经费的主要来源是政府财政支出和社会捐赠。

（三）社会福利

广义的社会福利，是指国家为改善和提高全体社会成员的物质生活和精神生活所提供的福利津贴、福利设施和社会服务的总称。狭义的社会福利，是指国家向老人、儿童、残障者等社会中需要给予特殊关心的人群提供的必要的生活保障。

（四）优抚安置

优抚安置，是指国家对从事特殊工作者及其家属，如军人及其亲属予以优待、抚恤、安置的一项社会保障制度。在我国，优抚安置的对象主要是军烈属、复员退伍军人、残障军人及其家属；优抚安置的内容主要包括提供抚恤金、优待金、补助金，举办军人疗养院、光荣院，安置复员退伍军人等。

社会保障制度是现代国家的一项基本制度，社会保障制度是否完善已经成为社会文明进步的重要标志之一。在我国，社会保障工作直接关系到坚持党的全心全意为人民服务的宗旨，关系到维护人民群众的切身利益，关系到保证改革开放和经济建设稳定发展的大局。社会保障体系是否健全，这方面的法制是否完备，对国家的经济发展和社会稳定，会产生直接的影响。

思考题

1. 什么是社会保障制度？它由哪些基本要素组成？
2. 现代社会保障的基本特征有哪些？
3. 社会保障制度主要包含哪些内容？

第二章　社会保障制度的发展历程

第一节　社会保障制度的产生与发展

一、社会保障制度的产生

（一）早期的保障形式

在原始社会时期，氏族或部落互助共济成为维持共同体生存的前提条件。在出现剩余产品的阶段，民众则是通过储备部分剩余产品来抵御风险。在私有经济出现以后，主要是以家庭保障的方式出现。随着社会贫富分化和阶级的出现，为了维持社会稳定，统治阶级对穷人进行物质施舍，成为社会保障中社会救济制度的雏形。

（二）社会保障雏形的形成

在资本主义原始积累过程中，城市流动人口迅速增多，无业或失业、贫困、流浪现象急剧增加，导致社会的不稳定。政府不得不在社会经济领域发挥越来越大的作用，采取各种措施来缓解社会矛盾，包括逐渐介入慈善、济贫事物。

英国是世界上最早开展“济贫”活动的国家。1349 年，英国颁布并实施《劳工章程》，规定所有有劳动能力的人必须在其居住地工作，对有劳动能力的无业人员实行外出限制，禁止慈善机构给身体健全的流浪者和乞丐提供帮助。它通过此法限制人口流动，打击懒惰行为，为农场主补充劳力。

16 世纪后期，英国政府已认识到：对流浪者的惩罚措施不足以维持社会秩序，政府应采取措施帮助他们。激烈的社会变迁，使原来由教会或私人兴办的慈善事业无法解决层出不穷的社会问题，因而国家不得不将救济贫民视为己任。于是，16 世纪末在欧洲出现了国家济贫制度，即由国家通过立法，直接出面接管或兴办慈善事业救济贫民。

1601 年英国颁布的《伊丽莎白济贫法》，俗称《旧济贫法》(Poor Law)，是最早的国家干预基本生活保障问题的立法，标志着国家通过立法形式介入济贫事物，保障开始走上制度化、国家化和社会化的道路。1834 年经修订称为《新济贫法》，它吸收了 1601 年《旧济贫法》的基本原则，保留了其中的重要条款，使修正后的立法更趋完善，为当代福利国家的形成奠定了基础。这部法一直到 1948 年才被废除。

19 世纪下半叶的德国，在采矿、冶金、化工等方面取得了突飞猛进的发展，与此同时，工人阶级的力量也不断壮大，与资本家形成对抗。面对如火如荼的工人运动以及蓬勃兴起的社会主义运动，俾斯麦采取了“胡萝卜加大棒”的做法。一方面，于 1878 年制定《社会党镇压法》压制社会民主党的革命运动；另一方面，接受了社会政策学会的主张，通过制定社会政策和社会立法来保护劳动者，缓解劳资之间的矛盾。1881 年 11 月，德皇威廉一世发布了建立社会保险的敕告，其中提到：对社会问题的解决不只是镇压社会民主主义的不法行为，而是力求稳定地、积极地促进工人福利。德国于 1883 年颁发《疾病保险法》、1884 年颁布《工伤保险法》、1889 年颁布《伤残及养老保险法》。尽管这三个法律的适用范围仅涉及到当时德国就业人口的 1/5 或总人口的 1/10，但它却确立了社会保险法的基本思想和原则，开创了社会保障立法之先河。此后，德国不断通过立法扩大社会保险的适用范围。如 1911 年颁布《孤儿寡妇保险法》，并将疾病保险、工伤保险和养老保险合并为单一的社会保险，1923 年颁布《矿工保险法》、1927 年颁布《职业介绍和失业保险法》，逐步建立起了适应市场经济条件的社会保障制度。德国社会保险制度的特点是：①保险原则是由投保人缴纳保险费并取得保险待遇的资格；②养老保险和失业保险实行待遇公平原则，医疗保险实行必要的共济原则；③国家总体立法和社会保险自治相结合原则，国家确定总体的法定条件，在此范围内投保人与雇主以代表大会及理事会的形式自行管理社会保险；④保险种类及社会保险承办机构多样化原则。

德国的社会保险法为欧洲各国树立了榜样。1890—1911 年间，欧洲各国纷纷效仿德国，相继颁布了包括医疗、养老、失业、工伤等内容的社会保险法律，开始建立国家统一的社会保障制度。在此期间实行老年残障保险的国家有丹麦、奥地利、英国等 16 个国家；实行疾病生育保险的有比利时、瑞士、英国等 9 个国家；实行工伤保险的有波兰、法国、意大利等 37 个国家；实行失业保险的有英国、法国、挪威、丹麦等 9 个国家。

二、社会保障制度的发展

20 世纪初起西方国家的产业结构调整过程中，城镇出现了相当比例的低收入人口和贫困阶层。1929 年资本主义世界爆发了严重的经济危机，美国首当其冲。经济危机使许多美国人流离失所、倒毙街头，至 1933 年失业人口高达 1 560 多万人，占就业人口的 25%。为解决国内矛盾，罗斯福总统开始实行新政，强调通过国家干预来解决经济危机。1934 年 6 月 8 日，罗斯福总统在给国会的信中提出了制定一项社会保障计划的设想，随后，颁布总统令成立“美国经济保障委员会”。1935 年 8 月 14 日美国总统签发了第一部《社会保障法》。该法案的主要内容包括：联邦政府设立社会保障署，负责全联邦社会保障计划的实施；实行全联邦统一的养老保险制度，由雇主和雇员缴纳养老保险税，建立养老保险基金；由联邦政府和州政府共同实施失业保险计划，对雇佣 8 人以上的雇主征收失业保险税；在联邦政府资助下，由州政府实施老人和儿童福利、社会救济和公共卫生措施。以凯恩斯为代表的宏观干预的经济理论和福利经济学成为主流学派，并作为社会保障发展的理论基础。

第二次世界大战后，社会保障得到了迅速发展：一是为全体公民提供普遍性的福利；二是保障目标从保障社会成员基本生活向提高社会成员的生活质量方面转变；三是社会保障项目日趋完备，保障水平也不断提高；四是社会保障筹资、组织、管理、实施乃至监督等方面的进一步社会化。同时，西北欧一些国家又开始向全面保障的方向发展，被称为“福利国家”。

纵观社会保障理论的发展历史，从完全放任的古典自由主义到以凯恩斯国家干预主义为代表的新自由主义，从英国和瑞典为代表的“福利国家”到全球范围内进行的针对高福利和福利过度的改革，其反映了现代社会保障制度的变迁。社会发展的需求推动了理论的不断发展和变革，而理论的发展和变革又带动了社会实践与社会发展。

社会保障法诞生以后，以它蓬勃的生命力在世界各大洲的经济发达国家和发展中国家中受到普遍重视，获得健康发展。这个发展过程是持续不断和规范有序的。到目前为止，全世界已有170多个国家和地区通过立法建立起社会保障制度。

对社会保障立法发展过程，可以大致分为三个阶段。

第一阶段，从19世纪80年代至20世纪初始年代（1883—1909年）。这个阶段是社会保障立法的起步阶段。继德国首倡劳工保险立法之后，一批欧洲国家以及少数美洲和大洋洲国家开始社会保障立法。资料统计表明，19世纪末立法的有16个国家，20世纪初立法的有8个国家。除新西兰于1898年、澳大利亚于1902年、美国和加拿大同于1908年，分别制订了工伤保险法以外，其余20个均为欧洲国家。它们是：德国（1883年），比利时、波兰（1884年），奥地利、捷克、斯洛伐克（1887年），丹麦、瑞典、匈牙利（1891年），挪威、芬兰（1895年），英国、爱尔兰（1897年），法国、意大利（1898年），西班牙（1900年），荷兰、卢森堡（1901年），俄罗斯（1903年），冰岛（1909年）。以上24个国家中，有18个国家首先从工伤保险立法开始，有5个国家从疾病保险立法开始，1个国家从养老保险立法开始。统计资料表明，社会保障立法首先是在经济发达国家开始的，它是密切服务于生产力发展和市场经济发展的客观需要的；同时，进步立法在相邻国家间的倡导和示范作用也是不可忽视的。

第二阶段，从第一次世界大战前夕到第二次世界大战爆发前后（1910—1939年前后）。这个阶段是社会保障制度在各大洲普遍建立并获得很大发展的时期。共有75个国家加入到社会保障立法国家的行列。其中，欧洲国家14个，美洲国家23个，非洲国家22个，亚洲国家16个。欧洲国家中6个国家（瑞士、罗马尼亚、苏联、葡萄牙、希腊、乌克兰）立法开始于10年代，8个国家立法开始于20年代。欧洲国家中，除阿尔巴尼亚于1947年、摩尔多瓦于1955年开始社会保障立法以外，其余国家在20年代以前已全部制订有社会保障法律。美洲国家的社会保障立法的开始年代，晚于欧洲而领先于其他各洲。已经开始社会保障立法的国家数，在全美洲国家总数中的比例，20年代末超过半数，到30年代末已超过2/3。非洲国家中社会保障立法开始于20年代以前的只有6个国家，开始于30年代的则有16个国家。日本于1911年制订了工伤保险法，这是亚洲最早的社会保障立法，也是1919年以前亚洲唯一的一项社会保障立法。日本于1922年又制订了疾病保险法律。东南亚和南亚的一些国家于20年代开始立法。

第三阶段，第二次世界大战爆发前后直到现在（1940年以来）。社会保障制度继续在非洲、亚洲、美洲、大洋洲普及和发展。以开始社会保障立法的年代计算，40年代22个国家，50年代21个、60年代以后25个，共68个国家。其中，非洲、亚洲各23个，美洲11个，大洋洲9个，欧洲2个。东欧除阿尔巴尼亚以外，各国的社会保障立法均开始于20世纪20年代以前，但在二次大战后建立起社会主义公有制度以后，它们的劳动立法和社会保障立法以苏联为榜样，有很大发展并取得显著成绩，在保护劳动合法权益方面起了很大作用。

第二节　世界社会保障的主要模式

迄今为止，世界上已有将近170个国家和地区建立了社会保障制度。但由于世界各国的社会制度、经济实力和文化背景等不同，推行社会保障制度的时间有先有后和有长有短。因此，各国社会保障制度在政策取向、制度设计、项目多寡、具体标准及实施办法等方面既有共同点，也有差异之处。从社会保障的主要方面进行分析和综合，世界各国社会保障制度大致可以分为救助型、保险型、福利型、国家保障型和自助型等五种模式。

一、救助型社会保障制度

救助型社会保障制度是指国家通过建立健全社会保障的有关规章制度，保证每个社会成员在遇到各种不测事故时，能得到救助而不致于陷入贫困。对于已经处于贫困境遇的人们，则发给社会保障津贴，以维持其基本生活。

其特征是：①政府通过相应的立法，作为实施救助的依据。公民申请和享受社会救助是其依法应享受的权利，不附带屈辱条件，不同于慈善机构的“施善”或“恩赐”，也不同于资本主义初期的济贫和赈济。②社会救助的费用列入政府的财政支出，其资金来源于国家税收，个人不交纳保险费。③救助的对象为因失业或天灾人祸而陷入贫困的公民、弃婴、孤儿、残障者、老年人。④救助的标准为低水平，以维持生存为限。

这种救助型社会保障制度是工业化开始前后所实行的单项或多项救助制度。按社会保障的标准来衡量，只能说它处于起步阶段，是社会保障制度中的一种初级的、不成熟的、不完备的形式。这种制度目前主要在一些发展较为迟缓的非洲国家实行。

二、保险型社会保障制度

保险型社会保障制度是在工业化取得一定成效，经济有雄厚基础的情况下实行的。其目标是国家为公民提供一系列的基本生活保障，使公民的失业、年老、伤残以及由于婚姻关系、生育或死亡而需要特别支出的情况下，得到经济补偿和保障。它起源于德国，随后为西欧、美国、日本所仿效。

这种保障制度具有以下特征：①政府通过有关社会保障的立法，作为实施的依据。②这种保险为强制性保险，个人交纳社会保障费，企业主为雇员缴社会保障金，各国政府以不同标准拨款资助。公民只在履行交费义务取得享受权利后，才能依法领取各种社会保障津贴。对公民来说，是权利与义务的统一。③保障的覆盖面大，几乎包容了社会全体成员。④保险的项目有多有少，在一定程度上解决了人们生、老、病、死、失业、伤残的后顾之忧。⑤资金来源多元化，有利于形成保障基金，增强社会保障的经济后盾。

三、福利型社会保障制度

福利型社会保障制度是在经济比较发达、整个社会物质生活水平提高的情况下实行的一种比较全面的保障形式，其目标在于“对于每个公民，由生到死的一切生活及危险，诸如疾病、灾害、老年、生育、死亡以及鳏、寡、孤、独、残障者都给与安全保障”。这项制度来源于福利国家的福利政策，由英国初创，接着在北欧各国流行。

福利型社会保障制度的主要特征是：①社会保障政策是福利国家的一项主要政策，依法实施，并设有多层次的社会保障法院监督执行。②强调福利的普遍性和人道主义、人权观念，服务对象为社会全体成员。③个人不交纳或低标准交纳社会保障费，福利开支基本上由企业和政府负担。④保障项目齐全，一般包括“从摇篮到坟墓”的一切福利保障，标准也比较高。⑤保障的目的已不完全是预防贫困和消灭贫困，而在于维持社会成员一定标准的生活质量，加强个人安全感。不仅要满足人员社会保障需求，而且开始注意满足人们的社会福利需求。

四、国家保障型社会保障制度

国家保障型社会保障制度是传统的社会主义国家以公有制为基础的社会保障制度，属于国家保障性质。其宗旨是“最充分地满足无劳动能力者的需要，保护劳动者的健康并维持其工作能力”。国家把社会保障作为解决劳动的社会经济问题的杠杆之一。

这种国家保障型社会保障制度的特征是：①国家宪法把社会保障确定为发展中的国家制度，公民所享有的保障权利是由生产资料公有制保证的，是根据国家社会经济政策在整个国家国民经济范围内实行管理取得的。②社会保障支出全部由政府和企业承担，个人不交纳保障费。其传统观念认为国家已经事先对社会保障费用作预留和扣除。③工会组织保障事业的决策与管理，一方面劳动者通过人民代表机构对社会保障施加影响，另一方面，工会从基层工会到中央理事会，都参加实施社会保障。④保障对象为全体公民。宪法规定，每一个有劳动能力的人都必须积极参加社会生产，对无劳动能力的一切社会成员提供物质保障。保障的经济来源靠全社会的公共资金无偿提供。

五、自助型社会保障制度

自助型社会保障制度是指以自助为主，以促进经济发展为目标的保障形式。其特征是政府不提供资助，除公共福利与文化设施外，费用由雇主和雇员负担。这种制度主要在新加坡、马来西亚、印度尼西亚等国实行并在新加坡等国取得了显著成效。

世界各国的社会保障发展过程看，由于各国基本社会制度和国情的差异，社会保障机制和保障水平明显不同，使其对储蓄和消费的影响也不尽相同。各国一般使用社会保障支出与国民收入（或者是国民生产总值）的比，作为各国社会保障支出规模的显示指标。按照这个指标，日本为13.8%，瑞典为49%，法国为34.9%，德国为29.7%，英国为24.5%，美国为18%（1991年）。

显然，日本的社会保障给付费规模最低，其次是美国，而英、法、德、瑞的给付费规模都比较高。依据社会保障给付费规模以及对经济发展的作用不同，我国将主要发达国家分为两大类：一类是以美国、日本为代表的低保障国家；另一类是以英国、瑞典为代表的高保障、高福利国家。

第三节　新中国社会保障制度的发展与改革

新中国的社会保障制度是逐步建立起来的。它虽然与历史上的社会保障实践有着渊源关系，却又与旧中国的社会保障制度无直接继承关系。考察社会保障制度50年来的实践，可以划分为如下五个时期。

一是创建时期（1949—1956）。这一时期以1949年9月通过的《中国人民政治协商会议共同纲领》为最基本的法律依据，以1951年政务院颁布的《劳动保险条例》为重要标志，加上此前建立的优待抚恤制度，以后施行的救灾救济、公费医疗政策和国家机关工作人员退休、退职制度等，到1956年时已初步创立了以国家为责任主体的社会保障制度。这套制度对于医治战争创伤、巩固新生政权和稳定社会秩序起到了重要作用。

二是调整时期（1957—1968）。这一时期为适应新形势的发展，中央决定对社会保障制度进行调整与完善，国务院为此先后颁行了《关于工人、职员退休处理的暂行规定》、《关于精简职工安置办法的暂行规定》等，卫生部、劳动部、内务部等亦发布有关决定，对公费医疗、劳保医疗、农村五保保障和军属优待制度等进行相应的调整。其成效是退休制度趋向正常化、社会保险覆盖面扩大，但因受当时政治上日益趋“左”和经济波折的影响，对社会保障的调整任务并未完成。

三是挫折时期（1969—1977）。“文化大革命”使新中国的社会保障事业遭受了重大挫折。以 1968 年底撤销主管救灾救济、社会福利等事务的内务部为起始标志，1969 年财政部发布的《关于国营企业财务工作中的几项制度的改革意见》更造成劳动保险从此失去统筹机能并蜕变为企业或单位保障制。作为企业职工劳动保险统筹管理部门的工会组织亦被停止活动，其直接后果就是企业办社会和社会保障单位化，并最终使我国的社会保障制度成了相互分割的板块结构状态，即国家保障制、企业保障制和乡村集体保障制三个相互封闭、脱节的板块组成的社会保障模式。

四是修补时期（1978—1990）。党的十一届三中全会的召开，为扭转社会保障领域的混乱状态创造了较好的政治、社会条件。1978 年五届人大决定重新设置民政部，结束了全国社会救济、社会福利、优抚安置事务无主管部门的局面；国务院则先后颁行了《关于安置老弱病残干部的暂行办法》、《关于工人退休、退职的暂行办法》、《关于军队干部离职休养的暂行规定》、《退伍义务兵安置条例》、《军人抚恤条例》等法规，有关部门亦制定了《农村合作医疗章程（试行草案）》等；同一时期，还在部分地区开始了国有企业职工待业保险、集体企业职工养老保险及救灾保险等的改革试点。但就社会保障制度整体而言，这一时期所做的工作主要是为了解决历史遗留问题和恢复正常的退休制度，是对挫折时期造成的某些后果进行挽救性的修补。

五是创新发展时期（20 世纪 90 年代以来）。随着经济改革的不断深化，建立社会主义市场经济体制被确定为我国经济改革的目标，从而在根本上触动了板块式结构的传统社会保障制度。如乡村承包责任制的推行意味着乡村集体保障制失去了现实基础，而城镇经济改革所带来的经济主体多元化、劳动力市场化，均决定了只有对社会保障制度进行重大变革，才能使这项事关亿万国民切身利益的事业获得真正的发展。因此，在经历一段时期的摸索后，我国的社会保障制度在 20 世纪 90 年代进入创新式的改革、发展时期。自 1990 年起，全国人大加强了与社会保障相关的立法工作，先后通过了《残障者保障法》、《妇女权益保障法》、《老年人权益保障法》、《劳动法》、《公益事业捐赠法》等；国务院则在继 1991 年发布《关于企业职工养老保险制度改革的决定》后，不仅制定了失业保险条例、农村五保户供养工作条例、城镇最低生活保障条例等法规，还制定了下岗职工基本生活保障制度及深化养老保险、医疗保险、城镇住房福利制度改革政策，制定并实施了大规模的“八七”扶贫攻坚计划等，我国的社会保障制度由此走上改革创新的发展道路。

进入到 21 世纪，随着我国经济体制的转型，将给我国社会保障带来巨大的前景，如社会保障地位升高化，资金多元化，制度法律化，体制统一化，社会保障人员公众化，结构多元化，覆盖全面化，机构多样化和项目丰富化等等，但同时也将面临巨大的挑战，特别是在养老和失业问题上。目前我国正在逐渐完善社会保障体系建设，使其更公平和更加人性化，如我国即将建立农民工养老保险以及实行养老保险“一卡通”等政策。总之，我国社会保障制度将日趋完善。

思考题

1. 社会保障制度是如何产生和发展的？
2. 世界社会保障的主要模式有哪些？各自的特点是什么？
3. 简述我国社会保障的发展与改革情况。

第三章　养老保险

出生、发育、成熟、衰老和死亡是人类必须面对的生命历程，养老保险制度是人类理性地面对衰老和死亡而建立的保障制度。1898年，德国政府颁布的《老年与残障社会保险法》，标志着养老保险制度的实施具有了明确的法律依据。1891年1月1日，这部法案开始实施，标志着家庭养老开始向社会养老转化。随着人口老龄化的到来，人类在养老保险制度的改革创新方面进行着艰难的探索。在我国社会保障体系中，社会养老保险是一项运行里程长、涉及资金数额大的社会保障制度。在向市场经济体制转轨过程中，我国不断寻求社会养老保险可持续发展的对策，加快改造和建立起符合我国国情和社会保障发展规律要求的社会养老保险制度。本章重点介绍养老保险的基础理论、我国养老保险制度的发展以及我国养老保险制度的改革和面临的问题。

第一节　养老保险概述

一个国家养老保险制度的确立，是社会生产方式、经济发展水平和文化传统等多因素综合作用的结果。现在全世界已经有140多个国家建立了不同类型的养老保险制度，但是，各国养老保险制度设立的原则大致相同。本节重点介绍养老保险制度的概念、特点和建立养老保险制度的原则。

一、养老保险制度的概念

养老保险制度又称老年社会保险制度或年金保险制度，是指国家根据一定的法律、法规对劳动者达到法定退休年龄并从事某种劳动达到法定年限后，由国家和社会依法给予帮助，以维持其老年基本生活的一种社会保险制度。养老保险制度是针对劳动者年老、丧失劳动能力这一风险因素所设立的社会保险项目，是社会保险的重要内容。

养老保险制度的定义包含以下几个层次的涵义：第一，养老保险制度是国家通过法律、法规强制执行的制度。第二，享受养老保险给付必须达到法定退休年龄。劳动者在达到这个年龄界限时，可以因年老丧失劳动能力而解除劳动义务。第三，劳动者履行劳动义务达到法定的年限。第四，养老保险经办机构或者指定的其他单位（如企业）是执行养老保险制度的主体。

二、养老保险制度的特点

（一）养老保险是社会保险体系中最重要的保险项目

养老金是职工年老丧失劳动能力后的基本生活来源，是适用范围最广泛、运用资金最多、作用时间最长的社会保险项目。在社会保险资金运用结构中，养老保险制度使用的资金最多，大约相当于社会保险资金运用额的 1/2 左右。对于生命个体来说，职工从退休到死亡需要经历很长时间，这就决定了养老保险制度是一个长期发挥作用的制度安排。

（二）劳动者达到法定退休年龄

疾病、工伤等社会保险是伴随着风险的发生而发挥作用的，对劳动者没有年龄的限制，限定职工达到退休年龄是养老保险区别于其他社会保险项目的主要特征。劳动者达到法定退休年龄被依法解除法定劳动义务后，就有获得养老保障的可能。这也就意味着，退休职工将退出原来所从事的职业或工作岗位，不再承担社会劳动的义务。

（三）养老保险制度是一种经济补偿制度

确立养老保险制度的首要目标是劳动者老有所养。国家依法解除劳动者的劳动义务后，对其提供一定的物质帮助，保障劳动者年老退休后，仍然有稳定的收入来源、得到社会尊重，依然可以体面地生活，并安度晚年。养老保险制度是一种经济补偿制度。养老保险制度是劳动者消除心理恐惧、衣食无忧、生活幸福的制度保证。

（四）养老保险制度具有调节收入分配和使用的特点

养老保险制度调节收入分配和使用的特点主要体现在三个方面：

1. 调节退休职工和在职职工的收入分配，即劳动者代际之间的收入分配。养老保险资金运行中，现收现付制就是以调剂退休职工和在职职工之间的收入分配与使用为主要特征的。政府运用在职职工的缴费支付已退休职工养老保险费用的时候，实际上是使用下一代人的缴费供养上一代人，这就调解了劳动者代际之间的收入分配，实现了社会成员间的互济互利。

2. 调节社会贫困阶层和富裕阶层的收入分配。在国民收入分配和使用过程中，政府凭借权力的力量强行参与，以社会保险税、高额累进税、利息税、遗产税等形式将高收入阶层的一部分收入集中到国家，然后通过养老金支付、失业保险金给付、社会救济和社会优抚等政府转移支付的方式，为生活困难的社会成员或对社会有特殊贡献的军人及其家属提供基本生活的保障。政府的这些强制措施，都对原有的收入分配格局产生了不同程度的影响，进而调节社会各阶层之间、尤其是贫困阶层和富裕阶层、低收入者和高收入者之间的收入差距，缓解了社会贫困，为一部分社会成员提供了基本或最低的物质生活保障。

3. 调节劳动者个人年轻时期和年老时期收入的使用。养老保险资金运行中，完全积累之资金运行模式就是以调剂劳动者个人生命周期中收入的使用为主要特征的。完全积累制在将劳动者工作时期的一部分收入调剂到退休时期使用的时候，虽然并不像现收现付制那样存在社会成员之间的互济互利和收入的再分配，但是，却将劳动者工作时期的一部分收入转移到职工退休以后使用，这实际上是工资的延期支付。

从以上分析可以看出，社会保障资金运行不仅调节着社会成员之间的收入差距，而且也调节着劳动者个人整个生命周期中收入的使用，是一种比较特殊的收入分配方式。

三、养老保险制度确立的原则

由于政治、经济和文化背景不同，世界各国养老保险制度的类型存在着较大的差异，但是，世界各国设立养老保险制度所遵循的原则大体一致。

（一）普遍性和选择性相结合的原则

养老保险保障的是劳动者丧失劳动能力以后的生活，设立养老保险应覆盖所有劳动者，这是养老保险制度普遍性原则的要求，也是一个国家制度公平的重要体现。但是，养老保险是有选择保障的制度，规定劳动者工作的时间达到最低年限；否则，无法获得养老保险制度的保障。当前，我国养老保险仅仅覆盖了事业单位、行政单位、国有企业和部分集体企业的职工，私营企业、三资企业、外资企业、中外合资企业等单位职工尚未纳入到养老保险制度的保障中来，这有违养老保险普遍性的原则，扩大养老保险的覆盖面是我国养老保险制度发展的长期目标。

（二）享受养老保险的权利与履行义务的条件相对应的原则

劳动者享受养老保险的权利，是以履行义务为前提的，这一原则体现了权利和义务的一致性。劳动者有劳动能力时，履行劳动的义务，达到法定退休年龄或者丧失劳动能力（伤残）时，就可以获得应有的保障。但是，由于世界各国的政治、经济发展的状况不同，履行义务的条件也是不同的，各国养老保险制度的确立大多体现了权利和义务对称的原则。纵观世界各国养老保险制度，主要有以下几种履行义务的方式。

1. 享受养老保险的权利和劳动义务对应的原则。遵循这一原则，享受养老保险权利的职工，工作年限必须达到国家规定的期限。

2. 享受养老保险权利与投保期限对应的原则。遵循这一原则，享受养老保险的人，要履行养老保险缴费义务，且履行缴费的义务达到国家规定的年限。

3. 享受养老保险的权益与国籍、居住年限相联系的原则。公民达到规定的领取养老金的年龄，并符合居住国所规定的居住期限，就有资格领取养老金。

（三）享受养老保险待遇与工作贡献相联系的原则

世界许多国家在制定养老保险政策时，将职工退休后享受养老保险金的待遇与其工作期间的劳动贡献相联系。

1. 给予从事特殊行业或特殊工种职工养老金待遇上的优惠。例如，在法国，从事繁重和危险性工作的工人（如井下、高温和有毒条件下从事工作的职工），可以提前退休，不减发退休金。

2. 给予有突出贡献的科学技术人员，实行政府津贴制度。

3. 给予劳动模范、劳动英雄提高退休金。例如，我国政府规定，获得全国劳动英雄、劳动模范称号的干部，退休费提高15%；获得省劳动模范、先进工作者、先进生产者称号的干部、职工，退休费提高10%；在新民主主义革命和社会主义革命、社会主义建设中有特殊贡献的人员，如在科研、生产等方面有重大发明创造、成绩显著并由省政府或国务院各部委授予荣誉称号的人员，退休费提高5%。

4. 给予军人特殊待遇。例如，我国政府规定，在部队荣获军以上单位授予的英雄、模范称号，提高养老金给付额。荣立一等功、特等功或相当此奖励的专业人员、复员人员，退休费提高15%；荣立二等功、大功、三等功或相当档次奖励的复员、转业军人，退休费提高10%。

（四）保障基本生活的原则

劳动者丧失劳动能力退出生产过程以后，养老保险制度为其提供生活需求方面的保障，而要保障老年人的生活，就必须是养老金能满足老年人的基本生活需要。保障退休职工的基本生活应该考虑以下几个方面。

1. 基本养老金保险保障的上限应该考虑退休职工原来的工资水平和生活水平，保障的下限应该高于社会贫困线，即养老保险保障的标准必须高于社会救济的标准。例如，美国的基本养老年金给付，夫妻合领约为单个人工资的65%，单身约为工资的40%，相当于贫困线标准的130%。

2. 养老保险是老年人终生享受的保险，需要按照一定的周期、一定的标准连续不断地给付。一次性给付不仅无助于退休职工的晚年生活，而且可能瞬息之间化为乌有，不能起到保障老年人基本生活的作用。

3. 老年人获得养老保险保障的过程，是一个长期的过程，这就要求离退休职工（或者公民）获得的养老金给付，不受社会或经济因素变动的影响。为了保障离退休职工的基本生活，必须适时、适当地调整养老金给付水平，建立养老金给付的工资指数化或物价指数化动态调节机制，或者发放必需的生活费补贴，以保障离退休职工的生活不受通货膨胀的影响。

第二节 我国养老保险制度的发展历程

一、我国养老保险制度的探索历程

（一）恢复性阶段（1978—1991）

我国从1969年起便不再统一筹集养老保险基金，支付退休人员的养老金所需要的费用由企业自行负担，事实上的养老保险已经退为企业行为的保险。自1978年我国开始进行经济改革和对外开放以来，这种养老保险制度存在的矛盾日渐突出，弊端逐步显现，但受历史条件和认识上局限性的影响，改革是从解决企业之间养老金负担轻重不一的矛盾开始的。

在20世纪80年代初，养老保险的改革尝试首先是进行养老保险费用社会统筹，还原社会养老保险的基本职能。从1984年开始，在江苏省泰州市、广东东莞市、湖北江门市以及辽宁省黑山县等地，开始试行退休人员的退休费社会统筹。当时对于养老金社会统筹还仅仅停留在浅层次的认识上，统筹的目的是重新使中国的养老保险恢复其调剂职能，向社会化的方向发展，从而克服企业因退休人员多寡不同，而在费用负担上畸轻畸重的问题。

统筹自1986年开始，首先实现了全国县、市一级的养老保险费社会统筹，进而又推进省一级的统筹工作。至1994年全国先后有北京、天津、上海、吉林、河北、山西、青海、江西、湖南、福建、宁夏、陕西、四川省13个省、自治区、直辖市实现了省级统筹。

实行养老金社会统筹这一工作的基本方向毫无疑问是正确的，只是在后来的养老保险改革进程中，由于多种原因，其在统筹层次、进展等方面都放慢下来。

在行业与地方的关系方面，从1986年起经国家有关部门批准，首先是具有点多线长特点的铁路行业实施了养老保险行业统筹。其后，包括铁路、煤炭、水利、电力、邮电、中国建筑工程总公司、交通、中国人民银行、民航总局、石油天然气总公司、有色金属总公司在内的11个行业实行了养老保险的系统统筹。总体而言，实行行业系统统筹养老金的大型企业、行业的经济效益是比较好的，养老金的水平相对较高，与地方一些经济效益较差企业的养老金形成矛盾。随着我国养老保险制度改革的深入，其行业统筹与地方统筹养老金的深层次矛盾和弊端日益暴露。

自1986年起，我国还第一次实行了劳动合同制度，并建立了劳动合同制工人的养老保险制度，规定劳动合同制工人按照本人标准工资的3%起步缴纳保险费，从而改变了过去养老保险费完全由国家和企业负担的做法。在我国社会保险史上第一次建立了个人缴费制度。

（二）尝试性的探索和实践（1991—2000）

进入20世纪90年代以后，我国社会养老保险开始尝试性地在制度的机制、模式方面进行探索与实践。

1. *选择多层次养老保险制度的探索*。我国传统的社会养老保险责任完全由国家和企业承担。为改变这种弊端，20世纪90年代初期，开展了有关社会保险制度结构的广泛性讨论。1991年6月，国务院发布了《关于企业职工养老保险制度改革的决定》，开始尝试性地进行社会养老保险结构的改革实践。在养老保险的筹资方面，确定社会养老保险费用由国家、企业和职工三方共同筹资，职工个人按本人工资的3%缴纳养老保险费，养老金实行部分积累。在制度结构方面，确定探索建立国家基本养老保险、企业补充养老保险和个人储蓄性养老保险相结合的多层次养老保险体系。

在这个多层次的养老保险体制中，基本养老保险是核心，由国家立法，在全国统一强制实施，适用于城镇各类职工。第二个层次是由用人单位依据自己的经济情况自主决定量力举办的企业补充养老保险，以体现不同用人单位在经济条件、养老保障等方面的差别，并促进在劳动力市场上形成积极的竞争机制。第二个层次的养老保险对第一层次的国家基本养老保险具有补充作用，是多层次养老保险体系的重要组成部分。第三个层次是职工个人储蓄性养老保险，个人根据经济能力和不同需求自愿实施，在国家政策设计上给予适当倾斜，在储蓄利率上给予相应的优惠（在后来的实施中，这一政策目标未能实现）。制定这一制度模式的目的，是想通过企业补充养老保险和个人储蓄性养老保险的方式，调动多方面的积极性，适当分散国家的经济负担，并能够适当积累起一定的基金，促进经济发展。

2. 在制度模式方面的探索。1993 年以后，受欧洲社会保障的经验教训和新加坡的中央公积金制度、智利养老保险改革的影响和启发，根据我国国情，许多学者提出我国的社会养老保险应该以缴费确定型为主，通过建立个人账户来实现。据此提出现阶段改革的最主要问题是如何从传统的现收现付制的待遇确定型，过渡到新的积累制或部分积累制的缴费确定型模式。新的社会保障制度，在管理体系上要实行分散化管理的原则，同时应建立具有竞争关系的经营性投资结构，对养老金进行投资管理，以便实现和保证养老金的保值增值。并且应当把信息管理和投资管理分开，以便完全有效地运用资金，在保证安全的前提下，获得尽可能多的投资收益。

党的十四届三中全会通过《中共中央关于建立社会主义市场经济体制若干问题的决定》对社会保障制度改革提出了三个原则。

第一，要建立多层次的社会保障体系，包括社会保险、社会救济、社会福利、优抚安置和社会互助，个人储蓄积累保障；社会保障政策要统一，管理要法制化；社会保障水平要与中国社会生产力发展水平以及各方面的承受能力相适应；城乡居民的社会保障办法应有区别；提倡社会互助；发展商业性保险业，作为社会保险的补充。

第二，社会保障制度改革，要按照不同类型确定资金来源和保障方式；城镇职工养老和医疗保险金由单位和个人共同负担，实行社会统筹和个人账户相结合。

第三，要建立统一的社会保障管理机构，社会保障行政管理和社会保险基金经营要分开；社会保障管理机构主要是形式行政管理职能；建立由政府有关部门和社会公众代表参加的社会保险基金监督组织，监督社会保险基金的收支和管理；社会保险基金经办机构，在保证基金正常支付和安全性、流动性的前提下，可以把社会保险基金主要用于购买国家债券，确保社会保险基金的保值增值。

所谓的社会统筹和个人账户相结合，即社会统筹和基金制的结合。但是，由于当时对于养老金有关理论的认识上尚有局限性，另外，在具体操作过程中，对如何实施改革发生了分歧，致使后来的改革一度偏离了其方向。

（三）社会统筹和个人账户相结合的实践与探索

在养老保险制度普遍遇到财务危机的情况下，我国开始探索社会养老保险发展的新途径。1995 年 3 月，国务院发布《关于深化企业职工养老保险制度改革的通知》具体确定了社会统筹和个人账户相结合的实施方案，确定"统账结合"是我国城镇企业职工基本养老保险制度改革的方向。提出 20 世纪末，基本建立适应我国社会主义市场经济体制要求，适应城镇各类企业、职工和个体劳动者，资金来源多渠道、保障方式多层次、社会统筹与个人账户相结合、权利与义务相对应，管理服务社会化的养老保险体系。

（四）统一全国养老保险制度

为改变我国养老保险制度多种方案并存的局面，尽快统一养老保险改革的基本目标，1997 年以后，中央政府不得不采取措施，统一全国养老保险制度。

1. 在 1997 年 7 月 16 日国务院颁布了《关于建立统一的企业职工基本养老保险制度的决定》，对养老保险的几个基本指标加以统一。统一的内容有多个方面：

（1）在养老保险费的筹集方面，按职工工资的 11％建立养老保险个人账户，其中个人缴费最终上升到 8％，企业缴费划入的部分最终降低到 3％。

（2）在企业缴费的控制方面，企业缴费（还划入个人账户部分）的费率亦不得超过工资总额的 20％。

（3）在养老金构成方面，包括基础养老金和个人账户养老金两部分。基础养老金，其标准为职工退休时当地社会平均工资的

20%；个人账户养老金为了社会账户养老金的积累额，标准按照个人账户累计额除以退休职工平均剩余寿命月数（120）发放。

2. 果断地采取措施将行业统筹划归地方管理。行业统筹是行业以系统的方式管理本行业职工养老保险的管理方式。但从全国基本养老保险制度改革和发展趋势看，如若养老保险制度保持多种行业与行业、行业与地方的相互分割局面，实行不同的收缴费率，不同的统筹比例，显然不利于全国养老保险制度改革的深化与发展。自 1998 年 9 月 1 日起，改由地方社会保险机构征缴基本养老保险费，发放基本养老金。

3. 为了加速养老保险制度改革，国务院还决定在行业统筹移交地方统一管理的同时，加大推进省级养老保险统筹的力度，确立了基本养老保险基金省级调剂金制度的推进计划。确定在 2000 年，在省、自治区、直辖市范围内，要基本实现统一企业缴纳基本养老保险费比例，统一管理和调度使用基本养老保险基金，对社会保险经办机构实行省级垂直管理。

（五）“两个确保”的实施

1998 年后，随着改革的推进和下岗职工再就业工作任务的日益繁重，确保养老保险金发放的任务变得十分艰巨。1998 年 5 月、7 月召开了国有企业下岗职工基本生活保障和再就业工作会议和全国养老保险和再就业服务中心建设工作会议。“两个确保”为确保国有企业下岗职工基本生活，确保企业离退休人员养老金按时足额发放。

（六）建立起国家基本养老金调节机制

为保障离退休人员的基本生活，自 1997 年以来我国建立了国家基本养老金调节机制，根据我国经济发展水平和在职职工工资的增长情况，定期为企业离退休人员调整基本养老金，以保障企业离退休人员的基本养老金能随经济发展而不断提高。调整基本养老金，注意向退休早、退休金低的人员倾斜，保证了企业离退休人员的基本生活。

（七）试办企业补充养老保险

补充养老保险是我国自 20 世纪 90 年代初开始，由用人单位在参加基本养老保险并按规定履行缴费义务的基础上，根据国家制定的基本规则自愿实施的一种雇主责任的养老金制度。该制度鼓励个人负担一部分费用。用人单位和个人共同缴款，采用个人账户管理，实行完全基金积累。个人账户归个人所有，职工退休后可以一次性领取个人账户积累金，也可以分次领取。职工流动时，个人账户基金随同转移。

（八）国家机关事业单位工作人员的养老保险制度

国家机关和事业单位工作人员实行与企业不同的养老保险制度。其特点是，养老保险费用由国家或单位负担，个人不缴费；养老金给付以本人工资为基数，按工龄长短计算。其中国家机关公务员退休后基础工资和工龄工资全额发放，职务工资和级别工资按比例发放。目前这一制度覆盖了 3 000 多万人。随着建立社会主义市场经济体制的需要，这一制度也将进行相应的改革。

二、我国养老保险制度存在的问题

（一）管理不规范

虽然党和国家多次重申养老基金不得擅自挪作他用，但在实践过程中，有的地方政府将部分养老保险基金投入了当地的基本建设项目，有的地方养老保险基金管理机构用养老保险基金盖办公楼、装修住宅、购买小汽车等。另一方面，养老基金管理费用偏高。据不完全统计，各地的社保局从养老保险基金中提取的管理费率为 2%～4%不等，平均为 4%左右。

（二）替代率结构不合理

从对养老金替代率的需求横向比较来看，随着收入增加，替代率的需求比例是下降的。低收入群体的基本生活支出占消费支出的比例非常高，为维持领取养老金前的基本生活需要，替代率要求一个较高的水平，而对于高收入群体来说，其基本消费的增加空间已经较小，特别是其住房和耐用消费品在工作时已做安排，为维持基本生活需要的支出占总支出的比例也小。虽然总替代率水平按平均工资计算，使得低收入群体的替代率高于高收入群体。但是现实中这部分人大都来自下岗工人、因失地或城镇化改造过程而“农改居”的人群，他们缺乏稳定的收入来源和固定职业，经常游离于养老保险之外的或只是偶尔缴费，在现行制度安排下不能享受到平均的养老待遇水平。而高收入群体因为有相对固定的收入来源和稳定正规的工作，是目前养老保险制度中最稳定的参保人群，目前这类人群所享受的替代率，远远高于其实际需要，反而造成其要缴纳较高的保险费，相对抑制了年轻时的消费，并不利于扩大内需。据估计，2000 年低收入群体的替代率需求是高收入者的两倍。所以，不同收入的群体享受完全相同的基本养老金替代率实际上是不公平的。

（三）覆盖面窄

中国第一层次的基本养老保险覆盖范围已从国有企业和城镇集体企业职工，扩大到其他所有制企业职工，国家机关事业单位退休制度改革和农村养老保险改革也以试点形式铺开。但是我国公共养老保障的总体覆盖面很低，据中国社会保障基金理事会理事长项怀诚介绍，目前，中国公共养老保障体系的覆盖面只占人口总数的 15%，低于世界劳工组织确定的 20%的国际最低标准。特别是广大农村地区，总体上全国农村社会养老保险仅仅在东部地区才真正存在。中西部地区只有 3%的农村居民参加了社会养老保险。养老保险覆盖面小，一方面使部分职工和农民享受社会保险的合法权益得不到保障，使一些企业逃避了社会责任；另一方面也造成养老保险费收缴渠道窄、基金支撑能力弱的问题。

（四）资金缺口大

基本养老保险基金严重亏空，影响了制度的安全运行。2005 年 12 月 15 日，在国务院新闻办召开的新闻发布会上，中国劳动和社会保障部副部长刘永富介绍：2005 年中央财政对养老保险补助总额达到了500多亿元。这使得近5年来中央财政对基本养老保险的补贴金额达到了2 093亿元。这一数字是2004年中国GDP的2%多。一些地方在支付退休职工的养老金时经常出现困难，不能按时发放，因为他们养老金账户里的钱不足以支付退休人员的养老金，这使得中央财政不得不拿出更多的钱来注入养老基金，以保证退休人员都能拿到足额的养老金。

三、对策与建议

（一）合理划分中央与地方政府的责任与权力，进行规范化管理

中央政府负责管理全国统筹的基础养老金，从现行制度中将社会统筹基金所支撑的基础养老金部分分离出来，在全国范围内强制性征缴筹资。建立个人缴费及收入档案登记制度，作为基础养老金的发放依据。合理确定基础养老金替代水平，以不低于城镇最低生活保障线为限，大致上满足退休人员的基本生活。打破地区间壁垒，基础养老金集中于国库，由中央财政设专户管理，在全国范围内调配使用，由中央及地方各级劳动保障部门负责具体实施工作。根据各地养老保险负担状况，建立统一规范的转移支付制度，对“老年人”和“中年人”比重较高、经济条件落后、养老金发放负担较重的地区，给予适当援助，保证现有基础养老金的按时足额发放，不影响离退休人员的生活。

（二）解决旧制度遗留问题，补充养老金账户

我国养老社会保障制度改革采取体制转轨的方式进行，最关键的问题是尽快解决好旧体制遗留下的养老金历史欠债或者说转制成本问题。由于老人的养老金和中年人群的部分养老金已在过去工作中积累到企业的赢利中，可以通过分阶段的划拨一部分国有资产来补充养老金账户，减轻就业人群的缴费压力和企业的负担，还可以改善国有企业的股权结构，另外也可以发行特种债

券，分期偿还的办法解决。

（三）加强统筹账户的管理，强化养老保障制度的再分配功能，进一步扩大覆盖面

养老保障作为一种社会保障制度是国民收入的再分配，必须具备再分配的功能，特别是基本养老保险必须能够做到“公平优先，兼顾效率”。作为养老保障体制的管理者和主要实施者，国家应该做到有所为、有所不为。加强对基本养老保险管理，在制度设计中尽量体现公平原则，对不同收入群体区分不同的替代率水平，提高低收入者的基本养老金收入。在社会统筹养老金的管理中应当把基金的安全性放在首位，并给予足够的财政支持，承担基金的全部风险，特别是要建立一种补贴机制以保证基本养老金的按时足额发放。而对于个人账户可采用私人机构经营的方式，国家进行监管并提供部分担保，或支持金融机构为其提供特殊的商业担保。政府还应为社会机构及企业举办各种形式的补充养老保险计划提供税收和政策支持。抓紧制定完善混合所有制、非公有制经济从业人员、灵活就业人员的养老保险政策，将他们纳入到社会养老保障体制中来，不仅有利于保障这部分人应有的权益，还可以充实社会养老保障基金，提高基金抗风险能力。农民养老保障体系调整兼有农业结构调整的目标，必须加快探索适合农村地区及进城务工农民的养老保险制度，使养老保险真正面向全社会所有劳动者全员统筹，逐步打破城乡“二元”格局，平衡财政分配。

第三节　我国城镇基本养老保险制度

一、我国城镇养老保险制度改革面临的问题

从 1978 年开始，中国开始实行以经济建设为中心的发展路线，经济体制开始发生变化，主要是增加商品经济的内容，发展非公有制的经济成分。从 20 世纪 80 年代中期开始，我国开始转

变政府职能，下放权力，使企业获得经营自主权，成为独立经营、自负盈亏的经济实体。20 世纪 80 年代中期开始，职工工资标准不断提高。进入 90 年代，企业彻底转变职能，把提高经济效益作为第一目标，企业开始改制、兼并、重组。但在经济体制转型背景下，养老保障体制出现一系列问题。

第一，养老保险支出急剧膨胀。在职人员年龄结构老龄化导致正常退休人员快速增加，加上几次增加离退休补贴，使养老保险财政支出急剧增长。

第二，社会化程度低、体制壁垒问题严重。不同经济所有制和不同用工形式的职工在社会保障方面权利不平等，难以实现人员的自由流动，劳动力的市场流动机制难以形成，社会保障已经成为制约劳动力市场化的一个瓶颈。

第三，计划经济体制下的中国城镇养老保险制度的主要特点是：在国有正规单位实现了老有所养，国家保护企业，企业保障职工。社会保障与企业的经济效益，与劳动者个人的工作绩效不挂钩，个人对社会保障不承担任何责任；社会保障效率低下，失去了促进经济发展的动力机制。

第四，在现收现付制度下，没有专门建立养老金的增值保值机制，难以应付对已经来临的人口老龄化的需要。20 世纪 90 年代初，中国人口年龄结构出现快速老龄化的趋势。

第五，企业负担畸轻畸重。20 世纪 80 年代中期，我国开展了以城市为重点、以搞活国有大中型企业为中心的经济体制改革，企业开始转变成为自主经营、自负盈亏的经济实体，成为相对独立的商品生产走向市场。

二、新型城镇养老保险制度的建立过程

（一）改革试点阶段

20 世纪 80 年代中期中国在某些地区和部门开始进行养老金社会统筹的改革试点。1987 年，国家体制改革委员会、劳动人

事部发出通知，要求全国有条件的市县在两年内实行退休费用社会统筹。90年代初期，中国建立社会主义市场经济的蓝图已经明确，同时中国人口年龄结构快速老龄化的发展趋势开始显现，退休人员增加迅速，在职人员的比例不断提高，退休金增长迅速。在计划经济体制下形成的养老金制度的种种弊端暴露无遗。1991年，国务院颁发了《关于企业职工养老保险制度改革的决定》，明确建立社会统筹的基本养老保险制度，并提出逐步建立企业补充养老保险和个人储蓄性养老保险制度；基本养老保险费用由国家、企业和个人三方负担，职工个人需交保险费。1993年《中共中央关于建立社会主义市场经济体制若干问题的决定》提出要建立多层次的社会保障制度的基本思路，指出城镇职工养老和医疗保险金由单位和个人共同负担，实行社会统筹与个人账户相结合的制度。1995年国务院颁布《关于深化企业职工养老保险制度改革的通知》规定，养老保险实行社会统筹与个人账户相结合的制度，由各地进行“统账结合”（社会统筹与个人账户相结合）的试点。

（二）新制度的全面推进

1997年，国务院发布《关于建立统一的企业职工基本养老保险制度的决定》，在各地试点经验的基础上统一了缴费率、个人账户规模和养老金计算发放办法。这个文件标志着我国新型养老保险制度方案的形成。我国政府为这项改革确定的基本目标是，到20世纪末，基本建立起适应社会主义市场经济体制要求，适用于城镇各类企业职工和劳动者，资金来源多渠道、保障方式多层次、社会统筹与个人账户相结合、权利与义务相对应、管理服务社会化的养老保险体系。20世纪90年代末期，我国的养老金制度已经基本由原来的国家或单位保险过渡到国家、企业和个人三方负责，由现收现付的企业负责和国家负责制转变到社会统筹与个人账户相结合的、现收现付与基金积累制相结合的新制度。

（三）我国城镇基本养老保险制度内容

1. 建立现收现付与基金积累相结合的制度，确立新的资金运行模式。原有的养老金收支方式是现收现付，即从企业收入或国家财政收入中随时支付退休金。在退休者大量增加和人口寿命不断延长的新形势下，资金供给难以适应需要。

新的养老保险基金的筹集方式是混合式的。其特点是综合考虑了“横向平衡”和“纵向平衡”。现收现付部分考虑的是横向平衡，即当年提取的基金总和应与其所需支付的费用总和保持平衡。基金积累部分考虑的是纵向平衡，即在未来的长时间内未参加保险的人员积累的全部基金总和，应与他们所制定的费用总和保持平衡。这种包含着部分积累式的混合式的基金筹集方式，适合于我国当前实际情况。

2. 建立社会统筹与个人账户相结合的制度。社会统筹是指在一定的空间范围内，以现收现付的形式，将一部分上缴资金做统一调配，按统一标准发放。以地域作为统筹范围，最后过渡到省级地域统筹。这种方式超出了单位管理的范围，克服单位核算的弊端。到2000年，我国大部分城镇低于实现了地、市级以上地域范围的社会统筹。

实行个人账户制度，将个人投保与企业投保的一部分记到个人名下，有利于落实个人的责任，与个人利益挂钩，调动个人投保的积极性，便于劳动者在不同体制和单位之间自由流动。1997年国务院颁布《关于建立统一的企业职工基本养老保险制度的决定》，对职工工作调动办理基本养老保险个人账户转移手续作了规定，职工在同一统筹地区调动时，转移基本养老关系和个人账户档案；职工跨统筹地区调动时，转移基本养老保险关系和个人账户基金。

按新制度的规定，职工在退休时从社会统筹中得到的基础养老金相当于社会平均工资的20%，从个人账户中得到的个人养老金预期为工资额的40%左右。总的替代率（退休者养老金水平与其工资水平的比例）预期相当于60%左右，可以保障晚年基本生活需要。

3. 由单位管理向社会化管理过渡。首先，管理向社会化过渡。在很多地区建立了社会保险局等职能机构。如北京市于1995年建立了社会保险基金委员会，下设的办事机构社会保险基金管理中心具体负责社会保险基金收缴拨付、管理和运营工作。其他地区也相继成立了类似机构。

其次，城镇养老金发放的社会化。发放工作由银行、邮局等社会服务机构承担。到2001年，全国实行养老金社会化发放人数为2 980万人，社会化发放率达到96.4%。2002年全国社会化发放率达到99%。

第三，日常管理的社会化。海南省海口市在社区建立服务平台，实现企事业离退休人员的日常管理服务工作由单位向社会转移。2003年海口市第一家面向企事业离退休人员服务的社区管理机构——滨海新村社区劳动和社会保障管理站正式挂牌，标志着海口市企事业离退休人员社会化管理服务工作正式启动。社区劳动和社会保障管理站的功能有接收、管理企事业离退休人员档案；发放辖区内离退休人员养老金；辖区内离退休人员死亡后支付丧葬补助金和其他抚恤金；为离退休人员提供医疗卫生和保健服务；帮助军队转业的自主择业干部善后工作等。

第四节　农村养老保险制度

我国农村养老保险制度是中国农村最大的社会保障项目，同时也面临着最大的困难。

一、我国农村养老社会保险发展历程与现状

我国农村社会养老保险已有20年的历史，这段历史可以大体划分为四个阶段。

（一）试点阶段（1986—1991）

1986 年，民政部和国务院有关部委在江苏沙洲县召开“全国农村基层社会保障工作座谈会”，会议根据我国农村的实际情况决定因地制宜地开展农村社会保障工作。1991 年，又选择山东烟台市牟平县等 20 多个县进行农村社会养老保险试点。

（二）推广阶段（1992—1998）

1992 年民政部正式下发《县级农村养老保险基本方案》强调农村养老保险坚持资金个人缴纳为主、集体补助为辅，国家给予政策扶持，并实行个人账户、基金预筹、储备积累的模式。1994 年 1 月，民政部设立“农村社会保险司”。1997 年，中央决定整顿金融秩序，成立了 12 个整顿小组，其中包括农村养老保险整顿小组。此后，农村社会保险工作在各地推广开来，参保人数不断上升，1997 年底，已有 8 200 万农民参保。

（三）衰退阶段（1998—2002）

1998 年政府机构改革，农村社会养老保险由民政部门移交给劳动和社会保障部。这一阶段，由于各种因素的影响，全国大部分地区农村社会养老保险工作出现了参保人数下降、基金运作难度加大等困难。

2001 年，劳动和社会保障部继续提出整顿农村社会养老保险，提出有条件的地区，继续完善和规范农村养老保险制度，政府主管部门要转变职能，调整政策，加强监督，业务经办和基金管理运营逐步市场化。不具备条件的农村地区，当地政府可视情况退保。

（四）逐步恢复阶段（2003 年至今）

2002 年，劳动和社会保障部决定，先研究制定适合于进城务工农民、被征地农民以及农转非人口的养老保险制度，然后再逐步过渡到其他农村人口。2005 年，除了宁夏农保尚未完成交接工作，全国农保的省级管理体制基本理顺，但仍有很多地区农保工作处于停顿状态。

二、建立农村养老保险的必要性

农村社会养老保险是农村社会保障的重要组成部分，它的建立对保障老年农民的利益，促进农村经济的发展有重要意义。

（一）农村经济发展的需要

在改革开放之前，我国农村是集体经济，改革开放后，农村以一家一户家庭社会保障为主，农民遭遇各种风险的可能性大大增加，建立和发展农村养老保险制度的必要性凸现出来。同时，土地的养老功能日益衰落，使得建立农民养老保险制度提到重要位置。

（二）农村社会发展的需要

农村家庭日益小型化，家庭养老负担不断沉重，家庭养老功能不断弱化，因此，需要建立新的社会养老保险。农村人口老龄化快于城镇、高于城镇，也对农村养老问题提出严峻挑战。

（三）农村经济改革的需要

我国经济体制改革开始于农村联产承包责任制，其实行以及农村市场经济的发展，对解放生产力、发展生产力起到推进作用。但是，家庭承包经营，使原有的“集体保障”的功能大大削弱，市场经济的发展加大了农民的经营风险。所以，需要建立养老社会保险制度，促进农村经济改革。

（四）推行计划生育政策的需要

我国人口众多，主要集中在农村。要想彻底解决好农村计划生育问题，除了转变观念，还必须抓好农村养老保险，解除农民后顾之忧。

三、现行农村社会养老保险基本方案的分析

（一）农村养老保险的基本情况

农村养老保险是根据国务院 33 号文件精神，按民政部《县级农村社会养老保险基本方案（试行）》组织开展的。1995 年，

国务院办公厅转发民政部《关于进一步做好农村社会养老保险工作意见的通知》。截至 2003 年 9 月，全国 31 个省（自治区、直辖市）的 1955 个县（市、区）不同程度开展了农保工作，5 461.78万农民参加保险，124 万农民领取养老金，积累基金 233.27 亿元。

（二）现行农村养老保险基本方案的主要内容

由民政部于 1991 年制定、1992 年在全国推行的《县级农村社会养老保险基本方案（试行）》主要内容如下：

1. 从农村实际出发，以保障农村全体农民老年基本生活为目的，建立农村务农、务工、经商等各类人员一体化的社会养老保险制度。

2. 参保对象为非城镇户口、不由国家供应商品粮的农村全体居民，包括乡镇企业职工、私营企业主和雇员、个体户和外出人员等；参保年龄一般规定为 18～59 周岁，领取养老金年龄规定为 60 周岁。

3. 资金筹集以“个人交费为主、集体补助为辅、国家予以政策扶持”。县以上政府作政策规定和引导。

4. 交费标准多档次，方法比较灵活。农民可根据自已的经济状况确定交费标准，遇到天灾人祸可以停交，恢复生产后可继续交费；保险关系可随参保对象转移。

5. 建立个人账户。个人缴费和集体补助均记在个人名下；交费期间参保对象死亡，个人账户上的全部本息退给其指定受益人或法定继承人；到领取期计算个人账户积累总额，并按积累总额发放标准。

6. 基金以县为平衡核算单位，并按国家有关金融运营管理，实现保值增值。

7. 由政府发布建立农村社会养老保险制度令，组建管理机构，专门负责农村社会养老保险政策制定、统筹规划、组织实施、监督检查。

（三）现行农村养老保险基本方案的优越性

1. 体现政府的组织责任。全国大部分县级政府根据民政部方案出台了有关农村社会养老保险实施办法，用政策法规约束养老保险中的各项关系，引导和帮助农民参保。

2. 具有一定的适应性。适应农村经济发展不平衡和农民收入不稳定的特点，较好地发挥了农村基层组织的整合功能；交费方式灵活，适应农民收入，具有季节性和不确定性的特点。

3. 筹资方式体现效率原则。

4. 养老金支付自求平衡。

5. 有利于农村劳动力流动。建立个人账户，保险关系转移方便，有利于农村劳动力在农村之间、城乡之间转移。

四、农村养老保险实际工作中存在的问题

第一，以政府组织引导和农民自愿相结合的方式开展农村社会养老保险，相关扶持政策难以到位，方案推行难度大。特别是1999年国务院整顿规范文件下发后，除东南沿海省份外，全国许多地方农村养老保险工作基本处于停滞状态。

第二，现阶段在我国农村推行完全储蓄积累式的保险模式，若缴费水平低，则达不到养老目的；若要达到养老目的，个人缴费金额或集体补助金额就比较大，多数农民和集体经济难以承受；同时由于模式特点决定了在实际工作中难以回答“现在交多少钱，将来领取多少钱”等问题，农民不容易接受。

第三，靠提取3%管理费作为经办机构经费来源，在制度建立初期难以维持机构正常运转，同时增加了基金风险，降低了基金增值收益，侵害了农民权益。

第四，由于养老金没有调剂功能，参保对象不能分享经济社会发展成果，容易产生攀比现象。

第五，难以解决老年人口和年龄偏高群体的养老保障问题，制度的适用范围有限。

五、我国农村养老社会保险的政策建议

针对我国农村社会养老保险制度本身的缺陷和在执行中出现的问题，按照传统的思路是难以建立起农村养老保险制度的，唯有创新才是出路。

我国广大农村生产力仍然很低，经济还比较落后，农村与城镇居民的人均收入相差悬殊。农民对养老保险的制度要求非常迫切，他们有强烈的参保意愿。有关部门应当适应农村形势，顺应农民的愿望，为农民出台合理的制度与政策，促进农村社会养老保险制度的完善。经济条件较好的地区，应先行一步，并且探索农村养老保险与城市养老保险制度衔接的问题。

对于农民养老基金，国家有关部门应当协调政策，给予特别的关照，实现保值增值。

农民的养老保险参与意向受多方面因素的影响，在农村养老保险制度设计中，要充分考虑农民的缴费能力、投保水平，以及个体、观念上的差异。

在我国人口老龄化急速发展，老年人口尤其是农村老年人口日益增多，社会养老还不完善的情况下，家庭养老在农村养老中仍起着主导作用。农民在养老问题上主要依靠的仍然是老年人自身劳动和家庭养老相结合的保障方式，参加养老保险只是在这两种方式面临威胁时的一种补充和替代选择。

优化农村养老保险制度的环境。提高农村居民的收入水平，减轻农民负担，进而提高农民的购买力，加强养老保险知识的宣传，灌输“人人养老”、“社会养老”的意识，转变传统观念，完善农村社会养老保险制度，以立法的形式加强制度的稳定性。

第五节 企业年金

2000 年，国务院颁布了第 42 号文件《关于完善城镇社会保

障体系的试点方案》，规定“企业年金实行基金完全积累，采用个人账户方式进行管理，费用由企业和职工个人缴纳，企业缴费在工资总额4%以内的部分，可从成本中列支。”这是我国第一次在国家文件中提出企业年金的概念和相关制度与政策安排。

一、企业年金是我国养老保险体系的重要支柱

与社会主义市场经济相适应的养老金制度和社会保障制度改革与发展，成为继续推进改革开放、保持社会公平、社会和谐和经济可持续发展的关键因素。

（一）企业年金计划具有巨大的发展空间

我国目前城镇职工基本养老保险仅仅覆盖部分城镇职工。2002年建立基本养老保险的在职职工数量11 128万人，占城镇从业人员的44.9%和全国从业人员总量的15.1%。还有相当规模的城镇从业人员、非农业人员没有基本养老保险。这为企业年金作为补充养老保险提供了发展空间。

（二）企业年金是保障退休职工体面生活的重要保证

面临人口老龄化的巨大压力，我国城镇职工基本养老保险金的替代率将逐步降低，国家基本养老保险计划的财政负担已经过重。根据养老制度改革目标，我国基本养老保险的替代率将逐步由目前的85%～90%降到60%以下，企业年金的替代率为20%。

（三）建立企业年金制度可以提高企业凝聚力和竞争力

在日益激烈的市场竞争中，大中型企业为了吸引和稳定人才队伍，将企业年金制度作为基本养老保险制度的必要补充，并具有很大的自主权和灵活性。相当数量的中小型企业和非公有制企业短期内难以建立规范的基本养老保险制度，发展具有灵活性的企业年金可以成为基本养老保险制度的补充和替代。

（四）发展企业年金的条件日益成熟

2000年参加企业年金的职工占参加城镇基本养老保险制度

人数的5.3%，积累了一定的资金和投资经验。随着保险市场的进一步开放和资本市场的健康发展，我国企业年金将获得更加完善的市场化投资运作的外部环境。同时，企业年金具有的投资规模大、投资期限长和注重安全性的特点。

二、我国企业年金发展现状

我国的企业年金制度分为行业企业年金和地方企业年金两大类型，另外，还有一些地方工会组织建立职工互助性质的养老基金作为补充制度。

（一）行业企业年金

行业企业年金指中央直属的、从事跨地区甚至跨国界经营的一些大中型国有企业（集团）为本企业职工建立的补充养老保险。我国在建立基本养老保险基金社会统筹的过程中，对电力、石油、有色、中建总公司、农行、工行、中行、邮电、铁道、交通、民航等11个行业的中央直属企业的基本养老保险基金，按行业隶属关系实行统一筹集、调剂使用，即“行业统筹”。

（二）地方企业年金

地方企业年金是指11个行业之外的企业建立的企业补充养老保险。地方企业年金制度主要是从20世纪90年代中期开始的。与行业单位的企业年金相比，地方企业年金发展速度不快，积累的资金总量也不大。到1998年底，北京、天津、海南、宁夏之外的其他27个省、市、自治区都建立了一定程度的企业年金制度，参加职工140万人，当年基金收入4亿元，累计结余基金16亿元。

上海市企业年金是根据1993年通过的《上海市城镇职工养老保险改革实施方案》进行的。1997年，上海市制定了《企业补充养老保险试行意见》，规范了企业实行企业补充养老保险的基本原则、条件、范围和对象，确定了实行企业补充养老保险的具体政策。之后企业补充养老保险得到了快速发展。1998年，全市有28.3万职工参加，收取资金8亿元。1999年企业补充养老保险收入超过10亿元，资金收益率为4.82%。到2000年7月，上海市补充养老保险参保人数达51.2万，资金规模达到17.3亿元。

深圳在建立企业补充养老保险试点的基础上，于1997年出台了《深圳市企业补充养老保险方案》，规定基本保险与补充保险相互联系，先基本后补充，小基本大补充，同号码通账号；实行个人账户积累制度和定额缴费制度；确定交费上限，单位月保费为本企业参加补充保险员工工资总额的15%，个人月保额不得高于本单位员工平均保费的500%；实行部分免税制度，补充养老保险向收缴费额1/3的免税优惠；基金托管制，每一个财务独立的缴费单位不能自行管理基金，必须交由补充养老的经办机构托管。2000年，深圳市约有480家企业建立了补充养老保险制度，参保员工近6万人，基金6.36亿元。

三、促进企业年金发展的政策建议

（一）逐步降低基本养老保险待遇水平

在人口老龄化趋势下，基本养老保险面临巨大的财务赤字和制度危机。缩减国家养老保险的水平，加强企业补充养老保险和个人储蓄性养老保险的作用，成为各国养老保险制度改革的共识。因此，随着我国养老保险制度改革的深化，尽快明确基本养老保险与补充养老保险的关系和发展定位。要采取积极稳妥的办法，缓解基本养老保险的资金亏空，实现收现付性质的基本养老保险水平逐年降低，赋予企业年金及商业补充养老保险以更大的责任，同时为它们提供更大的发展空间。

（二）完善企业年金的扶持政策

政府的税收优惠政策是激励企业建立补充养老保险的重要手段。我国在辽宁试点总队企业年金规定了4%的税收优惠政策，应当逐步推广到所有类型的企业年金制度。从长远发展看，私营企业和私营部门的企业年金应成为职业（企业）年金制度的主体。

（三）提高风险防范意识和能力

储蓄性养老基金的作用在于它具有更高的投资收益。高收益具有高风险。一般风险主要是金融风暴和操作风险，基金管理者和监管机构必须了解这些风险，对风险进行动态评估，提高防范意识和防范能力，保护基金成员和投保者的合法权益。

（四）加快企业年金立法

市场经济是法制经济，为了促进企业年金的健康发展，应当加快制定企业年金法等有关的法律法规，为企业年金的发展创造稳定的、公平的外部环境。

第六节　城市农民工养老保险

城市农民工是一群生活在城市中，以辛勤劳作立足城市环境中的特殊群体，他们的养老保障问题理应受到重视。城市农民工作为社会劳动者，他们的社会保障及养老保险的意义不仅表现为收入的多少，而且还涉及到劳动者对非劳动期间或丧失劳动能力时的境遇和地位的一种预期。城市农民工由于多数难以进入国有或集体所有制单位。所以，他们大多数仍处于社会保障和养老保险体系之外，不能享受养老保障待遇。即使在当前社会养老保险体制和劳动就业体制改革的情况下，他们所在的单位也不一定按照社会养老保险制度交纳保险费，绝大多数进城务工者得不到社会养老保障。

据2002年在我国十城市进行“城市社会结构现状调查”表明，进城务工者中有82.4%的单位不为其交纳养老保险，比“城里人”高出很多（46.1%），进城务工者在养老保险方面的整体水平很低。1999年北京曾出台过《农民合同制职工参加北京市养老、失业保险暂行办法》，之后在2001年又制定了《北京市农民工养老保险暂行办法》，明确规定“用人单位应自招收农民工之月起，必须与其签订劳动合同，并为其办理参加养老保险的手续”。但是几年过后，《办法》实施的效果并不理想。民政部1992年实施的《县级农村社会养老保险基本方案（试行）》规定：“外来务工人员，原则上在其户口所在地参加养老保险。”但是，按照城镇现行的养老社会保险规定，农民工应当在所工作的单位统一向城镇养老社会保险部门缴纳养老社会保险费。

一、妥善解决城市农民工养老保险问题的重要性

2003年，我国人口城市化水平为40.53%，工业化率（非农就业比重）为50.90%，城市化率与工业化率之比仅为0.88，低于该比值1.4～2.5的合理范围，城市化滞后于工业化的发展。农村剩余劳动力进入城市务工生活，是城市化加速的主要动力。妥善解决城市农民工的社会保障问题，不仅关系到他们的切身利益和劳动者的权益保护，也关系到我国城市化水平的不断提高。

根据全面建设小康社会的指标要求，到2020年我国城市化水平将达到56%，预计城镇总人口将达8亿多，比2003年增加3亿左右（包括城镇人口自然增长），估计届时将有2.5亿左右的农民变成城镇居民。这样一个数字听起来很动人，但是如果没有相应的面向这些转移过来的农民工的社会保障措施相配套，上述目标是很难保证顺利实现。

正确处理并解决好城市农民工的基本养老和社会保障问题，还有更重要的意义。英国是近代资本主义的发源地，16、17世纪英国农民曾大量涌入城市，为资本主义的原始积累创造了无尽财富，当然也带来了许多社会问题。英国政府在长期处理和解决这些问题的过程中得到了一个重要启示，即政府应当重视进城务工者的权益保障，要通过建立养老保险一套系统的社会保障体系，降低农村移民对城市经济造成的冲击，从而减少劳动力转移带来的负面效应，将城市化的社会成本降到最低。

现代管理科学中的木桶理论，木桶由一块块木板箍成，木桶

的盛水量，不取决于最长的木板，而取决于最短的木板。推而广之，一个地区、一个国家的小康及现代化水平不是取决于少数人的富裕程度，而是取决于弱势群体的生活水平。对相当一部分城市农民工来说，他们是城市建设和发展过程中的贡献者，社会应该给他们更多的关爱和帮助，尤其是解决他们的基本生活，使其能够共享社会进步的丰硕成果。如果农民工的生存状况长期得不到改善，在这一庞大的群体中就会积蓄下巨大的风险隐患，极易由于水桶的“短板效应”而演变为社会动荡的“导火线”。一旦各种矛盾激化，经济压力和心理负荷累积到一定程度，影响到他们的生存，这一脆弱的群体就有可能爆发问题。如果当真出现这种情况，那么，整个社会就将会为此付出高昂的代价。因此，只有妥善解决进城务工者的社会保障问题，加强保护城市化快速进程中农村移民等弱势群体的基本权利，才能引导农村劳动力合理有序的流动，才能推进我国的城市化建设。

二、各地城市农民工养老保险模式探索

（一）上海市实施的外来从业人员综合社会保险

上海市委进一步完善社会保障体系，保障外来民工合法权益而推出外来民工综合社会保险，于 2002 年 9 月 1 日实施。这项由政府行政部门主管，委托商业保险公司理赔的新险种，包括了工伤（或者意外伤害）、住院医疗和老年补贴三项保险待遇，经批准使用外来从业人员的单位（包含外地施工企业），及其使用的外来从业人员和无单位的外来从业人员都可以参加。2005 年 4 月 1 日，又实施了《〈上海市外来从业人员综合保险暂行办法〉实施细则》。到 2006 年初，投保人数已增加到 250 万人。不过，2005 年的上海人口抽样调查显示，本市外来常住人口为 438 万人，即还有大约 100 万外来从业人员没有参保。

根据这一专门面向外来劳动力的保险新办法，凡用人单位使用外来从业人员或无单位的外来从业人员，都要缴纳一定的综合

保险费。参保期间，单位使用的外来从业人员可享受工伤、住院医疗和老年补贴三项待遇；无单位的外来从业人员可享受意外伤害、住院医疗和老年补贴三项待遇；而外地施工企业的外来人员可享受工伤、住院医疗两项待遇。

该办法还规定，用人单位和无单位的外来从业人员连续交费满一年，即可获得一份老年补贴凭证。外来劳力在男年满 60 周岁、女年满 50 周岁时，可凭证到户籍所在地的商业保险公司约定的机构领取老年补贴。

新保险试行 3 个月，相关的商业保险公司已向参保的用人单位及人员发放了保险凭证、告客户书、索赔指南和热线电话。在此期间，相关保险公司已接到 86 个缴纳综合保险费的单位发生工伤事故的报告，涉及人数 102 人，其中死亡 3 人。两起死亡事故现已得到理赔。此外，保险公司还受理了 8 个住院保险理赔案。这项保险制度在企业和外来劳动者中获得了较好反响。

（二）成都市实施的外来从业人员综合社会保险

2003 年 1 月 25 日，成都市人民政府正式以政府文件下发《成都市非城镇户籍从业人员综合社会保险暂行办法》，办法规定从 2003 年 3 月 1 日起，该市行政区域内的国家机关、社会团体、城镇企业、事业单位、民办非企业单位、有雇工的城镇个体工商户等用人单位和与之形成劳动关系的非城镇户籍从业人员，以及无单位的非城镇户籍从业人员，都应参加综合社会保险。只要连续性每月交纳费用，就可以享受老年补贴、住院医疗费报销、工伤补偿或意外补偿等几项综合社会保险。

该政策出台后的第 10 个工作日，成都市各类企事业单位已经为 19 000 余名非城镇户籍的从业人员办理了综合社保的登记。到 2003 年 10 月底，成都市综合保险参保已达 6.09 万人，征收综合保险费 2 858 万元。其中市级 3.5 万人，区（市）县 2.59 万人。参保人员中由基本保险转入综合保险的有 1.19 万人，占参保人数 19%。无单位的非城镇户籍从业人员参保人数 516 人，占总人数0.8%。截至2006年3月底，成都市40万非城镇户籍从业人员参加综合社会保险人数达25万人。

三、完善城市农民工养老保险制度

（一）农民工养老保险路径选择

解决城市农民工社会保障问题远比提出问题更为复杂和棘手。

一是我国现行的城镇社会养老保障体系尚不完善，把进城务工者纳入城镇职工基本养老保险恐一时还难以实现，也可能会对这一体系带来新的冲击。

二是城市农民工群体的流动性强，客观上加大了提供社会养老保障的难度、管理成本和财政压力。

三是我国目前尚未建立起健全的农村社会保障制度，家庭、土地仍然作为社会养老保障制度的替代品，进城务工者几乎不可能获得农村社会养老保障，况且他们中绝大多数也不愿再回到农民队伍中去，这样无论是让农民工参加城镇职工基本养老保险，还是参加农村社会养老保险都存在着障碍，而根据当前的实际情况，如果按照广覆盖、低水平的原则为进城务工者建立一个相对独立的社会养老保障体系应是最佳选择。

研究者曾将“城市农民工”概念细化为三类：

第一类是已经城市化的进城务工者，大约占有15%到20%，他们长期在城市里工作，有着相对稳定的职业、住所和收入来源，这部分人实际上已经是市民，他不可能再回到农村去。

第二类是农闲时出来打工的季节工，以农业为主务工为辅。他们实质上是农民，只是农闲期间出来打点工，需要的就是现金，进入城市恰恰是为了改善农村的生活。

第三类是占进城务工者大多数的流动打工者，他们常年在外务工，可能今年在北京，明年在广州，后年在上海，处于非稳定状态，他们将来可能变成产业工人，也有可能回去再做农民。

根据这种分类，面向城市农民工的社会养老保障制度设计应具有灵活性，不能设计为统一的模式，而应多渠道、多方式加以探索，以适应不同类型农民工的需求。

（二）农民工养老保险模式探索

针对第一类人员，根据国际上基本养老保险的替代率在20%～30%左右的标准，我们认为在设计进城务工者养老保险制度时可将替代率定在20%，这样低于目前城镇企业职工基本养老保险的目标替代率58.5%。而较低的替代率决定了较低的缴费率，企业不会因为参加农民工基本养老保险而大幅度提高用工成本、削弱市场竞争力。企业在参加农民工基本养老保险后，可以根据自身的经济能力为农民工购买企业年金，作为对基本养老保险的补充，满足不同地区对养老保险的要求。城市农民工的养老保险费由企业和职工个人分担，自雇者全部由自己负担。国家应将企业和个人所缴纳的保费作为税前列支项，间接的承担起一部分责任。进城务工者和企业所缴纳的保险费全部记入职工的个人账户，实行缴费确定型的养老保险。在进城务工者达到法定退休年龄后可按月领取养老金，其养老金月标准则由个人账户的积累情况决定。

对于城市农民工中的第三类进城务工者一般可按自愿原则参加。针对农民工流动性较大的特点，他们的基本养老保险应实行全国统筹，以方便进城务工者在全国转移保险关系。一旦务工者离开当地，进入其他城市，由于实行的是全国统一的社会养老保险制度，那么，个人账户的转移不存在衔接问题；如果进入乡镇企业，进城务工者则将个人账户中的积累带入乡镇企业职工基本养老保险体制中的个人账户，今后的养老保险待遇和保费分担比例按乡镇企业职工基本养老保险的有关规定执行；如回到农村，进城务工者可将个人账户的资金一次性提取，政府可制订一些优惠政策，鼓励他们用这笔钱购买商业养老保险；如果进城务工者满足一定的条件可以被纳入城镇企业职工基本养老保险制度，他们可将个人账户中的积累带入城镇企业职工基本养老保险体制中的个人账户中，日后的养老保险待遇和保费分担比例按城镇企业职工基本养老保险的有关规定执行。当然，针对进城务工者的社会养老保障制度，只是过渡性的。随着我国社会养老保障制度的完善，进城务工者的社会养老保障制度必然会被包括各类劳动者在内的统一的社会养老保障制度所代替。

[资料与案例分析]

[案例]

申诉人原为被诉人职工，1994 年 6 月在被诉人处储蓄所工作，2002 年 6 月调离被诉人。在劳动关系存续期间，被诉人没有按照国家有关法律规定为申诉人缴纳失业保险费，养老保险费从 1998 年 7 月至 2001 年 12 月已缴纳，但未按国家规定的缴费基数和缴费比例足额缴纳，被诉人共为申诉人缴纳社会养老保险费 704.89 元。申诉人为城镇户口，调离被诉人前月平均工资为 520 元。

[诉辩观点]

申诉人诉称：申诉人为被诉人单位职工，1994 年 6 月至 2002 年 6 月与被诉人建立劳动关系，在被诉人所属储蓄所工作，2002 年 6 月调离，申诉人在被诉人单位工作期间，被诉人没有为申诉人依法缴纳养老保险金和失业保险金，至今也没办理养老保险金和失业保险金转移手续，其行为违反了劳动法的强制性规定。被诉人作为用人单位，不按劳动法的规定为申诉人足额缴纳养老保险金和失业保险金，其行为侵害了申诉人的合法权益，应承担全部法律责任。为此，特申请劳动争议仲裁委员会依法裁决：裁决被诉人补缴申诉人养老保险金、失业保险金。

被诉人辩称：申诉人原为被诉人处的临时工，其养老保险金按省行统一规定从 1998 年 7 月开始缴纳，失业保险金全系统均未缴纳，不可能单为申诉人办理有关交纳手续；申诉人提供的月工资基数与事实不符，数额较大，对申诉人在被诉人处的工作时间无异议；申诉人与2002年6月调离被诉人处，现在申请劳动仲裁已超过仲裁时效。

［仲裁裁决］

仲裁委认为：被诉人作为用人单位，应严格国家的有关规定为申诉人足额缴纳各项社会保险费，这是被诉人的法定义务，被诉人是否已为申诉人缴纳了各项社会保险费、缴纳的数额是多少，申诉人均不知道，被诉人认为申诉人提出的仲裁请求已超过仲裁时效的抗辩理由不能成立，被诉人已从1998年7月开始为申诉人缴纳了养老保险金和全系统均未办理失业保险金缴纳手续的抗辩理由亦不能成立。被诉人没有按照有关法律规定为申诉人缴纳社会失业保险费、没有足额缴纳社会养老保险费的行为已违反了国家法律法规，侵害了申诉人的合法权益，应予纠正。

根据《中华人民共和国劳动法》第七十条、七十二条、七十三条，《社会保险费征缴条例》（国务院令第259号），《关于调整企业基本养老保险费缴纳比例的通知》（枣政办发［2001］104号），原山东省劳动厅、山东省高级人民法院《关于审理劳动争议案件若干问题的通知》（鲁劳发［1998］147号）第十六条之规定，经本委支持调解，双方争执较大，未能达成调解协议，现裁决如下：

被诉人于本裁决书生效后15日内为申诉人补缴社会养老保险费10 631.11元（109个月×520元×20%－704.89元）；被诉人于本裁决书生效后15日内为申诉人补缴社会失业保险费312元（30个月×520元×2%）。

思考题

1. 养老保险制度的定义包含哪几个层次的内容？

2. 联系实际谈谈养老保险制度的特点。

3. 阐述养老保险制度确立的原则。

4. 简述我国养老保险制度的发展历程。

5. 结合我国社会主义新农村建设的实际，谈谈如何完善我国农村养老保险制度，以使更多的农民受益。

6. 农民工养老保险面临哪些困境，应如何解决？

第四章　医疗保险

第一节　医疗社会保险概述

一、医疗社会保险的定义及特点

医疗社会保险是指国家通过立法方式强制性地向社会成员征徽社会医疗保险基金，在劳动者（或公民）因患病、负伤、年老、生育、失业或其他原因收入中断需要医疗费用时，由国家或企业提供医疗或物质保障的制度（费梅苹，2004）。医疗社会保险是社会保险体系的重要组成部分，它与养老、失业、工伤、生育等其他保险一起共同对劳动者的生、老、病、死起着保障作用。但是由于疾病风险的特殊性和医疗服务自身的特点，使得医疗社会保险除了具有强制性、互济性、福利性、社会性等社会保险共有的特征外，还具有普遍性、复杂性、短期性与经常性等特点。

（一）医疗社会保险的普遍性

相对于其他社会保险制度而言，医疗社会保险是保障对象最为广泛的一项制度。因为相对于可以避免或者只发生在人生某个阶段的养老、失业、生育、工伤等风险而言，疾病风险具有不可避免性和不可预测性，也就是说每个人在自己的一生中都有可能随时遇到疾病风险，因此医疗社会保险的保障对象原则上应该是全体公民。也只有建立具有普遍性的、包括所有劳动者和所有社会成员在内的医疗社会保险制度，才是对国家、社会、集体和个人真正有意义的保障制度。

（二）医疗社会保险的复杂性

一是医疗社会保险涉及的关系复杂。医疗社会保险不仅涉及保险的需求者、保险的供给者、保险的管理者，而且涉及医疗服务的提供者，甚至涉及各用人单位，他们之间构成了非常复杂的权利义务关系。二是医疗社会保险的技术手段复杂。医疗社会保险需要应用的基本知识和技术涉及医学、保险学、社会学、管理学、经济学、信息工程等多种学科和领域，这种多学科的交叉应用决定了其技术手段的复杂性。

（三）医疗社会保险的短期性与经常性

由于疾病的发生是随机的、突发性的，医疗社会保险的补偿也只能是短期的和经常性的。它不像养老保险或生育保险那样，具有长期性或一次性，它只能随着疾病发生情况的变化而变化，当合约内约定的疾病发生时，医疗社会保险提供的补偿也随之发生。

二、医疗社会保险基金的筹集

医疗社会保险基金是指医疗社会保险机构根据法律规定，向劳动者个人及其所在单位强制征集，必要时由国家资助的以货币形态存在的后备资金，是用于支付被保险人医疗服务开支的专项资金。医疗社会保险基金的筹集是医疗社会保险制度运行的起点，其目的是为了提高劳动者面对疾病风险的能力，在劳动者遭遇疾病风险时能够获得必需的医疗费用。为了保证医疗社会保险的顺利运行，医疗社会保险基金的筹集遵循以下原则。

（一）多元主体分担原则

根据社会共同责任的原则，医疗社会保险应该由被保险人（雇员）、被保险人所在单位（雇主）和国家三方共同承担。医疗社会保险除了要给劳动者提供福利保障之外，还要调整雇员、雇主和国家之间的关系。雇员分担部分医疗社会保险资金，可以约束其就医行为，减少不必要的医药费用支出，避免保险费用的浪费；雇主分担部分医疗社会保险资金，可以提高本单位的凝聚力，增强雇员的归属感；国家分担部分医疗社会保险资金，有利于国家对该项工作的指导。

（二）“以支定收、收支平衡、略有结余”的原则

“以支定收”是指各地要根据本地医疗消费水平来确定医疗社会保险费的收取标准。我国幅员辽阔，各地区经济社会发展很不平衡，在确定医疗社会保险的收支标准时，不能一刀切，各地要结合本地实际情况，制定相应的标准。“收支平衡”是指医疗社会保险的收入与支出在年度内要保持大体平衡。同时，为了应对不测情况，医疗社会保险费的收支运作还要略有结余。

医疗社会保险基金的筹集有多种方式，如与工资挂钩、与收入挂钩、按区域缴纳、固定保险费金额等。通常采用的方式是与工资挂钩，即工薪税的方式。

三、医疗社会保险的费用支付方式

医疗社会保险费用的支付是指当被保险人获得医疗服务之后，保险机构向服务提供方支付费用的行为。支付方式从总体上可以分为两类，即预付制和后付制。具体来说，分为以下5种。

（一）按服务项目付费

这种支付方式属于后付制。它是指医疗服务机构先向患者提供服务，医疗保险机构根据服务机构提供的各种服务记录和收费账单，向医疗服务机构支付医疗费用，或者患者先支付医疗费用，再由保险机构向患者提供部分或全部补偿。这种支付方式是医疗社会保险中最传统也是运用最广泛的一种费用支付方式。我国长期以来实行的实报实销制就是这种付费方式。这种方式的优点是操作简便，易于为人们所认同，使用范围较广。缺点是由于医院的收入同提供医疗服务的项目多少有关，因而医院有提供过度服务的动机，医疗费用难以控制，行政管理成本较高。

（二）按人头付费

是指医疗社会保险机构根据医疗服务机构服务的人数及收费标准，定期预先向医疗服务机构支付一笔固定的费用。在合同约定的时间内，医疗服务机构负责提供合同规定的一切医疗服务，不再另行收费。这种方式的好处是可以消除医疗服务机构提供过度服务的动机，鼓励医疗服务机构以较低的费用为更多的人提供服务，同时鼓励医疗资源流向预防服务。缺点是可能出现医疗服务机构为节省费用而减少服务或降低服务质量的现象。

（三）按病种付费

是指根据国际疾病分类法，把患者的疾病分为若干组，每组又依据疾病的轻重缓急等划分为不同的级别，组别不同、级别不同其医疗服务价格标准也不同，医疗保险机构根据不同组和不同级别的价格标准向医疗服务机构支付费用。实际上就是按诊断病人的病种进行定额付费。在这种方式下，由于医疗服务机构所获得的费用只与诊断的病种有关，而与服务质量和患者的实际消费无关，因此客观上会鼓励其主动降低成本，从而有利于医疗费用的控制和降低。但是对疾病进行不同组别和级别的分类要做大量的工作，同时这种方式也存在医疗服务质量下降的可能性。

（四）定额付费

是指医疗保险机构按照预先确定的住院日费用标准向医疗服务机构支付住院病人每天的费用，按照预定的每次门诊费用标准支付门诊病人的费用。这种方式的特点是同一医疗服务机构所有病人的每日住院费和每次门诊费的支付都是相同的，费用的支付与病人的实际花费无关。因此，医疗服务机构有降低每日住院和每次门诊成本的动机，有利于费用的控制，但这种方式的缺点是不利于缩短平均住院日和减少门诊的次数。

（五）总额付费

是指医疗保险机构预先和医疗服务机构协商，确定年度预算总额，根据“节余留用、超支不补”的原则将年度医疗费用支付给医疗服务机构。优点是医疗保险机构能够较好地控制医疗费用，缺点是可能出现医疗服务不足和医疗服务质量下降的现象，年度预算总额的确定也较困难。

四、医疗社会保险的费用分担方式

医疗社会保险的费用分担，是指保险机构为了防止被保险人在免费医疗的情况下出现过度需求，控制医疗费用的过快上涨，而让被保险人分担一部分医疗费用的行为。一般来说，常见的费用分担方式有以下几种。

（一）起付线方式

起付线方式又称扣除法，是指医疗保险机构规定一个最低起付线，低于起付线的医疗费用由投保人承担或由投保人及其单位共同承担，医疗保险机构只承担起付线以上的医疗费用的支付。这种方式对于提高投保人的费用意识，节约医疗保险基金有积极作用，但是当起付线较高时，特别是当起付线的确定未能与家庭收入挂钩时，对于低收入家庭来说，就是一笔不小的负担。

（二）共同付费方式

是指医疗费用的支付由保险机构和投保人共同承担。在这种方式中，保险机构与投保人要首先规定一个各自支付医疗费用的比例，不论医疗费用的高低，二者都必须按照这个比例支付相应的费用。医疗费用支付比例的确定有两种方式，一种是确定一个固定的比例，一种是确定一个动态的比例体系，即把医疗费用分成数段，在不同费用段中确定不同的比例。这种方式使医疗费用的风险由保险机构和投保人共同承担，对于提高投保人的费用意识，降低其道德风险有重大作用。这也是共同付费方式成为我国医疗保险制度改革中普遍采用的方法的原因之一。但这种方式也有缺点，由于医疗费用越高，个人支付的越多，一些低收入家庭可能会因此而放弃一些必需的医疗服务，导致病情的延误或加重。

（三）最高保险额方式

是指医疗保险机构设立医疗费用支付的最高限额，即“封顶线”，超过这一限额的部分由投保人自己承担。好处是可以控制医疗费用，避免保险机构费用超支的风险，因此该方法常常被商业保险公司采用。

（四）混合方式

是将上述各种医疗费用分担方式综合起来运用。它可以扬长避短，达到各种费用分担方式的最佳应用。因此，在我国医疗社会保险制度改革中，许多地区都采用了这种方式。

第二节　我国城镇职工基本医疗保险制度

一、我国传统城镇职工医疗社会保险制度

（一）我国传统城镇职工医疗社会保险制度的内容

1. 公费医疗制度。1952 年 6 月，政务院发布了《关于全国各级人民政府、党派、团体及所属事业单位的国家工作人员实行公费医疗预防的指示》，决定从 1952 年起在各级人民政府、党派、工青妇等团体、各种工作队以及文化、教育、卫生、经济建设等事业单位的国家工作人员和革命残废军人中分期实行公费医疗制度。公费医疗经费统筹统支，不允许发放给本人。享受公费医疗人员的门诊、住院所需诊疗费、手术费、住院费、门诊或住院中经医师处方的药费，均由医药费拨付；但住院的膳费、就医路费由病者本人负担，如确实有困难者，可由机关给予补助，在行政经费内报销。1964 年 5 月，国务院批准卫生部、财政部文件，明确了享受公费医疗的国家工作人员经批准到外地就医路费可参照差旅费的规定报销。1979 年 6 月和 1979 年 11 月，卫生部和财政部先后发布了《关于公费医疗两个问题的复函》和《关于公费医疗几个问题的答复》，对公费医疗的有关医疗待遇问题做了补充规定。1989 年 8 月，卫生部、财政部颁布《公费医疗

管理办法》，对享受公费医疗待遇的范围、公费医疗经费开支范围、公费医疗管理、公费医疗管理机构和职责、公费医疗工作的监督和检查、公费医疗工作的考核奖惩等方面作了详细规定。据财政部 1998 年统计资料显示，我国 1997 年享受公费医疗的人数达 3 477 万人，医疗费用支出 197 亿元，人均医疗费 567 元。

2. 劳保医疗制度。1951 年 2 月 26 日政务院发布了《中华人民共和国劳动保险条例》（以下简称《条例》），1953 年 1 月 2 日发布了对这个条例的修正草案。《条例》规定，享受劳保医疗的主要对象是国营企业的职工，县以上城镇集体所有制企业职工可参照执行。劳保医疗待遇分为工伤和非工伤两类，关于工伤待遇的规定本书第五章将有详细介绍，这里主要介绍非工伤劳保医疗。《条例》规定，企业职工患一般疾病和非因工负伤、残废的可享有以下待遇：

一是职工患病或非因工负伤，其所需诊疗费、手术费、住院费及普通药费均由企业负担；贵重药费、住院的膳食费及就医路费由职工本人负担，如职工经济状况确有困难，企业可酌情予以补助。病人应否住院或转院治疗，由医院决定。

二是职工因病或非因工负伤停止工作医疗时，其停止工作医疗期间连续在 6 个月以内者，按其本企业工龄的长短，由企业发给病伤假期工资，其数额视其工龄长短，为本人工资的 60%～100%；停止工作连续医疗期间在 6 个月以上时，按月付给疾病或非因工负伤救济费，其数额为本人工资的 40%～60%，至能工作或确定残废或死亡时为止。

三是职工因病或非因工负伤医疗终结确定为残废，完全丧失劳动能力退职后，发给非因工残废救济费，其中饮食起居需人扶助者救济费为本人工资的 50%，饮食起居不需人扶助者救济费为本人工资的 40%，发放至恢复劳动力或死亡时止；部分丧失劳动力尚能工作者不予发给。

四是职工供养的直系亲属患病时，可以在该企业医疗所、医院、特约医院或特约中（西）医院免费诊治，手术费及普通药费，由企业负担1/2，贵重药费、就医路费、住院费、住院时的膳费及其他一切费用，均由本人自理。

1966年4月劳动部和全国总工会颁发了《关于改进企业职工劳保医疗制度几个问题的通知》，对劳保医疗做了一些新的规定，总的精神是适当加大职工个人的医疗负担，抑制医疗费用的浪费。比如，《通知》规定，挂号费和出诊费由职工个人负担；职工患病所服用营养滋补药品（包括药用食品）的费用由职工负担；因工负伤或患职业病住院医疗期间的膳费，由职工本人负担1/3；职工供养的直系亲属患病医疗时，挂号费、检查费、化验费等均由职工个人负担；职工实行计划生育进行手术时，住院膳费由本人负担。

关于劳保医疗经费的来源，1953年以前全部由企业负担。1953年改为根据行业性质分别按工资总额的5%～7%提取。1969年财政部规定将原来按工资总额一定比例提取的福利费、奖励基金和医疗卫生费合并改为按工资总额的11%提取的职工福利基金，职工福利基金主要用于医疗卫生费和福利费开支。如果按11%提取的福利基金仍不够使用，企业可以从税后留利中提取职工福利基金进行弥补。1992年底和1993年初，财政部颁布了《企业财务通则》和分行业的企业财务制度，规定企业按工资总额的14%提取职工福利费，职工福利费主要用于企业的医疗卫生支出和职工的其他福利支出。职工福利费计入企业成本。

（二）我国传统城镇职工医疗社会保险制度存在的问题

应当肯定的是，传统医疗社会保险制度在计划经济体制下对于保障职工的身体健康起了重大的历史性作用。但是随着经济体制改革的深入进行，传统医疗保险制度自身的弊端也日益显露出来。

一是医疗费用增长过快，国家和企事业单位不堪重负。在传统的医疗保险制度下，职工就医个人基本不交费，因此职工缺乏节约医药费用的动力。加之改革过程中对医院实行了“以药补医”的政策，允许医院从售药中得到15%的药品批发零售差价，以补充政府对医院投入的不足。这样的政策大大提高了医院多卖药、卖贵药的积极性。从而对医患双方的政策都在客观上刺激了医药费用的上涨。

据统计，我国公费和劳保医疗费用支出，1978年是27亿元，到1997年，全国职工医疗费用增长到773.7亿元，增长28倍，远远高于同期财政收入增长幅度（宋晓梧，2001）。职工医疗费用长期大量增长，使国家财政难以承担，企事业单位负担也日益沉重。

二是缺乏费用制约机制，医疗经费严重浪费。由于传统医疗保险制度对医疗服务供需双方均缺乏有效的费用制约机制，从而一方面使职工节约费用意识淡薄，无病呻吟、小病大养，盲目追求高标准医疗消费现象十分普遍；另一方面也使得一些医疗单位在利益驱动下，大量经销贵重药、进口药、高档营养滋补品，甚至非医疗商品。另外，医院开“大处方”、“人情方”，职工“一人公费，全家受益”，吃不了的药品扔进垃圾桶等现象随处可见。据卫生部门估计，各种形式的医疗费浪费约占全部医疗费用支出的20%左右，按1997年773亿元的支出水平计算，当年浪费就达160亿元左右，浪费惊人。

三是缺乏合理的医疗经费筹措机制和个人积累机制，医疗费用来源不固定。传统的职工劳保医疗和公费医疗制度，既存在着医疗卫生资源的严重浪费，也存在着因医疗经费不足，部分职工的基本医疗需求得不到保障的问题。就劳保医疗而言，劳保医疗经费由企业自提自用，实际上是“企业自我保险”，在一些经济效益较差的企业，职工的基本医疗需求就难以保障。就公费医疗而言，公费医疗经费由各地财政拨款，人均经费定额随财政收入变化而浮动，没有统一、固定的标准。

四是医疗保障的覆盖面窄，管理和服务的社会化程度低。医疗保障覆盖面窄，主要表现在，公费、劳保医疗制度只在机关事业单位、国有企业和部分集体企业中实行，城镇其他劳动者，包括大量非公有制单位和非正规就业的劳动者，大多没有实行医疗保险。医疗保障管理和服务社会化程度低主要表现在，新老企业之间、不同行业、不同企业之间负担畸轻畸重，缺乏社会互济。

二、我国城镇职工医疗保险制度的改革

为了解决传统医疗社会保险制度存在的缺陷，也为了适应社会主义市场经济体制的建立和发展，20 世纪 80 年代末期，我国开始了城镇医疗社会保险制度的改革。改革过程大体分为四个阶段：

（一）医疗保险制度初步改革时期（1988—1993）

1988 年 3 月，卫生部、财政部、劳动部、人事部、国家体改委、全国总工会、保险公司等部门联合成立了国家医疗制度改革研讨小组。起草了《职工医疗保险制度改革设想（草案）》，提出当时职工医疗保险制度改革的基本方向是：逐步建立起适合中国国情，费用由国家、单位、个人合理负担，社会化程度较高的多层次、多形式的职工医疗保险制度。1989 年 3 月，国务院转批国家体改委关于《1989 年经济体制改革要点》，决定在丹东、四平、黄石、株洲进行医疗保险制度改革试点。同时，其他地区也对医疗保险制度进行了一些改革探索。这一阶段的医疗保险制度改革的探索工作主要包括以下 4 个方面：一是个人部分负担医疗费用；二是改革公费医疗管理制度和经费管理办法；三是开展离退休人员医疗费用社会统筹；四是试行职工大病医疗费用社会统筹。

（二）“统账结合”模式探索时期（1993—1998）

1993 年，中国共产党第十四届三中全会通过了《关于建立社会主义市场经济体制若干问题的决定》，提出了“城镇职工养老和医疗保险金由单位和个人共同负担，实行社会统筹和个人账

户相结合。”这标志着中国医疗保险制度改革进入了全新的时期。其特点是探索建立统筹医疗基金和个人医疗账户相结合的模式，简称“统账结合”模式。即将医疗保险经费分为两部分，一部分由劳动保障部门统筹管理，主要承担互助互济职能，成为统筹基金；另一部分由个人管理，建立个人账户，个人账户的资金可以结转。

1994年4月国家体改委等4部委印发了《关于职工医疗制度改革试点的意见》，对江苏镇江和江西九江的试点工作进行了部署。经过两年多的探索之后，又将试点城市扩展至57个。各试点城市积极开展工作，探索了一系列统筹医疗基金和个人医疗账户相结合的新模式，有代表性的主要有以下三种：

一是三段直通式。将职工医疗费用分三段付费：一是账户段，职工就医先由个人医疗账户支付费用；二是自付段，个人医疗账户用完后，仍不足部分，由职工现金支付，全年付费限于本人年工资的5%；三是共付段，全年医疗费超过个人账户结余基金和个人年工资5%的部分，由社会统筹基金与本人现金共同支付，随着费用额增大，社会统筹基金给付比例递增，个人付费比例递减。这种方式的实施取得了一定的成效，即保障了职工的基本医疗，又遏制了医疗费用的过快增长，同时还促进了医院的管理。但这种方式的设计本身还存在一定问题，比如制约机制较弱，容易使人们产生早花完个人账户，早动用统筹基金的动机，从而造成统筹基金的严重超支。另外，这种方式管理难度较大，管理成本较高。

二是板块结合式。即将医疗基金分为个人账户和统筹基金两大板块，两个板块分开管理，个人账户主要支付门诊和小病医疗费用，统筹基金主要用于支付住院和大病医疗费用。若干不需要住院的慢性病种可从统筹基金中支付一定比例。个人账户不得提取现金，不得透支。除规定由统筹账户支付的医疗费用外，其他医疗费用均由个人账户支付，超支自理。统筹账户属于全体参保人员共有，用于重病患者和大病医疗费用的社会调剂互助。这种方式由于对个人账户和统筹基金分开管理，因此在很大程度上避免了三段式的弊端，但是门诊就医和小病医疗费用由个人负担，使部分地区和个人难以承受，另外，“小病”与“大病”的界定也容易引起争议。

三是“三金”管理式。“三金”管理式是指从企业和个人提取后，建立三块医疗基金：第一块是社会统筹金。由社会保险机构统一筹集和管理，主要用于重病、大病职工的基本医疗保障。第二块是企业调剂金。在企业职代会和工会的监督下由企业管理和使用，主要用于职工医疗费个人负担过重时给与补助。第三块是个人账户基金。由企业代管，归职工个人所有，用于平时一般医疗费用的支出。职工将这种方式称为“小病自己看，中病企业补，大病社会保”。这种方式在一定程度上协调了保险机构、企业、患者三方的关系，但从改革的方向看，不利于企业摆脱社会事务，因此只能是一种过渡。

(三) 统一的“统账结合”的城镇医疗保险制度建立时期(1998—2000)

在总结全国各地试点工作的基础上，1998 年 12 月，国务院颁布了《关于建立城镇职工基本医疗保险制度的决定》，对医疗保险制度改革的主要任务、原则、覆盖范围、缴费办法、管理等方面进行了规定，要求各地结合本地的实际情况，在 1999 年 1 月启动建立城镇职工医疗保险制度工作，到 1999 年底基本完成该项工作。

1. 城镇职工医疗保险制度改革的主要任务。建立城镇职工基本医疗保险制度，即适应社会主义市场经济体制，根据财政、企业和个人的承受能力，建立保障职工基本医疗需求的社会医疗保险制度。

2. 建立城镇职工基本医疗保险制度的原则。可以概括为：“基本水平、广泛覆盖、双方负担、统账结合”。具体来说是指基本医疗保险的水平要与社会主义初级阶段生产力发展水平相适应；城镇所有用人单位及其职工都要参加基本医疗保险，实行属地管理；基本医疗保险费由用人单位和职工双方共同负担；基本医疗保险基金实行社会统筹和个人账户相结合。

3. *城镇医疗保险的覆盖范围*。城镇所有用人单位，包括企业（国有企业、集体企业、外商投资企业、私营企业等）、机关、事业单位、社会团体、民办非企业单位及其职工，都要参加基本医疗保险。乡镇企业及其职工、城镇个体经济组织业主及其从业人员是否参加基本医疗保险，由各省、自治区、直辖市人民政府决定。

4. *城镇医疗保险的具体做法*。基本医疗保险费由用人单位和职工共同缴纳。用人单位缴费率控制在职工工资总额的6%左右，职工缴费率一般为本人工资收入的2%。建立基本医疗保险统筹基金和个人账户。统筹基金主要用于支付大额和住院医疗费用，个人账户主要用于支付小额和门诊医疗费用。职工个人缴纳的基本医疗保险费，全部计入个人账户。用人单位缴纳的基本医疗保险费分为两部分，一部分用于建立统筹基金，一部分划入个人账户。划入个人账户的比例一般为用人单位缴费的30%左右，划归统筹基金的比例一般为单位缴费的70%左右。具体比例由统筹地区根据个人账户的支付范围和职工年龄等因素确定。区别统筹基金和个人账户各自的支付范围，分别核算，不得互相挤占。确定统筹基金的起付标准和最高支付限额，起付标准原则上控制在当地职工年平均工资的10%左右，最高支付限额原则上控制在当地职工年平均工资的4倍左右。起付标准以下的医疗费用，从个人账户中支付或由个人自付。起付标准以上、最高支付限额以下的医疗费用，主要从统筹基金中支付，个人也要负担一定比例。超过最高支付限额的疗费用，可以通过补充医疗保险等途径解决。统筹地区根据以“收定支、收支平衡”的原则，确定统筹基金的具体起付标准、最高支付限额以及在起付标准以上和最高支付限额以下医疗费用的个人负担比例。

（四）医疗保险与医药卫生体制配套改革时期（2000年以来）

2000年2月，国家体改委等8部委联合下发了《关于城镇医药卫生体制改革的指导意见》，就城镇医药卫生体制改革的目标、内容等进行了规定，这意味着与医疗保险制度相适应的城镇医药卫生体制配套改革开始实施。

纵观近20年的中国城镇职工基本医疗保险制度改革，其根本出发点就是进行制度创新和机制转换，把过去那种由国家和单位包揽的福利性的公费医疗和劳保医疗改变成费用由用人单位和职工共同负担，社会统筹和个人账户相结合的医疗保险制度。这一改革取得了巨大的成绩，人们的医疗保险意识普遍增强，医疗经费的浪费得到遏制，医疗服务的质量和数量明显提高，医疗监督力度增强，基本形成了一套较规范的医疗保险管理办法等等。但也存在着保险基金筹集较困难、参保单位缴费积极性不高、医疗服务机构服务意识有待加强等问题。就目前而言，如何构建起费用由国家、单位和个人合理负担、社会化程度较高的多层次、多形式的职工医疗保险制度是深化医疗保险制度改革的关键。

第三节 补充医疗保险制度

一、补充医疗保险制度的涵义

补充医疗保险制度是相对于基本医疗保险制度而言的，是针对基本医疗保险有限责任而拓展的医疗保险方式。其功能在于分散基本医疗保险参保人员所承担的超过最高支付限额以上和保险范围以外个人自付高额医疗费用的风险，发挥风险再分散的作用。严格地讲，补充医疗保险可以有两种解释。一种是广义的补充保险，是指除了国家法定的强制性基本医疗保险之外的所有其他形式的保障，这时的“补充”是相对于“基本”而言。狭义的补充医疗保险是专指单位补充医疗保障，即特定企业、行业在基本医疗保险之外，再筹资建立的医疗保险计划（张琪，2006）。本书所说的是广义的补充医疗保险。

我国目前建立补充医疗保险制度的一个重要原因就在于基本医疗保险制度只能承担有限责任。众所周知，基本医疗保险把“低水平、广覆盖”确定为一项基本原则，重点体现社会保险的公平性。在用药、诊疗项目和医疗服务设施标准等方面都有明确的限制性规定，费用的支付还有严格的起付标准和“封顶线”。这意味着基本医疗保险在现实的经济基础上，只能提供低水平、有限责任、普遍享受的医疗保障。这种政策定位，决定其保障水平和职工实际医疗消费需求之间必然存在差距，难以充分照顾不同人群对医疗消费的现实需求，也使部分人群难以抵御疾病风险。补充医疗保险以提供“补充”的方式，可以有效弥补基本医疗保险的不足，通过单位补充、社会互助、职工互助和商业保险等途径，不仅满足了人们不同层次的医疗需求，而且有效分散了疾病给人们带来的风险损害。

二、我国的补充医疗保险制度体系

补充医疗保险制度体系，从内容上看可以有多种划分方法。按主办机构划分，可分为由政府主办、由企业主办、由社会保险机构主办、由商业保险机构主办的补充医疗保险和由工会组织主办的职工互助保险等。按职业划分，可分为企业补充医疗保险、公务员医疗补助、职工和家属医疗互助等。按层次划分，可以分为商业医疗保险、社会医疗救助、单位补充医疗保险等。以下有重点的选取几个介绍。

（一）企业补充医疗保险

企业补充医疗保险是用人单位依据企业经营效益和行业特点，经国家批准设立，其费用由企业和职工按国家有关规定和该补充保险的规定执行，用于解决企业职工基本医疗保险待遇以外医疗费用负担的补充性医疗保险（张琪，2006）。

根据城镇职工基本医疗保险制度，国家鼓励发展企业补充医疗保险，并给予政策扶持。企业在参加基本医疗保险的前提下，自愿建立补充医疗保险。企业补充医疗保险费在工资总额的4%以内的部分，从职工福利费中列支，福利费不足列支的部分，经同级财政部门核准后列入成本。

（二）国家公务员医疗补助

为了保障国家公务员的医疗待遇水平不下降，在参加城镇职工基本医疗保险的基础上，超过基本医疗保险以外的医疗费用，国家对公务员将实行医疗补助。这是借鉴了国际上的通行做法，更重要的是考虑到我国国家公务员的工作性质和特点，为了保证国家公务员的健康水平和勤政廉政，并与国家城镇职工基本医疗保险制度相衔接。另外，考虑到我国国情，国家公务员的收入还没有提高到应有的水平，对医疗费用的负担能力有限，因此，国家要对公务员实行医疗补助。

对国家公务员实行医疗补助的思路是：保证待遇、体现差别、相互衔接、统一管理。所谓“保证待遇”，是指保证公务员参加基本医疗保险后，原有的医疗待遇不下降。这体现了政府给予国家公务员的较高医疗福利待遇。其福利性主要体现在两个方面：一是补助经费由各级财政拨付，不设基金，个人不缴费；二是在补助办法上主要用于补助个人实际负担的医疗费用，直接计入基本医疗保险个人账户。所谓“统一管理”，是考虑到医疗消费和医疗结算的连续性，为了方便就医和简便费用结算，同时有效控制医疗费用增长，公务员医疗补助经费应与基本医疗保险基金统一管理，由社会保险机构统一经办。由于我国实行的国家公务员医疗补助是在参加基本医疗保险基础上的福利性医疗待遇，同时各地医疗消费水平和经济发展水平差异较大。因此，具体补助办法由各地人民政府按有关精神，制定具体方案。

（三）职工大额医疗补助

这是一种由社会医疗保险经办机构在强制性参保的“基本医

疗保险”的基础上开办的自愿参保的补充医疗保险形式，其保险起付线与基本医疗规定的“封顶线”相衔接，对部分遭遇高额医疗费用的职工给予较高比例的补偿，可真正起到分散风险，减轻用人单位和患病职工负担的作用。由于大额医疗费用的负担问题具有广泛的“社会性”，所以这种形式又称为社会性补充医疗保险。在北京就直接称为大额医疗费用互助制度。

由于社会医疗保险机构在补充医疗保险基金的收缴、管理和医疗费用控制方面具有一定的优势，因此这种形式不失为解决职工补充医疗保险问题的一个好办法。执行中应注意的是：补充医疗保险基金和“基本医疗保险”的各项基金间应相互独立，不得相互透支。同时应当积极扩大补充医疗保险的投保规模以提高补充医疗保险基金的抗风险能力。

（四）社会医疗救助

社会医疗救助是在政府的主导下，动员社会力量广泛参与的一项面向弱势群体的医疗救助行为。它是多层次医疗保障体系的重要组成部分，其目的是将一部分低收入甚至贫困状态的社会弱势群体囊括在医疗保障体系之中。通过实施社会医疗救助制度，为他们提供最基本的医疗支持，以缓解其因病而造成的困难，防止因病致贫、因病返贫，增强自我保障和生存的能力。

社会医疗救助制度具有这样几个特点：第一，筹资的积极多样性。社会医疗救助遵循积极筹资、量力而行、有多少钱办多少事的原则。救助资金来源主要是政府财政支持和社会捐助两个方面。这种筹资方式，不强调权利与义务的对等。出资者的行为不是为了获得享受社会医疗救助的权利，而是出于一种爱心、道义和社会责任感。第二，救助的公益性。社会医疗救助兼有医疗保障和社会救助双重特性，既非纯粹的政府行为，也有别于一般的营利行为，它是一种主要由政府资助、社会捐助和道德力量支持的社会公益性活动。第三，对象的特殊性。社会医疗救助的对象是特殊困难群体。它一般不对救助对象预先进行基于履行义务的资格审查和限制，服务对象也是随着其经济状况的变化而随时变化的。它所救助的对象是其他几项医疗保险制度难以涵盖的，在多层次医疗保障体系中发挥着最后“兜底”的防线作用，是恢复家境、逐步脱贫乃至彻底摆脱贫困的重要举措。

(五) 商业医疗保险

商业医疗保险分为两种情况：一是由已参加基本医疗保险的单位和个人向商业保险公司投保补偿高额医疗费用的补充医疗保险，如厦门模式。基本医疗保险的封顶线即为商业性补充医疗保险的起付线，起付线以上的高额医药费由商业医疗保险承担，但商业保险公司一般仍规定有一个给付上限，如每年的补偿金额不超过15万元人民币或20万元人民币。二是各商业保险公司提供的针对某些特殊疾病的“重大疾病保险”、“癌症保险”和“津贴型住院医疗保险”等。它也能为职工超过基本医疗封项线的高额医疗费用提供一定程度的补偿。商业医疗保险不具有社会保险的性质，是纯粹的商业保险。

第四节 农村合作医疗制度

一、我国传统农村合作医疗制度的产生、发展与衰退

(一) 我国传统农村合作医疗制度的产生

所谓合作医疗制度，就是在政府号召和农村集体经济支持下，由农民群众集资，在卫生保健方面实行互助互济，采用“合作制”方式举办的具有一定保险性质的医疗保障制度（许文兴，2006）。我国农村合作医疗制度的出现是由我国特殊国情决定的。自20世纪50年代开始，我国在城镇逐步建立了公费医疗和劳保医疗的福利性医疗保障制度。但由于种种原因，这一福利制度没有延伸到广大农村，农村绝大多数农民游离于国家的医疗保障体系之外。缺乏医疗保障的农民为了解决农村缺医少药的难题自发的采取了互助合作的形式，由此诞生了中国农村的合作医疗制

度。我国正式出现的合作医疗制度是在1955年农村合作化高潮时期。当时一些地方如山西、河南、河北等地出现了由农村生产合作社举办的保健站。其基本做法是，由社员群众和生产合作社共同出资建保健站。生产合作社从公益金中拿出15%～20%，每个农民每年交少量保健费，形成合作医疗基金，农民免费就医。1955年初，山西省高平县米山乡建立了我国第一个医疗保健站。保健站的出现，实现了农民“无病早防，有病早治，省工省钱，方便可靠”的愿望。

（二）我国传统农村合作医疗制度的发展

山西省高平县米山乡的做法得到了卫生部的肯定，其经验在全国部分地区得到推广。1956年6月30日，全国人大一届三次会议通过《高级农业生产合作社示范章程》，首次赋予集体介入农村社会成员疾病医疗的职责，并促使由农民在农业生产合作化运动中创造和开展的合作、互助医疗，成为后来农村解决“病有所医”的重要形式。1960年2月，中央肯定了合作医疗这一形式，并转发了卫生部《关于农村卫生工作现场会议的报告》，将这种制度称为集体医疗保健制度。这对于推动全国农村合作医疗制度的发展起到了一定的作用，到1960年，全国农业生产大队举办合作医疗的已占40%。1965年9月，中共中央批转卫生部党委《关于把卫生工作重点放到农村的报告》，强调要加强农村基层卫生保健工作，使农村合作医疗保障事业更加普及。1968年12月，毛泽东同志亲自批示了湖北省长阳县乐园公社举办合作医疗的经验，称赞“合作医疗好”。从此，广大农村掀起了大办合作医疗的热潮。1978年五届人大在《中华人民共和国宪法》中把合作医疗列了进去。1979年，卫生部、农业部、财政部等部委下发了《农村合作医疗章程（试行草案）》，对合作医疗制度进行了规范。到1980年，全国农村约有90%的生产大队实行了合作医疗。

我国农村传统的合作医疗制度，是一种低成本、广覆盖、能充分体现出卫生服务公平性和可及性的独特模式，它的成就为世界所公认。世界卫生组织在一份报告中曾说，“中国农村实行的合作医疗制度，是发展中国家群体解决卫生保障的唯一范例。”“初级卫生工作的提法主要来自中国的启发。中国在占80%人口的农村地区发展了一个成功的基层卫生保健系统，向人民提供低费用的、适宜的医疗保健技术服务，满足大多数人的基本卫生需求，这种模式很适合发展中国家的需要”。

（三）我国传统农村合作医疗制度的衰退

20世纪70年代末期，我国农村推行了以家庭联产承包责任制为主要内容的经济体制改革，使50年代以来形成的“一大二公”，“队为基础”的集体经济纷纷解体，加之舆论导向、政策导向的失误以及领导管理上的欠缺等诸多原因，农村合作医疗制度和农村基层卫生组织迅速衰落。1989年的统计表明，继续坚持合作医疗的行政村仅占全国的5%。更为严重的是，随着农村集体经济和合作医疗制度的解体，乡村两级基层卫生组织失去了集体经济的依托，各级政府又未能适时地增加投入，导致70%的乡镇卫生院陷入困境，50%左右的村卫生室变成了靠看病卖药赚钱的私人诊所。

农村合作医疗的瓦解和基层卫生组织的衰落，造成了极为严重的后果：第一，农村公共卫生、预防保健工作明显削弱，一些已被控制和消灭的传染病、地方病死灰复燃，新的公共卫生问题不断出现，农民的健康水平呈现出下降趋势。第二，医药费用不断上涨，广大农民不堪重负，看不上病、看不起病的现象相当普遍。2003年的调查显示，有48.9%的患病农民应就诊而不去就诊，有29.6%的人该住院而不住院。因病致贫、因病返贫的农户明显增多。第三，医疗资源分布严重失衡，城乡差距、东中西部的差距、贫富地区的差距进一步扩大，医疗卫生服务的公平性进一步降低，总体绩效低下。在2000年世界卫生组织对191个成员国的卫生总体绩效评估排序中，中国列为第144位；在对成员国卫生筹资与分配公平性的评估中，中国列 188 位，在 191 个成员国中倒数第 4。

二、我国农村新型合作医疗制度的探索与实行

为了解决农村卫生工作出现的新问题，我国从 20 世纪 90 年代开始了对新的合作医疗制度的探索。这一时期广大农村地区出现了福利型合作医疗模式（保小病不保大病）、风险型合作医疗模式（保大病不保小病）、福利—风险型合作医疗（既保大病又保小病）等模式的探索，农村卫生改革以及医疗保障建设也取得了一定的成绩。2002 年 10 月 29 日，中共中央和国务院发布了《关于进一步加强农村卫生工作的决定》，要求“到 2010 年，使农民人人都能享受初级卫生保健；今后 8 年的时间内，在全国农村基本建立起适应社会主义市场经济体制要求和农村经济社会发展水平的农村卫生服务体系和农村合作医疗制度”。2002 年 12 月 28 日，《中华人民共和国农业法（修订草案）》审议通过，并于 2003 年 3 月 1 日起正式施行。新修订的《农业法》规定：“国家鼓励支持农民巩固和发展农村合作医疗和其他医疗保障形式，提高农民健康水平”。2003 年 1 月 23 日，国务院办公厅转发了卫生部、财政部和农业部所发的《关于建立新型农村合作医疗制度的意见》（以下简称《意见》），要求从 2003 年起，各省、自治区、直辖市至少要选择两到三个县（市）先行试点，取得经验后逐步推开。到 2010 年，实现在全国建立基本覆盖农村居民的新型合作医疗制度的目标，减轻农民因疾病带来的经济负担。在《意见》中，对新型合作医疗制度做了明确解释，“新型合作医疗制度，是指是由政府组织、引导、支持，农民自愿参加，个人、集体和政府多方筹资，以大病统筹为主的农民医疗互助共济制度”。《意见》决定，新型农村合作医疗制度实行个人缴费、集体扶持和政府资助相结合的筹资机制，从 2003 年起，农民个人每年的缴费标准不应低于 10 元，地方财政对参加新型合作医疗的

农民补助每年不低于人均 10 元，其基金主要补助参加新型农村合作医疗农民的大额医疗费用或住院医疗费用。2006 年，国务院总理温家宝主持召开了国务院常务会议，专门研究了加快建立新型合作医疗制度等问题，决定要进一步加大中央和地方财政对新型合作医疗的支持力度。中央财政对参加合作医疗农民的补助标准在原有每人每年 10 元的基础上再增加 10 元；同时要求地方财政也要相应增加补助。但不提高农民的缴费标准，不增加农民负担。

与传统的农村合作医疗制度不同的是，新型农村合作医疗制度有六大优势：

第一，政府责任加强，管理力度明显提高。对于合作医疗，中央在以前历次发布的文件中，都强调要加强领导、规范管理和民主监督，但对政府的经济责任从未像这次 2003 年《意见》所规定的，将地方政府财政介入作为筹资机制的一个重要组成部分。同时，中央财政也在不断加大补助额度。所以，新制度在明确政府的经济责任上，较之以往农民个人投保、集体给予适当补贴的做法有了较大进步。

第二，方案重点更加突出，主要针对的是“大病统筹”。合作医疗长期争论“保小不保大”，还是“保大不保小”，或“保大又保小”的问题，传统的合作医疗制度最大的特点是将关注的焦点放在小额门诊上，对大病却心有余而力不足；新制度明确医疗保障的重点是“大病”，即由于患重大疾病而发生大额医疗费用，而不是指疾病的“大”或“小”。这一方案对于切实解决农民实际面临的大病风险无疑是十分有帮助的。

第三，在管理体制上明确以县（市）为单位进行统筹。《意见》明确指出：“新型合作医疗制度一般采取以县（市）为单位进行统筹。”这有别于传统合作医疗的“村办村管”、“村办乡管”、“乡村联办”等较低层次的统筹管理体制。这些规定对规范管理体制、扩大统筹范围；提高抵御风险能力具有重要的指导意义。

第四，加强了对基金运营过程的监管，对农民的知情权予以保护。另外制度还明确了农民自愿参保的基本原则。

第五，新型合作医疗制度的公平性和再分配功能大大加强，主要体现在统筹层次提高到县级，同时考虑到各地经济水平的差异，允许一些不具备县级统筹条件的地区先进行乡一级统筹，逐步向县级统筹过渡。

第六，在运作机制上明确合作医疗、医疗救助、商业医疗保险三者的关系。合作医疗、医疗救助、商业医疗保险是三个不同范畴的运作机制，以往是各自独立运行的。如今《意见》指出“医疗救助形式可以对救助对象患大病给予一定的医疗费用补助，也可以是资助其参加当地合作医疗。经济发达的农村可以鼓励农民参加商业医疗保险”。这为构建农村多层次的医疗保障体系指明了方向。

第五节　农民工医疗保险制度

一、农民工的界定及其特点

农民工是指由农村进入城市从事非农职业，但仍然拥有农村户籍的劳动者。农民工是一个特殊群体，现阶段我国农民工呈现出以下主要特征：第一，数量规模大，增长速度快。农民工人数已经超过全国人口总数的10%。估计在2001—2010年的十年中，中国农村人口向城镇转移的总规模可能达到1.6亿～1.8亿。第二，流动性强。大多数农民工从事低技能和体力型的劳动，其工作地点和工作岗位很不稳定，处于频繁的流动之中，他们的未来具有很大的不确定性。第三，农民工年龄构成轻。青壮年劳动适龄人口是主体。15～49岁青壮年劳动适龄人口占农民工的69.9%，农民工年龄中位数为32.8岁，平均年龄为33.6岁。第四，农民工的身份特殊地位尴尬。农民工介于“农村人”和“城市人”之间，具有“农村人”和“城市人”的双重身份和特征。他们背井离乡在城市从事非农产业，不同于传统意义上的农民；但是城乡二元经济体制和户籍制度，又使他们有别于传统的城市劳动者。

二、农民工医疗保险制度现状

劳动和社会保障部2004年出台了《关于推进混合所有制企业和非公有制经济组织从业人员参加医疗保险的意见》，明确要求各地劳动保障部门，把与用人单位形成劳动关系的农民工纳入医疗保险范围。2006年初，国务院出台了《关于解决农民工问题的若干意见》，明确提出要积极稳妥地解决农民工社会保障问题。为了落实国务院的意见精神，国家劳动和社会保障部制定了《关于贯彻落实国务院〈关于解决农民工问题的若干意见〉的实施意见》（简称意见），就农民工医疗保障问题做了详细规定。《意见》指出，抓紧解决农民工大病医疗问题，按照"低费率、保大病"的原则，将农民工纳入医疗保障范围。与城镇用人单位签订规范劳动合同的农民工，随所在单位参加基本医疗保险；以灵活方式就业的，可按照当地灵活就业人员参保办法参加医疗保险，农民工比较集中的地区，可以采取单独建立大病医疗保险统筹基金的办法，重点解决农民工进城务工期间的住院医疗保障问题。根据农民工特点，探索简便灵活的管理方式，进一步完善医疗保险结算办法，为患大病后自愿回原籍治疗的参保农民工提供结算服务。研究农民工参加城镇医疗保险和新型农村合作医疗的衔接办法和政策，确保参保农民工享受相应的医疗保险待遇。2006年5月16日，国家劳动和社会保障部办公厅又发布了《关于开展农民工参加医疗保险专项扩面行动的通知》，要求全面推进农民工参加医疗保险工作，争取2006年年底，农民工参加医疗保险的人数突破2 000万，2008年年底将与城镇用人单位建立劳动关系的农民工基本纳入医疗保险。

我国有些城市结合本地区情况也出台了农民工医疗保障的政

策措施。比如，上海在2002年9月制定了《上海市外来从业人员综合保险暂行办法》，其基本内容是：用人单位全额缴费，外来农民工则享受工伤保险、住院医疗待遇及老年补贴等三项待遇。用人单位投保后，一旦外来民工发生工伤或因病住院时，就能获得相应的保险待遇；北京在2004年出台了的《外地农民工参加基本医疗保险暂行办法》，规定从2004年9月1日起，除了从事个体务工、不存在劳动关系的农民工外，外地农民工将可以享受医疗保险待遇。个人无需缴费，由用人单位缴费。一旦发生疾病，外地农民工可以通过鉴定程序享受相应的保险待遇；深圳在2005年出台了《深圳市外来劳务工合作医疗试点办法》。根据规定，外来劳务工每月向“外来劳务工合作医疗基金”缴费12元，其中用人单位缴8元，外来劳务工个人缴4元。其中6元用于支付门诊医疗费用，5元用于支付住院医疗费用，1元用于调剂。到医院看病时就可以按一定的比例报销医疗费用。

从各地实施的效果来看，出现了一些令政策制定者始料不及的情况。比如，参保率低。上海是最早推出外来劳力综合保险的城市，但“目前参保的只占外来劳力总数的1/5，参保率很低”。这里的1/5，是将工伤保险、住院医疗待遇和老年补贴三项参保率综合起来计算统计的，因此农民工实际参加医疗保险的参保率要小于1/5。再比如，“退保潮”的出现。广东等大城市在“非典”后出现大规模的退保潮，农民工在社保机构门口排起长队要求退保，使当地的社保机构工作人员疲于退保业务。据统计东莞每年有20万人退保。

这样一项利国利民的好政策，在实践中为何遭冷遇呢？究其原因，有以下几点：一是农民工的工作流动性大与各地医疗保障做法不统一形成矛盾。我国各大城市处理农民工医疗保障问题的方法不同，筹资、缴费方式以及待遇上都各自遵循当地规定，没有全国统一的保障平台，也未形成较完善的各城市间的“转接”系统，甚至有些中小城市还没有为农民工提供医疗保障。这种做法很难满足农民工经常流动的需求。二是农民工的收入低与医疗消费高形成矛盾。由于受筹资比例等条件限制，基本医疗保险制度设立了起付线。有些起付线比较高，这对于低收入的农民工来说，单是承担起付线以下的医疗费用有的就超过其月收入，更不用提其他自付费用了。三是部分企业不为农民工上保险与管理部门管理手段不健全形成矛盾。一些企业，尤其是民营企业、个体工商户错误地认为农民工参保是增加企业的成本，于是想方设法不为他们上医疗保险。而劳动保障部门对不为农民工办理保险的用人单位缺乏强有力的手段加以纠正，管理手段跟不上，网络体系不健全，一些管理方法亟待改进。另外，一些农民工主观上认为自己年轻无病无灾，没有必要参加医疗保险，更不愿意缴纳参加医疗保险的费用。

三、进一步推进农民工医疗保障制度建设的政策建议

根据国务院 2006 年初颁布的《关于解决农民工问题的若干意见》，结合我国农民工医疗保障现状，现阶段要将农民工的基本医疗保障纳入社会保险系统当中，建立统一的医疗保障体系，存在着各种各样的制约因素，是比较困难的。只能是分阶段、分类别地逐步为农民工提供适合他们自身特点的医疗保障。一是针对不同农民工群体制定相应的医保政策。对有稳定的住所、稳定的工作和稳定的收入来源，已经城市化的农民工，通过户籍制度的改革将他们纳入城市的医疗保障范畴，享有同城市职工相同的医疗保障。对季节性农民工应将他们纳入新型的农村合作医疗制度之中。对于那些流动性很强的农民工，鼓励他们积极参加新型农村合作医疗。二是对农民工实行以大病统筹为主的多层次、多险种的医疗保险方案。农民工群体以年轻力壮者为主，主要面临大病致贫的风险。针对这一特点，农民工的医疗保险应以大病统筹保险为主。同时，在制度设计上提供不同层次的险种，增加其参保的选择性，农民工可根据自己的经济收入状况自主选择参加

各种保障水平的医疗保险。三是制定有利于农民工在地区间流动的配套医疗保障政策。农民工存在着职业转换快、地区之间流动性大的特点，迫切需要制定农民工在地区之间流动的医疗保险关系接续的有关政策，以确保农民工参加医疗保险的连续性和参保人员享受医疗保险待遇的稳定性。同时，按照统筹城乡发展的要求，做好与新型农村合作医疗的政策和管理办法的衔接。另外，加大医保宣传力度，加快保障立法，也是推进该项工作的必要手段之一。

［资料与案例分析］

［案例］

一例青光眼术后出院的医保患者，在完成其住院费用结算月余后，又找回医院，要求退还其手术费用。理由是：医生为其实施的手术是可以报销的，但费用结算清单却显示该部分费用为自费，是医院结算错误。经了解，该患者患青光眼，需手术治疗。医生为其成功实施了“青光眼滤过术”。在医保的诊疗目录库中，只有“抗青光眼类”手术。由于该患者接受的“青光眼滤过术”没有列入医保报销目录库，所以不能通过医保的政策单机板进行分割结算，系统自动将其划归为自费内容。医生陈述：两种手术方式大同小异，目的一致，而且后者的手术收费标准更趋合理，应该都给予费用报销。

［分析］

①“抗青光眼类手术”在1998年《北京市统一收费标准》中和医疗保险诊疗目录库中均为可报销项目（351.00元/例，三甲医院）。但2004年第13期的北京市物价信息中又单独新批复了一项“青光眼滤过术”（基本手术费440.00元/例）。虽然它也同样是为解决青光眼问题的手术，但因手术名称不同，收费标准不同，它即成为一项新的诊疗项目。任何一项新项目得到物价部

门的物价批准后，在医疗机构中被应用，仅意味着可以合理地收费，但患者不能进行费用报销。②若使一个新项目既能合理收费，又能合理报销必须履行向市医保中心进行新诊疗项目”申报的手续。在未得到其正式批复，并将该项目列入诊疗目录库之前，这些新项目就是自费项目。③近年来，各医院在经营管理模式上都在不断探索改革之路，科室成本核算是重要改革方式之一。由于我国现行的诸多诊疗、服务设施等项目所执行的物价还是十几年甚至二十年前的定价，与当今的实际劳动力价值、新的仪器设备、实验试剂等价格存有巨大偏差，造成诸多医疗服务项目虽然收支不平衡甚至负运转，但又不能取消的事实。这就直接影响到了相关科室的经济效益，导致在一些医院中向高收费项目靠拢或挂靠收费等违反物价规定的现象较为普遍。

因此，任何一项新的诊疗项目，在通过多方论证走向成熟，准备用于临床时，相关科室或个人首先应有物价申报、项目申报、使其合理合法化的意识。医生对物价原则、合理收费、医保报销间的相互联系模糊不清，导致未与患者正确表明手术的费用报销性质，造成即付出劳动又未能得到相应价值回报的事实。另外，物价问题是一个有待社会上多方面统筹解决的问题，不能因其有欠合理的地方，就可以忽视现行的物价政策。

思考题

1. 什么是医疗社会保险？它有哪些特点？

2. 医疗社会保险有哪几种费用分担方式和费用支付方式？

3. 我国城镇医疗社会保险制度改革是如何推进的？

4. 什么是补充医疗保险？它有哪几种主要形式？

5. 新型农村合作医疗制度的出台背景是什么？它有哪些优势？

6. 你对进一步推进农民工医疗保险制度建设有哪些意见建议？

第五章　工伤保险

工伤保险是社会保险的一个重要分支。工伤保险所涉及的人群虽然只是针对遭受工伤或职业病风险的特殊工作人群，但这些人群所受到的伤害往往波及面比较大，而且会引发劳资争议和冲突，因而在大多数国家工伤保险都是最早建立起来的险种之一。

第一节　工伤保险概述

工伤保险是社会保障体系的重要组成部分，工伤保险制度对于保障因生产、工作过程中的工伤事故或患职业病造成伤、残、亡的职工及其供养直系亲属的生活，对于促进企业安全生产，维护社会安定起着重要的作用。

一、工伤与工伤保险的概念

"工伤"，亦称"职业伤害"、"工伤伤害"，各国的概念不尽相同。第13次国际劳动统计学家大会所使用的定义是：雇佣事故指由雇佣引起或在雇佣过程中发生的事故（工业事故和上下班事故）。雇佣伤害指由雇佣事故导致的所有伤害和所有职业病。美国国家标准ANSIZ16.1《记录与测定工作伤害经历的方法》中，将"工伤伤害"定义为"任何由工作引起并在工作过程中发生的（人受到的）伤害或职业病，即由工作活动或工作环境导致的伤害或职业病"。

"工伤"一词比较规范的说法是在1921年国际劳工大会上通

过的公约中提及的，即“由于工作直接或间接引起的事故为工伤”。1964年第48届国际劳工大会也规定了工伤补偿应将职业病和上下班交通事故包括在内。

中国国家标准GB6441—86《企业职工伤亡事故分类》中将“伤亡事故”定义为“企业职工在生产劳动过程中，发生的人身伤害、急性中毒”。《职业病范围和职业病患者处理办法的规定》(87卫防字第60号）规定职业病的定义为“职业病系指劳动者在生产劳动及其他职业活动中，接触职业性有害因素引起的疾病。”

工伤所带来的是严重的经济损失和人员伤亡。经济损失通过一段时间的恢复生产可以弥补，而人员伤亡所造成的后果，却是很长时间都无法消除的，例如，伤残人员的生理、心理治疗，身体机能的康复，对所供养直系亲属的抚恤等，都需要长期进行。如果解决得不好，不仅是对伤残人员这部分人力资源的浪费，而且会影响其他生产人员的生产积极性，乃至影响到社会的安定。因而，职业伤害（工伤）已构成了各国的劳动问题和社会问题，并引起了各国政府的重视，使其在安全生产、文明生产、预防事故发生和提供工伤补偿等方面不断地加强立法，完善工伤保险制度。

工伤保险亦称工业伤害保险、因工伤害保险、职业伤害赔偿保险。工伤保险是指劳动者在生产经营活动中或在规定的某些特殊情况下所遭受的意外伤害、职业病，以及因这两种情况造成的死亡、劳动者暂时或永久丧失劳动能力时，劳动者及其遗属能够从国家、社会得到的必要的物质补偿。这种补偿既包括医疗、康复所需，也包括生活保障所需。

早期的工伤保险实际上是“工伤赔偿”，即：劳动者因工导致伤残、疾病和死亡时，对劳动者本人或其供养亲属给予经济赔偿和提供物质帮助的一种社会保险制度。随着社会的发展，工伤保险的功能不断延伸。现代意义上的工伤保险，不仅包括对因工伤、残、亡者的经济补偿和物质帮助，而且包括促进企业安全生产、降低事故率及职业病发生率，并通过现代康复手段，使受伤害者尽快恢复劳动能力，促进其与社会的整合。也就是工伤预防、工伤补偿、工伤康复三位一体。1964 年在第 48 届国际劳工大会上通过的《工伤事故和职业病津贴公约》（第 121 号）及《工伤事故和职业病津贴建议书》（第 121 号）均指出，实施工伤保险的目的，是为受雇人员发生不测事故时，提供医疗护理、现金津贴，进行职业康复；为残废者安排适当职业；采取措施防止工伤事故和职业病。

我国 2003 年颁布的《工伤保险条例》中规定，我国实行工伤保险的目的是："为了保障因工作遭受事故伤害或者患职业病的职工获得医疗救治和经济补偿，促进工伤预防和职业康复，分散用人单位的工伤风险。"

二、工伤保险的特征

工伤保险具有补偿与保障的性质，缴费由用人单位负责。比起其他保险项目，工伤保险的特征较为明显：待遇最优厚、保险内容最全面、保险服务最周到，也最易于实现。

（一）工伤保险与其他社会保险制度相同的特征

1. 工伤保险具有强制性。工伤事故具有突发性和不可预测性，多属于意外事故。同时"工伤"亦具有不可逆性。工伤所造成的器官或生理功能的损伤，可以是暂时的、部分的丧失劳动能力；也可能是虽经治疗修养，仍不能完全复原，以致身体或智力功能部分或全部丧失，造成残障，这种残障表现为永久性部分或永久性全部丧失劳动能力。

职业病虽列入因工伤残的范围，但它同一般伤残又有所区别。职业病具有迟发性，而且往往造成体内器官生理功能的损伤，且损伤大都属于不可逆性损伤。

由于工伤可能为个人带来终身痛苦，给家庭带来永久的不幸，也于企业不利，于国家不利。因而，国家法律往往规定强制实施工伤保险。

2. 工伤保险具有社会性（普遍性）。工伤保险是世界上历史最悠久、实施范围最广的社会保障制度。根据国际社会保障协会（ISSA）2000年的统计资料，在全球近200个国家（地区）中，有172个国家建立了社会保障制度。其中，建立了工伤保险项目的有164个，其他30多个国家也有与工伤事故方面相关的立法。政府通过法律，通过社会经济生活的一定干预，在发生职业风险与未发生职业风险之间进行收入再分配，切实达到保障伤残劳动者基本生活水平的目的。

3. 工伤保险具有互济性。工伤保险通过统筹的基金来分散职业风险，以缓解企业之间、行业之间、地区之间因职业风险不同而承受的不同压力，在较大范围内分散风险，为劳动者和企业双方建立保护机制。

4. 工伤保险具有福利性、非营利性。工伤保险基金属劳动者所有，是保障劳动者安全健康的物质基础，专款专用，国家不征税，并由国家财政提供担保，由隶属于政府的非营利性事业单位经办，为受保人服务。

（二）工伤保险不同于其他社会保险制度的特征

1. 工伤保险具有补偿性（赔偿性）。这是工伤保险不同于其他社会保险的显著特征。绝大多数国家中，工伤保险费用不实行分担方式，全部费用由用人单位负担，劳动者个人不负担费用。

2. 工伤保险具有事故预防与职业康复性。现代工伤保险已不仅仅限于对工伤职工给予工伤补偿，而是把它与工伤补偿、职业康复和工伤预防紧密结合起来，以便更好地发挥其在维护劳动者权益、稳定社会、保护和促进生产力发展方面的积极作用。

三、工伤保险的基本原则

目前，世界上大多数国家在实行工伤保险制度时，普遍遵循的主要原则可大致归纳如下：

（一）补偿不究过失原则

补偿不究过失原则又称无责任补偿原则。在劳动者负伤后，不管过失在谁，工伤职工均可获得收入补偿，以保障其基本生活。但这并不妨碍有关部门对企业事故责任人的追究，以防止类似事故重复发生，教育广大群众，降低事故率。

（二）劳动者个人不缴费原则

工伤保险费由企业或雇主缴纳，劳动者个人不缴费，这是工伤保险与养老、医疗等其他社会保险项目的区别之处。由于劳动者在创造社会财富的同时，也付出了鲜血和生命，所以理应有雇主（或由企业）、社会保险机构负担补偿费用，这在各国已形成共识。

（三）风险分担、互助互济原则

这是社会保险制度中的基本原则。通过法律强制征收保险费，建立工伤保险基金，采取互助互济的方法，分散风险，缓解部分企业、行业因工伤事故或职业病所产生的负担，从而减少了社会矛盾。

（四）保障与赔偿相结合的原则

社会保险制度的一项基本原则就是保障原则，即当劳动者在暂时或永久丧失劳动能力时，对其给予物质上的充分保证，使他们能够继续享有基本的生活水平，以保证劳动力扩大再生产运行和社会的稳定。此外，工伤保险还具有补偿（赔偿）的原则，这是工伤保险与其他社会保险的显著区别。劳动力是有价值的，在生产劳动过程中，劳动力受到损害，理应对这种损害给予赔偿。

（五）补偿与预防、康复相结合的原则

工伤补偿、工伤预防与工伤康复三者是密切相连的。工伤预防是最基本的，各国政府都致力于采取各项措施，减少或消灭事故。工伤事故发生后，应立即对受伤害者予以医治并给予经济补偿，使受伤害者能够得到及时的救治，同时使其（或家庭）生活得到一定的保障。并且及时地对受伤害者进行医学康复及职业康复，使其尽可能地恢复劳动能力，或是恢复部分劳动能力；尽可能地具备从事某种职业的能力；尽可能地自食其力，尽可能地减少或避免人力资源的浪费。这已引起各国政府和工伤保险机构的高度重视。

（六）区别因工和非因工的原则

工伤保险制度中，对于界定“因工”与“非因工”所致伤害有明确规定。职业伤害与工作环境、工作条件、工艺流程等有直接关系，因而医治、医疗康复、伤残补偿、死亡抚恤待遇等均比其他社会保险的水平高。只要是“因工”受到伤害，待遇上不受年龄、性别、缴费期限的限制。“因病”或“非因工”伤亡，与劳动者本人职业因素无关的事故补偿，许多国家规定的待遇平均比工伤待遇低得多。

（七）一次性补偿与长期补偿相结合原则

对“因工”而部分或完全永久性丧失劳动能力的职工或是因工死亡的职工，受伤害职工或遗属在得到补偿时，工伤保险机构一般有一次性支付补偿项目。此外，对一些伤残者及工亡职工所供养的遗属，有长期支付项目，直到其失去供养条件为止。这种补偿原则，已为世界上越来越多的国家所接受。

（八）确定伤残和职业病等级原则

工伤保险待遇是根据伤残和职业病等级而分类确定的。各国在制定工伤保险制度时，都制定了伤残和职业病等级，并通过专门的鉴定机构和人员，对受职业伤害职工的受害程度予以确定，区别不同伤残和职业病状况，以给予不同标准的待遇。

第二节　工伤保险待遇支付

一、享受待遇的对象和条件

享受工伤保险待遇的对象是因工负伤、致残的职工，以及工伤人员本人或因工死亡职工生前供养的直系亲属。1996 年实行工伤保险制度改革，凡是实行工伤保险社会统筹的，经过劳动保障行政部门认定为工伤的职工，才考虑不同的情况享受不同的工伤保险待遇。而未实行工伤保险社会统筹以及 1996 年之前的工伤人员，如果是本单位认定的，也可根据不同的情况享受不同的工伤保险待遇，只是工伤保险待遇的支付渠道不同。

对于伤残职工，除工伤医疗待遇主要是根据医疗机构的诊疗确定外，其他待遇是要根据工伤职工的鉴定等级而定的。伤残等级一至十级的工伤职工，如果旧伤复发伤情发生变化，随之鉴定结论也发生变化的，除一次性伤残补助金待遇不重新享受外，其他相关的工伤保险待遇是要随之变化的。例如过去没有护理依赖的，伤残等级变化后需要护理依赖，或者提高了护理依赖级别的，就可以享受相应等级的生活护理费待遇；过去没有达到一至四级享受伤残津贴的，伤残等级变化后达到了一至四级，没有达到退休年龄的，可以享受伤残津贴。死亡后还可以按照因工死亡的有关待遇处理。

对于因工死亡职工的供养亲属，享受待遇的范围和条件，在 20 世纪 50 年代就有明确规定，而几十年过去了，情况发生了很大的变化，因此，《工伤保险条例》赋予劳动保障部重新作出规定的权力。在劳动保障部作出的规定中，将供养亲属的范围和享受供养亲属抚恤金待遇的条件作了详细规定。因工死亡职工供养亲属是指该职工的配偶、子女、父母、祖父母、外祖父母、孙子女、外孙子女、兄弟姐妹。其中，子女包括婚生子女、非婚生子女、养子女和有抚养关系的继子女；父母包括生父母、养父母和有抚养关系的继父母；兄弟姐妹包括同父母的兄弟姐妹、同父异母或同母异父的兄弟姐妹、养兄弟姐妹、有抚养关系的继兄弟姐妹。这些人员首先必须是依靠因工死亡职工生前提供主要生活来源的，而且有以下情况之一的，才可以享受供养亲属抚恤金待遇。因工死亡职工配偶男年满 60 周岁、女年满 55 周岁；因工死亡职工父母男年满60周岁、女年满55周岁；因工死亡职工子女未满18周岁；因工死亡职工父母均已死亡，其祖父、外祖父年满60周岁，祖母、外祖母年满55周岁；因工死亡职工子女已经死亡或完全丧失劳动能力，其孙子女、外孙子女未满18周岁；因工死亡职工父母已经死亡或完全丧失劳动能力，兄弟姐妹未满18周岁。如属于完全丧失劳动能力，需要经过因工死亡职工生前单位所在地设区的市级劳动能力鉴定委员会鉴定有结论。

二、待遇的核定

工伤职工享受的工伤保险待遇，有些是需要社会保险经办机构进行审核，有些是工伤职工按照政策规定应当享受而不需要审核的。例如，工伤职工住院期间的伙食补助费，只要是在医院住院治疗工伤，用人单位就应当按照住院的天数给予伙食补助。需要审核的项目有两种审核形式，一种是根据一些材料作为依据进行待遇核定的项目，如有一次性伤残补助金、一至四级工伤职工的伤残津贴、生活护理费、丧葬费、一次性工亡补助金、供养亲属抚恤金等。这些待遇无论用人单位是否参加工伤保险，都需要进行核定，因为这是工伤职工享受待遇的凭据。因工负伤致残的工伤职工，一次性伤残补助金、一至四级工伤职工的伤残津贴、生活护理费的核定，要等劳动能力鉴定有结论之后，因而因工伤亡职工直系亲属领取的丧葬费、一次性工亡补助金或供养亲属抚恤金，应当自收到工伤认定结论书后，到统筹地区的社会保险经办机构进行审核。凡参加工伤保险的，由用人单位负责到社会保险经办机构办理审核手续；若应当参加工伤保险而未参加工伤保险的，工伤职工个人或其直系亲属也可以直接到统筹地区的社会保险经办机构进行审核。另一种是根据一些票据进行审核的项目，如工伤保险待遇有工伤医疗费、工伤康复费、辅助器具费等。无论是哪一种待遇的核定，都直接关系到工伤职工的切身利益，同时也关系到工伤保险基金的合理支付，所以社会保险经办机构进行审核时，准确把握工伤保险待遇的标准和工伤保险待遇的政策是十分重要的。

三、待遇支付渠道

国家规定工伤保险待遇由两种渠道支付，一部分工伤保险待遇的支付渠道是由用人单位支付，另一部分工伤保险待遇的支付渠道是由工伤保险基金支付。采取两种支付渠道主要是基于工伤保险实行社会统筹还属于初期，工伤保险基金支付部分待遇的费用，使工伤保险既体现了共济的原则，又不使用人单位增加更多经济负担。同时还为了让用人单位增加安全生产和劳动保护的责任感，采取经济负担的政策给予提示，从而降低工伤保险的缴费费率。但是，对于应当参加工伤保险而未参加的用人单位，工伤保险待遇的支付渠道就只有一个，那就是一律由用人单位支付。

由用人单位支付渠道支付的工伤保险待遇项目有：伙食补助费、五至六级工伤职工的伤残津贴、交通费和食宿费、停工留薪期待遇、一次性工伤医疗补助金和一次性伤残就业补助金。职工治疗工伤与治疗疾病，虽说同是在医院住院，但有着性质的区别。支付伙食补助费，是因为住院的伙食花销要比在家里的大，如果不是因工负伤，则不会给职工增加这个负担，为保障工伤职工在住院期间的生活水平不降低，又不增加过多的经济负担，所以应当按照出差伙食补助对待。出差伙食补助的支付渠道在财务科目中已有，就不再另立科目了，由各单位负责支付。五至六级工伤职工的伤残津贴由用人单位负责支付，是考虑到五至六级工伤职工属于大部分丧失劳动能力，如果从事工作应当发放工资，如果用人单位不能安排工作，不能将其推向社会救助，则应当由用人单位支付伤残津贴待遇。

由工伤保险基金支付渠道支付工伤保险待遇的项目有：工伤医疗费、工伤康复费、一次性伤残补助金、一至四级工伤职工的伤残津贴、生活护理费、辅助器具费、丧葬费、一次性工亡补助金、供养亲属抚恤金。为了使工伤保险基金能够合理支付，加强基金的管理，《条例》规定，承担工伤职工医疗和辅助器具的机构，要由统筹地区社会保险经办机构与其签订服务协议，工伤医疗费、工伤康复费以及辅助器具费，由社会保险经办机构与工伤医疗服务机构和辅助器具配置机构直接结算。

四、特定的待遇支付

以上的工伤保险待遇的支付是对于一般性和普遍性而言，而对于特殊性的问题是不适应的，还必须按照特殊情况进行特殊处理。

第一，工伤保险待遇支付的一个基本原则是，在我国境内的合法用人单位中从业的人员，无论其户籍、国籍在哪里，只要是被劳动保障行政部门认定为工伤，都可以在国内享受有关工伤保险待遇。也就是说，如果被派往国外、境外工作期间发生工伤，回国后享受有关工伤保险待遇，而在国外、境外的工伤医疗费用，由用人单位负责处理，工伤保险基金就不予支付或报销了。因为，工伤保险费的收缴测算无法预料在国外、境外的费用支出。

第二，如果用人单位是非法主体，既未取得工商行政管理部门核发的营业执照，又未经依法登记、备案，或被依法吊销营业执照，撤销登记、备案的单位，雇用人员生产经营；或虽属于合法单位主体，但雇用了不满 16 周岁的童工从事生产经营，一旦发生人身伤害或患职业病，雇主应当承担赔偿责任，受伤害人员不享受工伤保险待遇，而是得到雇主的一次性赔偿。赔偿的标准劳动保障部已有明确规定，受伤害人员在劳动能力鉴定之前进行治疗期间的生活费、医疗费、护理费、住院期间的伙食补助费及所需的交通费等费用，按照《条例》规定的标准和范围，全部由伤残人员所在单位支付。另外，由于对这类不合法的用工行为带有一定的处罚性质，所以一次性赔偿金额高于工伤保险待遇的水平。一次性赔偿具体标准是：死亡的给予10倍的统筹地区上年度职工年平均工资；一级伤残的给予16倍的统筹地区上年度职工年平均工资；二级伤残的给予14倍的统筹地区上年度职工年平均工资；三级伤残的给予12倍的统筹地区上年度职工年平均工资；四级伤残的给予10倍的统筹地区上年度职工年平均工资；五级伤残的给予8倍的统筹地区上年度职工年平均工资；六级伤残的给予6倍的统筹地区上年度职工年平均工资；七级伤残的给予4倍的统筹地区上年度职工年平均工资；八级伤残的给予3倍的统筹地区上年度职工年平均工资；九级伤残的给予2倍的统筹地区上年度职工年平均工资；十级伤残的给予1倍的统筹地区上年度职工年平均工资。

第三，对于破产、倒闭的用人单位中工伤人员，其工伤保险待遇的支付，除鉴定为伤残一至四级的工伤人员的伤残津贴、生活护理费及因工死亡职工供养亲属抚恤金待遇，由工伤保险基金继续支付外，其他工伤人员，随着用人单位的破产、倒闭而终止工伤保险关系，即便是今后有旧伤复发的情况发生，也不再报销工伤医疗费用。

第四，工伤保险的一个基本原则是雇主责任而职工无过错责任的原则。在工伤事故或职业病发生之后，无论职工有无过错，都需要由雇主承担待遇支付责任。如果用人单位参加了工伤保险社会统筹，则雇主通过工伤保险统筹基金承担待遇支付责任，职工无论责任大小，都有权享受工伤保险待遇。那么，工伤保险属于无责任赔偿，就应当考虑工伤保险的公平性，所以，对于两名职工发生工伤，无论自己有无责任，所获得的待遇水平应该是一样的。不难看出，无责任的职工如果获得了第三方的赔偿，有责任的职工得不到，就有失去了工伤保险的公平性。因此，无责任的职工涉及到第三方赔偿既要追偿，工伤职工又不能兼得，但不包含属于赔偿老人或子女抚养费的部分。

第五，如果用人单位既为职工缴纳了工伤保险费，又为职工缴纳了意外伤害商业保险，当职工发生工伤后，对于工伤医疗费用，无论在社会保险还是在商业保险的哪一方报销的，工伤医疗费用是不能重复支付的。而对于工伤职工的其他待遇，只有意外伤害险的赔付是可以兼得的，因为商业保险是一种自愿行为，可以作为补充保险来看待。

第三节　工伤保险争议处理

一、工伤保险争议概述

（一）工伤保险争议的概念及种类

工伤保险争议，是工伤保险关系主体之间发生的以工伤保险权利义务为内容的争议。工商保险主体具有多元性，参加工伤保险活动的主体包括劳动保障行政部门、社会保险经办机构、用人单位及其职工、医疗机构、辅助器具配置机构、劳动能力鉴定组织等等。工伤保险主体的工伤保险活动具有复杂性，各类主体和工伤保险活动包括行政管理活动、业务经办活动、医疗服务活动等等。由于工伤保险主体的多元性和主体活动的复杂性，工伤保险争议也复杂多样，按照不同的标准可作不同的分类。

1. 按照工伤保险争议性质来分。工伤保险关系因性质不同，可以分为：平等主体之间的工伤保险关系和管理从属的工伤保险关系。前者如用人单位与劳动者之间的工伤保险关系；后者如工伤保险行政管理关系、工伤保险经办管理关系。因两种性质不同的工伤保险关系产生的争议，分别为平等主体之间的工伤保险争议和非平等主体之间的工伤保险争议。

2. 按照工伤保险争议涉及的内容来分。工伤保险争议分为：关于工伤认定而引起的争议；关于工伤待遇核定、给付而引起的争议；关于工伤保险费用结算而引发的争议；关于工伤保险费征收而引发的争议；关于工伤保险违法行为查处而引发的争议等等。

3. 按照产生工伤保险争议是否具有涉外因素来分。工伤保险争议可以分为：国内工伤保险争议和涉外工伤保险争议。

（二）正确处理工伤保险争议的意义

工伤保险关系是整个社会关系的重要组成部分，正确处理工伤保险争议是保持整个社会关系稳定和顺利发展的一个必不可少的环节。正确处理工伤争议，具体来说具有以下几个方面的意义。

1. 可以促进工伤保险制度正常运行，贯彻工伤保险立法宗旨。一方面可以促进当事人依法履行义务；另一方面可以保证当事人，特别是工伤职工获得医疗救治和经济补偿的合法权益不受侵犯。

2. 可以提高当事人遵守工伤保险法律法规的自觉性，防止和减少工伤保险争议的发生。正确处理工伤保险争议的过程，也是对争议双方当事人进行法制宣传的过程。争议双方可以从中认识到只有依照法律规定办事，才能得到国家和社会的支持，从而提高当事人的法制观念，提高依法办事的自觉性，减少和防止工伤保险争议的发生。

3. 可以避免矛盾的激化和恶性事件的发生，促进社会的稳定。工伤保险制度是权益保障制度，涉及工伤职工的生存权，工伤保险争议如得不到及时、公正、正确的处理，就可能激化矛盾，引发恶性事件。因此，工伤保险争议的处理在调节社会关系中起着“稳定器”的作用。

二、《工伤保险条例》有关工伤保险争议的规定

《工伤保险条例》主要以工伤保险关系双方主体法律地位为标准划分，规定了两类工伤保险争议，即：平等主体的用人单位与职工之间因工伤保险权利义务而引发的工伤保险劳动争议，非平等主体之间因工伤保险权利义务而引发的工伤保险行政争议。

（一）平等主体的用人单位与职工之间因工伤保险权利义务而引发的工伤保险劳动争议

工伤保险劳动争议，是指用人单位和职工之间产生的属于劳动争议性质的以工伤保险权利义务为内容的争议。此类争议具有以下特征：

1. 争议的主体是劳动关系的当事人。即一方是用人单位，另一方则是与用人单位建立劳动关系的职工，双方主体在工伤保险关系中的地位是平等的，如不是二者之间发生的争议，即使发生工伤保险方面的争议，也不属于此范围。

2. 争议的内容是因劳动关系而在双方当事人之间附随产生的有关工伤保险权利义务。也就是说，双方当事人建立劳动关系，依法必然在双方之间附随产生一定的工伤保险权利义务，因这些权利义务而产生的争议，才是工伤保险劳动争议。

3. 争议解决适用的法律是劳动法和相应的工伤保险规定。解决此类争议适用的程序法是劳动争议处理法律规定。

关于平等主体的用人单位与职工之间因工伤保险权利义务而引发的工伤保险劳动争议的表现形式，《条例》主要规定了职工与用人单位之间发生的工伤保险待遇方面的争议，即因用人单位是否按照《条例》规定待遇项目和标准向职工发放工伤保险待遇而发生的争议。具体表现为以下两类：

一类是已参加工伤保险的用人单位和职工之间发生的工伤保险待遇方面的争议。根据《条例》第五章有关工伤保险待遇的规定，对于已参加工伤保险的用人单位而言，工伤职工的部分待遇由所在单位承担。例如，工伤职工需要住院治疗，应由所在单位按照本单位因公出差伙食补助标准的70%发给住院伙食补助费；需要跨统筹地区就医的，所需交通、食宿费用由所在单位按照本单位职工因公出差标准报销；生活不能自理的工伤职工在停工留薪期间需要护理的，其费用由所在单位负责。如果已参加工伤保险的用人单位没有按照规定向工伤职工提供待遇，工伤职工提出异议而产生的争议；或者工伤职工与用人单位就应该执行《条例》规定的哪项待遇和标准因认识不同而产生争议，都属于此类争议。

一类是应参加工伤保险而未参加工伤保险的用人单位和职工之间发生的工伤保险待遇方面的争议。《条例》第60条规定，应按照本条例参加工伤保险而未参加的用人单位，未参加工伤保险期间本单位职工发生工伤的，由该用人单位按照本条例规定的工伤待遇项目和标准支付全部费用。如果应按照规定参加工伤保险而未参加工伤保险的用人单位和职工因执行有关工伤待遇项目和标准而产生争议也属于劳动争议的范畴。

（二）非平等主体之间因工伤保险权利义务而引发的工伤保险行政争议

工伤保险行政争议，是指劳动保障行政部门及其所属的社会保险经办机构，针对行政管理相对人实施工伤保险方面的具体行政行为时，行政管理相对人认为其违法行使职权、侵犯自己的合法权益，对其实施的具体行政行为不服而产生的争议。工伤保险行政争议具有以下特征。

1. 争议的主体是工伤保险行政管理关系或者经办关系的当事人。即一方为依法享受行政管理职权的劳动保障行政部门，或者法律法规授予其行政管理职权的社会保险经办机构；另一方为作为工伤保险行政管理相对人的用人单位及其职工、医疗机构、辅助器具配置机构、从事劳动能力鉴定的组织或者个人等。双方主体地位不平等，前者处于管理者的地位，后者则为被管理者。

2. 争议的内容是劳动保障行政部门、社会保险经办机构实施的具体行政行为。所谓的具体行政行为是指国家行政机关及其工作人员、法律法规授权的组织及其工作人员，在行政管理活动中行使行政职权，针对特定的公民、法人或者其他组织，就特定的具体事项，作出的影响有关公民、法人或者其他组织权利义务的单方行为。就工伤保险方面而言，劳动保障行政部门依照《条例》规定进行工伤认定，对工伤保险费的征缴和工伤保险基金的支付情况进行监督检查，对具有违法行为的用人单位、工伤职工或者其直系亲属、医疗机构、辅助器具配置机构实施行政处罚；社会保险经办机构对用人单位征收工伤保险费以及对工伤职工核定发放工伤保险待遇，都属于具体行政行为。行政管理相对人认为劳动保障行政部门、社会保险经办机构实施具体行政行为不合法，侵犯自己的合法权益而产生争议。

3. 争议解决适用的法律是行政复议法和行政诉讼法及有关工伤保险法律规定。解决此类争议适用的程序法主要是行政争议处理法律规定。

关于非平等主体之间因工伤保险权利义务而引发的工伤保险行政争议的表现形式，《条例》第 53 条主要规定了以下四类：

一是申请工伤认定的职工或者其直系亲属、该职工所在单位对工伤认定结论不服而产生的争议。《条例》对工伤范围、视同工伤范围、不得认定为工伤的情形和工伤认定程序作了规定，劳动保障行政部门执行规定进行工伤认定或不得认定为工伤时，有关当事人不服即会产生争议。

二是用人单位对社会保险经办机构确定的单位缴费费率不服而产生的争议。《条例》第八条规定，工伤保险根据不同行业的工伤风险程度确定行业的差别费率，并在每个行业内确定若干费率档次。统筹地区经办机构根据用人单位工伤保险费用使用、工伤发生率等情况，适用所属行业内相应的费率档次确定单位缴费费率。用人单位对经办机构确定的缴费费率不服，即会产生争议。

三是签订服务协议的医疗机构、辅助器具配置机构认为经办机构为履行有关协议或者规定而产生的争议。根据《条例》第 45 条规定，经办机构与医疗机构、辅助器具配置机构在平等协商的基础上签订服务协议。双方签订的服务协议属于行政合同，医疗机构、辅助器具配置机构因服务协议和经办机构产生的争议属于行政争议。

四是工伤职工或者其直系亲属对社会保险经办机构核定的工伤保险待遇有异议而产生的争议。社会保险经办机构核定工伤保险待遇，是工伤职工及其直系亲属享受工伤保险待遇的前置程序。工伤职工或者其直系亲属认为社会保险经办机构不按照规定核定工伤保险待遇的，可以提出异议，按照行政争议处理。

除《条例》第53条规定的上述四类情形外，在现实生活中还存在大量的其他工伤保险行政争议，比如用人单位、工伤职工、医疗机构、辅助器具配置机构等管理相对人对劳动保障行政部门作出的行政处罚不服而产生的争议，工伤职工及其直系亲属对社会保险经办机构不按规定办理工伤保险关系转移或者接续手续、停发工伤保险待遇而产生的争议，等等。这些争议与上述四类争议性质相同，都属于工伤保险行政争议，可以按照相同的方法进行处理。

（三）工伤保险劳动争议与工伤保险行政争议的区别

工伤保险行政争议不同于劳动争议，这表现在：两种争议的主体不同，工伤保险行政争议的主体是行政管理相对人和社会保险经办机构或者劳动保障行政部门；而劳动争议的主体则是建立劳动关系的双方当事人，即用人单位和本单位职工。而且，两者的争议事项也不同，工伤保险行政争议是对具体工伤保险行政行为的合法性和适当性发生争议；而劳动争议则是用人单位和劳动者对执行工伤保险法律的规定和履行劳动合同中有关约定发生争执。尽管工伤保险行政争议也表现为执行工伤保险法律法规之争，但这些法律法规是赋予劳动保障行政机关以某种管理职权的规定，与调整劳动关系双方权利义务的法律法规仍有区别。二者的上述区别决定了其在处理程序和原则上的不同。工伤保险行政争议主要通过行政复议和行政诉讼进行处理，并且不适用调解。而工伤保险劳动争议则可以通过协商、调解、仲裁和诉讼程序进行处理。

三、工伤保险争议处理

（一）用人单位与职工之间工伤保险劳动争议处理

根据《劳动法》中有关劳动争议处理的规定和《企业劳动争议处理条例》的规定，职工与用人单位发生工伤待遇方面的争议后，双方可以协商解决；不愿协商或者协商不成的，可以向本企业劳动争议调解委员会申请调解；调解不成的可以向劳动争议仲裁委员会申请仲裁，当事人也可以直接向劳动争议仲裁委员会申请仲裁；对仲裁裁决不服的，可以向人民法院起诉。根据上述规定，职工与用人单位发生工伤待遇方面的争议的处理途径有四种：当事人双方协商解决；用人单位劳动争议调解委员会调解；劳动争议仲裁委员会仲裁；人民法院审判解决。

1. 协商。法律法规提倡协商解决争议，这样有利于消除用人单位与其职工双方的隔阂，加强团结，保证生产经营顺利进行。当事人双方自行协商不是处理劳动争议的必经程序，双方当事人可以自愿进行协商，但是任何一方或者他人都不能强迫进行协商。

2. 调解。广义上的调解除了企业劳动争议调解委员会进行的调节外，还包括劳动争议仲裁机关进行的调解，以及人民法院进行的调解。此处所称调解是狭义上的，即企业调解委员会的调解。劳动争议发生后，当事人双方不愿协商或者协商不成的，可以向本企业的劳动争议调节委员会申请调解。

企业调解委员会调解是解决包括工伤保险待遇争议在内的劳动争议的一种有效并有利于改善争议双方当事人关系的方式。但企业调解也并非解决劳动争议的必经途径，争议发生后，当事人不愿协商或者协商不成的，可以向本企业的劳动争议调解委员会申请调解，也可以不向调解委员会申请调解，而直接申请劳动争议仲裁。企业劳动争议调解委员会进行的调解是群众性调解，完全依靠争议当事人双方的自觉、自愿达成协议，并且，双方达成的协议也要靠当事人的自我约束来履行，不能强制执行。当事人反悔的，可以向劳动争议仲裁委员会申请仲裁解决。

3. 仲裁。仲裁是指经争议当事人一方申请，由劳动争议仲裁委员会对争议双方当事人之间的工伤待遇方面的争议进行调解和裁决，其生效裁决具有国家强制力的一种处理劳动争议的方式。职工与用人单位发生工伤待遇方面的争议后，提出仲裁要求的一方应当自争议发生之日起 60 日内向劳动争议仲裁委员会提出书面申请。仲裁裁决一般应在收到仲裁申请的 60 日内作出。当事人对仲裁裁决无异议的，必须履行。一方当事人无异议又逾期不履行的，另一方当事人可以申请人民法院强制执行。劳动争议仲裁实行一级仲裁，劳动争议在经过一个劳动争议仲裁机构裁决以后，当事人就不能再要求另一劳动争议仲裁机构裁决。劳动争议仲裁的一个显著特征是，它是当事人向人民法院提起诉讼解决劳动争议前的一个必经程序，不经过仲裁，不能直接向人民法院起诉。

4. 诉讼。诉讼即由当事人一方申请，由人民法院审判解决劳动争议。职工与用人单位之间发生工伤待遇方面的争议后，一方要求劳动争议仲裁的，可以向劳动争议仲裁委员会申请仲裁，对仲裁裁决不服的，自收到裁决书之日起 15 日内可以向人民法院提起诉讼，人民法院应当受理，审理并作出判决或裁定。人民法院的审判是包括用人单位与职工间工伤待遇争议在内的劳动争议的最终法律解决途径。任何一个劳动争议案件，在没有得到解决以前，当事人不服劳动争议仲裁委员会仲裁的，有权向人民法院起诉，人民法院应当受理，审理并作出判决。人民法院的审理包括一审、二审及再审程序，最终的生效判决标志着这一劳动争议案件的最终解决。而且，无论是生效的仲裁裁决，或是人民法院的终审判决，一方当事人应当履行而拒不履行，则另一方当事人有权申请人民法院强制执行，法院的强制执行是劳动争议案件能够真正切实得到解决的保障。

（二）工伤保险行政争议处理

用人单位、职工或其直系亲属、医疗机构、辅助器具配置机构等工伤保险行政管理相对人对劳动保障行政部门或者社会保险经办机构作出的具体行政行为不服而产生的行政争议，可以按照《行政复议法》、《行政诉讼法》以及《工伤保险条例》的有关规定进行处理。

1. 行政复议和行政诉讼。行政复议是指，依照《行政复议法》的规定，公民、法人或者其他组织对行政机关或者法律法规授权的组织实施的具体行政行为不服，认为具体行政行为侵犯自己的合法权益，依法向行政复议机关提出申请，由受理行政复议申请的复议机关对具体行政行为进行审查并作出行政复议决定的法律制度。

行政诉讼是指，依照《行政诉讼法》的规定，公民、法人或者其他组织认为行政机关或法律法规授权的组织实施的具体行政行为侵犯自己的合法权益，向人民法院起诉，人民法院对被诉行为进行审查并依法裁决的法律制度。行政复议和行政诉讼制度有利于防止和纠正违法的或者不当的具体行政行为。保护行政管理相对人的合法权益，保障和监督行政机关以及法律法规授权的组织依法行使职权。

根据《行政复议法》和《行政诉讼法》的规定，申请工伤认定并对认定结论不服的职工或者其直系亲属、该职工所在单位，对缴费费率不服的单位，认为经办机构未履行服务协议或者规定的医疗机构、辅助器具配置机构，对经办机构核定的工伤保险待遇存在异议的工伤职工或者其直系亲属，都可以作为行政复议的申请人和行政诉讼的原告。作出有关决定或者核定的劳动保障行政部门或者社会保险经办机构则成为行政复议的被申请人和行政诉讼的被告。

根据《行政复议法》第 12 条的规定，公民、法人或者其他组织对劳动保障行政部门具体行政行为不服的，可以向本级人民政府或者上一级劳动保障行政部门申请行政复议；根据《行政复议法》第15条第3项的规定，公民、法人或者其他组织对社会保险经办机构的具体行政行为不服的，可以向主管该经办机构的劳动保障行政部门申请行政复议。根据《行政诉讼法》第17条的规定，行政诉讼案件由最初作出具体行政行为的行政机关所在地人民法院管辖。经复议的案件，复议机关改变原具体行政行为的，也可以由复议机关所在地人民法院管辖。

根据《行政复议法》第9条的规定，公民、法人或者其他组织认为具体行政行为侵犯其合法权益的，可以自知道该具体行政行为之日起60日内提出行政复议。因不可抗力或者其他正当理由耽误法定申请期限的，申请期限自障碍消除之日起继续计算。

根据《行政诉讼法》第38条的规定，公民、法人或者其他组织向行政机关申请复议的，复议机关应当在收到申请书之日起两个月内作出决定。申请人不服复议决定的，可以在收到复议决定书之日起15日内向人民法院提起诉讼。

2. 工伤保险行政复议是行政诉讼的前置条件。《行政诉讼法》第37条规定，对行政复议申请人可以先向行政机关申请复议，对复议不服的，再提起行政诉讼；也可以直接向人民法院提起行政诉讼。如果法律、法规规定，应当先向行政机关申请行政复议的，对复议决定不服再向人民法院提起行政诉讼的，应依照法律、法规的规定，将行政复议作为行政诉讼的前置条件。《工伤保险条例》是国务院公布的行政法规，该条例第53条将行政复议规定为了行政诉讼的前置条件，具体本条规定的四种情形之一的有关单位和个人应当先申请行政复议，对复议决定不服的，才可以再向人民法院提起行政诉讼。这样规定，主要是考虑工伤保险经办、管理是行政性、技术性较强的工作，作出决策需要掌握大量的政策。将行政复议前置，有利于解决问题。同时，将行政复议作为行政诉讼的前置条件，也有利于减轻人民法院的工作负担。

3. 行政决定、复议决定和法院判决、裁定的效力。根据《行政复议法》和《行政诉讼法》的规定，在复议期间或者诉讼期间，除特定情形外，不停止原具体行政行为的执行。这主要是为了维护正常的行政管理秩序。因此，在行政复议或者行政诉讼期间，除出现特定情形外，劳动保障行政部门或者社会保险经办机构作出的有关决定或者核定应当继续执行。

行政复议申请人对行政复议决定不服的，可以在收到复议决定书之日起 15 日内向人民法院起诉。逾期不起诉又不履行的，由复议机关或作出具体行政行为的劳动保障行政部门、社会保险经办机构申请人民法院强制执行。

对人民法院发生法律效力的判决、裁定，当事人必须履行。当事人拒绝履行判决、裁定的，劳动保障行政部门或者社会保险经办机构可以依法向第一审人民法院申请强制执行。

[资料与案例分析]

[案例]

1996 年 10 月，李某被私营建筑队雇用为临时工，双方签订了一年劳动合同。1997 年 8 月 4 日，李某在施工中砸伤膝关节，经医院抢救治疗后，建筑队负责人牛某找到李某私下协商给付一笔钱了事，双方同意。就此，牛某给付李某 5 000 元，双方达成协议，签字同意一次性处理，并解除劳动合同。李某回家后不到两月，膝关节股骨头坏死，又住进医院治疗，治疗费用共计 3 000余元。李某找到建筑队要求报销治疗费用，建筑队负责人牛某断然拒绝。李某不服，向当地劳动争议仲裁委员会提出申诉，要求建筑队报销其医疗费。仲裁机构依法处理并裁决：建筑队与李某私了协议无效，建筑队承担李某工伤待遇全部责任。

[评析]

本案是职工工伤待遇私了未果而引起的劳动争议案件。工伤职工发现受骗上当，最终求助于法律，通过劳动争议仲裁解决。发生工伤私了的事情，一般都由两方面造成，一是用人单位为了逃避安全责任和工伤保险责任，因为如果到劳动部门去“公办”，就必定追究单位的安全生产责任，并责令按照国家规定保障工伤职工的待遇；二是工伤职工不了解工伤保险规定和自己的权益。应当清楚，《企业职工工伤保险试行办法》中规定，职工因工负伤治疗，享受工伤医疗待遇。治疗工伤所需的挂号费、住院费、医疗费、药费、就医路费全额报销；住院治疗期间享受伙食补助费；医疗期间享受工伤津贴，标准为职工本人受伤前12个月内平均月工资收入；工伤医疗期满经评残后，享受因工伤残抚恤金或在职伤残补助金等一系列伤残待遇。本案私营建筑队在李某发生工伤后，不按以上政策规定执行，而是一次性支付5 000元就推出不管，这样哪能解决职工的医疗和抚恤的问题呢？结果是雇主省钱省事，工伤职工深受其害。应当明白，国家工伤保险政策具体规定待遇项目的核准，就是为了切实保障劳动者权益的，因此，尽管双方私下达成了协议，双方签字同意，因协议违反国家法律法规规定，是无效的协议。对于这样的合同或协议，劳动争议仲裁委员会或人民法院有权裁定无效，有权责令用人单位按照国家法律法规重新处理。

目前，有许多私营、个体企业不遵照国家法律法规规定，各行其是，对职工发生工伤采用私了方式解决。一方面对企业而言，多数属于故意违法，利用职工不了解有关情况和政策，或者乘人之危加以胁迫，这是有悖于我国社会主义道德，侵犯职工合法权益的。另一方面对职工而言，法律意识不强，自我保护的能力较弱，有的在困难时出于无奈，或者贪一时之利，陷入对方的圈套。我们希望工伤职工不要接受“私了”，而要学法和用法保护自己的权益，同时也希望有关执法部门加大执法力度，严格查处侵害职工权益的行为。

［法律法规参考］

《劳动法》第73条规定："劳动者因工伤残或者患职业病，依法享受社会保险待遇"。第77条规定："用人单位与劳动者发生劳动争议，当事人可以依法申请调解、仲裁、提起诉讼"。

思考题

1. 什么是工伤保险？它与其他社会保险制度相比，有哪些不同的特点？

2. 简述工伤保险的基本原则。

3. 简述工伤保险支付的对象、条件以及支付手段。

4. 什么是工伤保险争议？

5. 工伤保险劳动争议与工伤保险行政争议的区别是什么？

6. 解决工伤保险争议，有那些解决办法？

第六章　失业保险

失业是人类社会发展到一定阶段出现的一种特殊的社会、经济现象，是指有劳动能力的劳动者不能就业的状况。包括新达到劳动年龄的劳动者不能就业和在职劳动者失去就业机会的状况。近现代国家通过法律手段，强制实施失业保险制度，以保证失业劳动者在失业期间可以从国家和社会得到一定的物质帮助以解决其基本生活问题，失业保险也是整个社会保险的一个重要组成部分。建立失业保险制度，使失业者获得基本生活保障，并对失业者在失业期间实行职业训练，帮助他们重新就业，是促进经济协调发展的需要，更是社会和谐发展的要求。

第一节　失业保险概述

自古以来，劳动一直是人类有意识、有目的地获得生存必需品的惟一手段。然而，早期的人类社会由于劳动生产率非常低下，人们可以不受任何限制地从大自然中直接获取所需的生活资料，所以，这一时期没有产生失业的社会条件。

失业是在人类社会发展到一定历史阶段才产生的。随着生产力水平的不断提高，社会分工的进一步细化，大量人口离开耕作的土地而转向城市居住，从事工场手工业生产。在英国，16 世纪便进入资本原始积累和工场手工业发展时期，而工场手工业的发展为产业革命奠定了物质基础。到了 18 世纪中叶，随着社会分工更加细密，生产效率进一步提高，这时城市的劳动者开始必须通过自己的劳动挣得工资以养家糊口。也就是说，当人类劳动的价值开始采取了工资的形式衡量时，失业与就业才开始为人们感知。

早在19世纪，经济学家们就对失业问题进行了研究。英国经济学家约翰·巴顿1817年就曾撰文指出，固定资产的增加是造成部分工人失业的原因。进入20世纪，经济学家们对失业问题的认识更加深入，认为失业是经济周期带来的必然产物。既然经济周期不可避免，那么市场机制本身也就不能解决失业的问题。尤其是20世纪30年代波及西方国家的经济大萧条，造成一些国家严重的失业问题，迫使政府不得不干预经济的运行。1936年英国的经济学家凯恩斯出版了《就业、利率和货币通论》，就经济大萧条的产生及其解决途径提供了理论解释。凯恩斯认为是有效需求不足造成了失业问题，而要解决失业问题必须通过政府。

西方国家解决失业问题的途径主要是两个：一是政府干预经济运行，谋求经济的持续增长，由此增加就业岗位；二是建立失业保险制度，对失业人员给予基本生活保障，并帮助这些失业人员重新就业。从第二次世界大战后到20世纪70年代，整个西方国家普遍实现了经济的迅速增长，加上各国都建立了失业保险制度，因此失业的问题有所缓解。

一、失业的界定

（一）就业与失业的一般概念

从劳动经济学的角度看，一个国家在一定的时间点上的总人口可以划分劳动年龄人口和非劳动年龄人口。世界上大多数国家把年龄在16～60周岁之间的人口确定为劳动年龄人口。我国将16周岁作为劳动年龄的下限，将法定退休年龄作为上限（即男性60周岁，女性55周岁）。但是，根据各国劳动就业统计的惯例，下列人口即使已经达到劳动年龄通常也不计入劳动力人口之中：①军人、在校学生；②家务劳动者；③退休、因病退职人员、服刑犯人、丧失劳动能力等不能工作人员；④不愿工作的人员；⑤在家庭农场或家庭企业每周工作时间少于15个小时的人员。

国际劳工局将就业定义为：一定年龄阶段内的人们所从事的为获取报酬或为赚取利润而进行的活动。通常情况下，在劳动年龄内符合下列情形者都属就业者：①在规定期间内，正在从事有报酬或有收入的职业的人；②有固定职业，但因疾病、事故、休假、劳动争议、旷工，或因气候不良、机器设备故障等原因暂时停工的人；③雇主或独立经营人员以及协助他们工作的家属成员，其劳动时间超过正规工作时间的1/3以上者。

与此相对应，失业则是指具有劳动能力并有就业愿望的劳动者处于没有就业岗位的状态。如国际劳动组织认为界定失业有三个要素：①没有工作，既不被人雇佣，也没有自我雇佣；②当前准备工作，在相应的时期内愿意被人雇佣或自我雇佣；③正在寻找工作，在近期内积极地寻找被人雇佣或自我雇佣的机会。世界各国对失业人口的统计，也都大体上考虑上述要素。

《中国劳动统计年鉴》中对城镇失业人口的界定是：城镇常住人口中一定年龄以上、有劳动能力、在调查期间无工作、当前有就业可能并以某种方式寻找工作的人员。在城镇劳动力调查中，对城镇16岁以上、具有劳动能力并同时符合以下各项条件的人员列为失业人员：①在调查期间内未从事为取得劳动报酬或经营利润的劳动，也没有处于就业定义中的暂时未工作状态；②在某一特定时期内采取了某种方式寻找工作；③当前如有工作机会，可以在一个特定期间内应聘就业或从事自营职业。

此外，我国还使用城镇登记人口失业人员的概念，它是指有本地非农业户口，在一定的劳动年龄内（16岁以上及男性50岁以下、女性45岁以下），有劳动能力，无业而要就业，并在当地就业服务机构进行求职登记的人员。

（二）我国关于就业与失业的划分

过去，由于受意识形态的影响，我国政府及理论界都不承认我国存在失业现象，认为失业是与资本主义相联系的，是资本主义制度的产物，社会主义国家不应存在失业现象。因此，长期以来，在我国官方文件中，仅有“就业”一词，而没有“失业”的概念。对于没有工作的青年，则统称为“待业”青年，而不是“失业”青年。直到 1994 年，我国才正式有了就业与失业的划分，并公开发布城镇登记失业率和城镇登记失业者人数。

目前，我国在就业统计中对就业、失业之间的界定，与国外既相互联系又有所区别。根据国家统计局的规定，我国劳动力资源的范围是指在劳动年龄内（16 周岁以上）、有劳动能力、实际参加社会劳动和未参加社会劳动的人员。劳动力资源不包括在押犯人、在劳动年龄内丧失劳动能力的人员，以及 16 周岁以下实际参加社会劳动的人员。

根据 2001 年中国统计年鉴的统计资料，可以将整个劳动力资源划分为经济活动人口和非经济活动人口两大部分。经济活动人口是指 16 周岁以上、有劳动能力、参加或要求参加社会经济活动的人口，包括从业人员和失业人员。在我国过去的经济统计中，对就业者采用“社会劳动者”、“劳动力”等概念；在现行的统计中，对就业者则运用“从业人员”的概念来指称。所谓从业人员，是指从事一定社会劳动并取得劳动报酬或经营收入的人员，包括全部职工、再就业的退休人员、私营业主、个体户主、私营和个体从业人员、乡镇企业从业人员、农村从业人员、其他从业人员（包括民办教师、宗教职业者、现役军人等）。

由于我国现行的失业统计及过去的待业统计的范围都只限于城镇，因此目前仅有关于城镇失业人员的概念。城镇失业人员是指城镇常住人口中一定年龄以上，有劳动能力，在调查期间无工作，当前有就业可能并以某种方式寻找工作的人员。2001 年《中国劳动统计年鉴》的统计类别表明城镇失业人员具体包括：

“16 岁以上各类学校毕业、肄业的学生中拟参加工作尚未找到工作者；复、转、退伍军人中尚未找到工作者；企业破产或被企业解聘终止劳动合同后尚未找到工作者；辞去原有工作或停薪留职尚未找到工作者；被企业精简或下岗待业所领取的生活费低于当地最低工资标准的人员中尚未找到工作者；已经找到工作，但调查期间尚未报到者；符合失业人员定义的其他人员。”

非经济活动人口指在劳动年龄内有劳动能力、未参加或不要求参加社会经济活动的人口，包括：①16 岁以上在校学生；②待业人员；③离退休人员不再要求就业的人员；④家务劳动者；⑤无就业愿望的其他人员。

二、失业保险制度的概念和类型

失业保险是指国家以立法强制实行的，通过一定方式向社会筹集保障资金建立基金，对收入中断的失业者在一定时期内提供基本生活保障和就业援助的一种社会保险制度。它的核心内容是通过集中建立保险资金，以向社会分散个体的失业风险，使暂时处于失业状态的劳动者得到最基本的生活保险，通过就业援助，使失业者尽快就业。失业保险制度是现代社会保障和福利的重要环节。

从世界范围内看，失业保险制度可以概括的分为以下几种基本的类型。

（一）强制性失业保险制度

强制性失业保险制度是指国家采用立法手段强制在立法范围之内的人员和企业都得参加失业保险，并按规定承担缴费责任，以建立失业保险基金，保证劳动者在遇到失业风险时得到基本的生活保障和就业培训的制度。大部分国家实行该种制度，如美国、加拿大、意大利、英国、日本等均如此。

例如，美国的《社会保障法》是为解决由经济危机所带来的各种社会问题而建立的。失业保险项目的设计是建立在失业是由经济周期的波动所引起的，工人们的解雇是暂时的，一旦时机到来，大多数情况下将会被雇主重新召回到工作岗位上去的假设的前提下，因而其建立的目标是单一的，即对其在短期失业期间造成的人损失进行补偿。但事实并非如此，美国人口普查局 1994 年的资料表明，20.3%的失业人口失业时间超过 26 周，其中 37.1%的人失业时间在 27～40 周之间；28.8%的人失业时间在 41～52 周之间；34.1%的人失业时间在 53～100 周之间。长期失业人口由 1994 年占失业者总数的 7.2%上升到 1995 年的 17.3%，67.5%的长期失业者属于非自愿失业。究其原因，是失业者的技能与当前工作岗位对技能的要求之间不协调。单一进行收入损失补偿目标的失业保险制度的作用是有限的，因而 1993 年美国国会通过了《失业保险修正案》：一是立法采取强制措施，增加雇主的缴费比例，使雇主们意识到在解雇工人时要花费很大的代价，以达到降低失业率的目的；二是认为大量失业总是存在的，失业人员需要的帮助不仅仅是对收入损失的部分补偿，更重要的是要为那些失业人员提供就业培训。因而，从广义上讲，强制性失业保险制度包括以上两个方面。

（二）非强制性失业保险制度

非强制性的失业保险制度是指立法范围内的社会成员是否参加保险，取决于个人的意愿，但一旦参加了保险，就必须接受失业保险制度的管理，缴纳一定的保险资金，并有享受相应待遇的权利。此种失业保险是由工会自愿建立的失业基金会管理，而不是由政府管理，但政府按需要向基金会提供大量资金补贴。该失业保险制度虽是非强制性的，但对自愿建立失业基金的产业工会会员却是强制要求参加，非工会会员按自愿原则参加。实行非强制性失业保险制度的国家大多为北欧国家，如丹麦、瑞典、芬兰等。

（三）失业救助制度

失业救助制度是对贫困的失业者进行救助的一种制度，它是指由国家出资，救助符合收入调查后经有关管理部门批准的贫困失业者。失业救济制度的具体方式有多种：一是由政府或雇主向失业者支付一次性失业救济金；二是对不具备享受失业保险待遇条件的失业者提供较低标准的生活救济；三是不具备失业保险金领取资格的失业者可以申请失业救济，但要接受专门的家庭经济状况调查，符合救济条件者才可以享受。澳大利亚和新西兰等少数几个国家实行这种制度。

（四）双重失业保险制度

双重失业保险制度是指既有强制性的失业保险制度，也有非强制性失业保险制度或由政府供给资金，以经济情况为依据的失业援助制度。双重性失业保险制度有两种：一种是强制性失业保险制度与失业救济制度并存，既有强制性的失业保险制度，也有由政府供给资金的、以经济状况调查为依据的失业救济制度；另一种是非强制性失业保险制度与失业救助制度并存。其模式的结合形式是由实行该制度模式的国家而定的。如德国实行的就是双重失业保险制度。

三、失业保险的特点和功能

（一）失业保险的特点

与养老、医疗等其他社会保险项目相比，失业保险有自己的特殊性，这主要表现在以下几个方面：

1. 受益对象不同。其他社会保险的对象是暂时或永久丧失劳动能力而丧失生活来源的劳动者，失业保险的对象则是具有劳动能力、由于失去工作机会才临时丧失生活来源的劳动者。失业保险有利于维持劳动力再生产，从而可以促进整个社会经济的发展。

2. 实施目的不同。其他社会保险项目的目的都是保障劳动者的基本生活，而失业保险既要保障失业者在失业期间的基本生活，还肩负着提高劳动者就业能力和增加工作机会，促进劳动者再就业的任务，具有双重目的和双重功能。所以，失业保险的制度规定应与就业政策密切配合，并有利于就业工作的开展。

3. 享受条件不同。失业保险的享受条件不仅同劳动者的工龄、保险费缴纳情况有关，而且还与劳动者的就业意愿有关，无求职要求的失业者不能享受失业保险待遇。

4. 保障期限不同。失业保险属于短期保险项目，如果超过一定期限，失业者还没有找到新的工作，就将进入社会救助体系，按社会救助制度给予生活补助，不再享受失业保险待遇。

（二）失业保险的功能

任何一种社会政策或者制度，都存在积极和消极两个方面的作用，失业保险制度本身也是如此。如果失业保险制度的设计不合理，失业保险金的给付水平过高或给付时间过长，失业保险制度对整个社会经济的运行也会产生消极作用，或者称之为负功能。这种消极作用主要表现在两方面：一是会提高劳动力成本，加重纳税人的负担；二是会造成失业者对失业保险金和失业救济金的依赖。这既不利于社会经济的发展，也不利于劳动者个人的发展和提高。因此，设计和实施失业保险制度，必须对失业保险基金的筹集和管理，失业保险金的给付水平和给付时间，及其可能产生的社会经济后果进行仔细的研究和分析。

当然，失业保险制度对于一个国家社会经济的协调可持续发展具有显而易见的积极意义。概括的说，失业保险制度的积极作用主要体现在以下几个方面：

首先，有利于维持劳动力资源的生产和再生产。根据失业保险制度规定，失业者一般都可以在或长或短的时间内领取一定数量的失业保险金，从而使失业者及其供养人口的基本生活得到保障，并为解决失业问题提供一定的缓冲期。这样就可以使暂时失业的劳动力及其供养人口不会因家庭主要劳动力的失业而停止其自身能力的生产和再生产。

其次，有利于充分发挥劳动者的既有能力。由于有失业保险制度，劳动者在寻找新的就业岗位时就有了经济保障，从而免除了后顾之忧，使其可以尽可能地寻找与自己的能力、兴趣相符合的劳动岗位，这有利于充分发挥劳动者的能力和潜能。

第三，有利于提高劳动力素质水平。在科学技术日新月异的今天，劳动者的能力、素质不符合经济发展的客观要求，跟不上经济结构的发展变化，是造成失业的一个重要原因。失业保险制度的实施，使失业者在失业期间有机会提高自己的能力、素质和技术水平。如果再有其他的促进就业措施相配合，就更有利于劳动力素质的提高。

第四，有利于提高经济活动效率。失业保险制度所具有的维持劳动力资源生产和再生产、有利于充分发挥劳动者既有能力以及有助利于提高劳动力素质水平的功能，在宏观经济层次上有利于提高经济活动效率。此外，失业保险制度可以减轻企业向外排放冗员时的社会压力，从而有利于提高经济资源配置的合理性。

第五，有利于社会稳定和经济发展。失业保险基金的筹集和发放具有逆经济循环的作用，因而可以减轻经济波动的剧烈程度。由于失业保险制度为失业者提供了必要的经济保障，一方面避免了失业者因完全失去经济收入铤而走险，成为犯罪分子，影响社会稳定；另一方面，由于失业保险金的发放，在经济衰退时期维持了一定量的消费需求，有利于经济的恢复和发展。经济能够迅速恢复和发展，又有利于社会的稳定。

第六，有利于避免社会排斥。就业是人们参与社会经济生活的主要途径，长期失业就会被排斥在社会经济主流生活之外。如果没有失业保险制度，仅仅靠失业者个人既想方设法维持生活又千方百计寻找新的工作，特别在结构性失业严重的情况下，是非常困难的。失业保险制度的存在，有利于失业者重新就业，也就避免了社会排斥。

第二节 失业保险的申领及发放

一、失业保险的申领

（一）失业保险的覆盖范围

失业保险的申领首先取决于一个国家失业保险的覆盖范围。严格地讲，覆盖范围和受益对象是两个不同的范畴。覆盖范围的内涵广，而受益对象的内涵相对狭窄，后者包含于前者之中。覆盖范围实质上就是潜在的或可能的受益对象，而不是具体的失业保险的受益对象。通俗地说，参保者不一定必然是失业者，但享受保险待遇的失业者，必须是参保者。这就是说，覆盖范围实际上解决的是享受失业保险的资格问题，是获得失业保险的前提；失业保险的受益对象则是指具有享受失业保险的资格并且实际满足一定条件的人。

失业保险制度为那些遭遇失业风险、收入暂时中断的失业者提供了一种收入保障，是社会稳定的一种“安全阀”机制。因此，从理论上说，它的覆盖范围应包括社会经济活动中所有的劳动者，因为在社会经济活动中每一劳动者都有可能成为失业者。实际情况是，尽管世界各国失业社会保险的发展很不平衡，但有一点却是共同的，即在失业社会保险制度建立的初期，覆盖范围仅限于“正规部门”的劳动者，而把在“非正规部门”就业的劳动者排除在外。所谓“正规部门”，是指那些有一定规模、稳定性较强的企业；而那些规模很小、稳定性不强、人员流动性大的小规模企业被划入“非正规部门”，包括手工业、小商业以及小农家庭经济等。随着社会经济的发展以及世界各国对失业的理解的变化，失业社会保险的覆盖范围在逐步扩大。失业保险覆盖范围最宽的是对所有劳动年龄的人口提供保障。1995 年，全球建立失业保险制度的 61 个国家和地区中，只有 16 个覆盖了全部劳动年龄人口，占 26%，其他 45 个则将覆盖对象限定在从业人员范围，甚至限定在雇员范围，占74%，其中有9个国家和地区的覆盖范围更小，仅包含了部分雇员。

失业保险覆盖范围的大小反映了一国经济发展水平的高低。一般来说，高收入国家覆盖范围比较大，而绝大多数中低收入国家，由于经济发展水平较低，失业保险制度的覆盖范围则比较小，还处于失业保险发展的初级阶段。

（二）失业保险对象的申领条件

失业保险的根本目的是保障失业者的基本生活，促使其重新就业。为了避免在制度实施过程中人们会产生逆选择行为，各国均严格规定了申领条件，即享受失业保险待遇的条件，这些规定概括起来，主要有以下几个方面。

1. 失业者必须处于劳动年龄阶段，也就是处于法定最低劳动年龄与达到退休年龄之间。这样，失业保险就排除了未成年人和已超过法定退休年龄的人。这样的规定，原因之一是为保护未成年人。各国均明文规定，严令禁止使用童工，因此未成年人没有参加社会劳动的义务，也就不存在失业问题。原因之二是超过退休年龄的老年人，不负有法定的劳动义务，他们已为社会做出了自己的贡献，应该享受老年社会保险，故不列入失业保险的保障范围。

2. 失业者必须是非自愿失业的，即必须是非本人原因而引起的失业。为了防止失业者养成懒惰及依赖的心理，各国均规定对于那些自愿失业者（如自动离职者、过失免职者、拒绝胜任工作者、参加劳动纠纷罢工而失业者等），均不给付失业保险金或者即使给付也要有一个较长时间的等待期。如英国1955年的新的失业保险法规规定，本人无正当理由而自愿离职，或因本人不良行为而失业，或拒绝失业介绍所为其介绍工作的，不能领取失业津贴。美国1994年的《劳动保障法案》规定，对于无正当理由而自动辞职、因不正当行为被雇主辞退、因劳资纠纷而离职、拒绝接受适合的工作、没有采取合理的行动去谋职以及故意隐瞒或虚报事实等，不能领取失业保险金。

3. 失业者必须满足一定的合格期条件。为了贯彻社会保险权利与义务对等的基本原则，各国失业保险制度往往都规定失业者须达到一定的就业年限或交足一定期限、数额的失业保险费，或在提供失业援助的国家居住达到一定的期限，方具有享受失业保险给付的资格条件。这些合格期条件具体可分为四类。一是就业期限条件。法国的失业保险规定，要求失业者在最近 8 个月内至少工作了 4 个月；丹麦则规定，失业者必须在最近 12 个月为基金会会员（含独立劳动者）且最近 3 年内就业 26 周。二是缴纳保险费期限条件。被保险人须缴纳保险费达到规定的期限才有领取失业保险给付的资格。如爱尔兰的失业给付条件规定，被保险人须已缴纳保险费 26 周，初次申请者，为 24 个月中缴费 52 周。三是投保年数与缴纳保险费期间条件。如意大利规定，被保险人须投保两年，并在最近 2 年内缴纳保险费 52 周。四是居住期条件。如澳大利亚规定失业前须已居住国内满一年。

4. 失业者必须具有劳动能力和就业意愿。由于失业保险所保障的是那些积极劳动力中的失业者，这些失业者必须具有劳动能力，而是否具有劳动能力则由职业介绍机构或失业保险主管机构根据申请报告或申请人的体检报告来确定。而失业者的就业意愿的确定则相对比较困难，由于就业意愿属于人们的主观意愿，因此必须使用相对客观的指标来测定。为了检验失业者的就业意愿，各国在有关法律中均做出了相应的规定，主要有以下几点。一是失业后必须在指定期限内到职业介绍所或失业社会保险主管机构进行登记要求重新就业，或有明确表示工作要求的行为。二是失业期间须定期与失业保险机构联系并汇报个人情况。这样做是为了及时掌握失业人员就业意愿的变化和向失业者传递就业信息。三是接受职业训练和合理的工作安置。若失业者予以拒绝，则认定其无再就业意愿，停止失业保险金的发放。这些所谓“合理”的再就业安置，并无统一的判断标准，各国均有自己的标准，但一般均考虑以下因素：新介绍或安置的工作单位与失业前职业的相关性，如劳动特点、工作能力、技术业务类型及所受过的转业训练科目等；当事人的年龄、工作时间的长短、失业时间、劳动市场状况；新旧工作间收入水准是否相差悬殊；工作单位与失业者家庭住址间的距离等。当出现不合理安置时，失业者可以提出理由，失业社会保险机构应该予以适当的考虑和调整。

二、失业保险的发放

（一）失业社会保险发放水平的确定应遵循的原则

失业社会保险给付水平的高低取决于保障失业者及家属基本生活的需要和有利于促进重新就业以及权利和义务基本对等这样三个要素。因此，在确定失业社会保险给付水平时应遵循以下原则。

1. 失业保险金的给付水平应能确保失业者及供养直系亲属的基本生活需要。劳动者失业后，失业保险金是其主要的收入来源，因此，失业者及其家属的生活水平也由失业保险金给付水平确定。为维持失业者的正常生存，保护劳动力，失业保险应向其提供基本生活的保障。

2. 给付标准不高于失业者原有的工资水平。从有利于促进失业者尽快重新就业和避免出现失业保险中的逆选择行为的目的出发，失业保险金的给付标准必须低于在职时的收入水平，并且只在一定期限内给付，超出期限者，则进一步降低到社会救济的水平给付待遇。只有这样，才有利于失业者积极寻找工作，重新就业。

3. 权利和义务基本对等的原则。从体现社会保险权利与义务基本对等的原则出发，失业社会保险金应与被保险人的工龄、缴费年限和原工资收入相联系。在确定待遇水平时，应该使工龄长、缴费年限多、原工资收入较高的获得较多一些的失业保险金，一般是提高计算的百分比或延长给付期限。

（二）失业保险金的发放期限和标准

在具体确定失业保险发放时，要考虑两方面的内容，一是发放期限，二是发放标准和计算方法。

1. 失业保险金的发放期限。由于失业发生在一定的时间内，因此，失业保险不能像其他社会保险系统那样可以对被保险人进行无限期的给付，而是根据失业者的平均失业时间确定一个给付期限。因此，失业保险属短期发放。

失业保险的发放期限，包括发放等待期和最长发放期的规定。首先是发放等待期。发放等待期就是失业后不是立即给付失业保险金，而是必须要等待一个时期，时间的长短，取决于各国所实行的就业政策以及失业保险基金的规模和财政状况。在20世纪50年代，西方工业国家规定的失业保险发放的等待期多数为7天。但从20世纪70年代至90年代，在大多数工业国家里，等待期有缩短的趋势，甚至在许多国家的立法中被取消了。但在许多发展中国家，由于失业保险制度刚刚建立，失业保险基金积累不足，往往规定了较长的等待期。如1993年，阿根廷规定领取失业保险金的等待期为120天，而厄瓜多尔是60天，加纳是30天。其次是发放期限，即最长给付期。关于失业保险金的发放期，国际劳工组织综合各国失业情况和工人生活状况，规定失业保险金发放期上限为156个工作日，下限为78个工作日。各国的发放期存在很大的差别。美国多数州的发放期为26～36周，日本的发放期通常为90～100天，瑞典的发放期较长，最高发放期为300天。不少国家的发放期为13～20周。在确定发放期长短时，各国又有两类做法，一是把失业保险金发放长短与保险期长短联系起来。失业保险越长，失业保险金发放期就越长，反之，发放期就越短。如西班牙规定，失业保险期为6～12个月，失业保险金发放期为3个月；保险期为12～18个月，保险金发放期为6个月；保险期为42～48个月，保险金发放期为21个月。二是把失业保险金发放期同失业期联系起来。如德国在20

世纪70年代规定，失业期长达12个月的失业者，有权领取4个月的失业保险金；失业期为18个月、24个月、30个月和36个月者，其失业保险金可分别领取6个月、8个月、10个月和12个月。

但在少数国家，并不规定发放期限，就是说，失业保险金无期限限制，失业者可无限期地享受，如澳大利亚、比利时和毛里求斯等国。

2. **失业保险金的发放标准和计算方法**。关于失业保险金的发放标准，国际劳工组织曾经过各国劳工组织代表的充分讨论，通过了以下三条建议：一是失业保险金的制定，或以失业者在业期间的工资为依据，或以失业者的投保费为依据，视各国的具体情况而定；二是失业保险金应有上下限之分；三是失业保险金不低于失业者原有工资的50%。1988年，第75届国际劳工大会又建议各国规定失业保险金应至少不低于失业者原有工资的60%。因此，在1988年以后各国一般都把失业保险金规定在失业者原有工资的50%以上。如日本的失业保险金规定为60%～80%、智利为75%、加拿大为60%、荷兰为80%。

失业保险金的发放标准取决于给付的计算方法。由于各国的失业保险政策的不同，计算方法又存在着较大的差别，归纳起来，主要有以下几种方法：

一是按近期社会平均工资的一定比例计发。即按照最近一段时期内的全社会平均工资水平为基数，乘以一定的计发比例。这种计算方法，失业者所得失业保险金取决于两个因素，即社会平均工资和计发比例。但在这两个因素中，社会平均工资水平的高低是最重要的。

二是按工资等级比例或定额发放。实行这种发放方法的国家，一般是给低收入者确定的比例或定额要高些，以体现收入分配的公平性。如日本按工资级别或工资额付给离职前工资的60%～80%不等的失业保险金，而瑞典则首先根据工资等级计发，再发 110～315 克朗不等的定额补助。

三是均一制发放。即对符合条件的失业者，一律按相同的绝对额给付失业保险金，不与失业前的工资收入相联系。如英国 1975 年规定，凡符合资格条件的失业者，可获下列标准的等额给付：单身者 28.45 英镑/周，受供养的妻子 17.55 英镑/周。

四是混合制发放。即失业保险金采取比例制和均一制相结合在的方式计发，一部分按失业前工资收入的一定比例发放，另一部分则按绝对额发放。如法国 1979 年的失业保险制度规定，失业者可领取失业前工资的 42%，另外，再加上每天 22 法郎的固定数额。

三、失业保险资金的筹集

失业保险资金除了具有补偿失业者的收入损失，维持失业者及其家属的基本生活的作用外，还有熨平经济周期波动的功能。因而作为失业社会保险制度物质基础的失业保险资金，其筹集就显得意义特别重大。失业保险资金的筹集包括筹措的原则、筹资的方式以及筹资的渠道和负担比例。

失业保险资金筹措的基本原则与社会保险基金筹措的原则一致，即尽量做到资金筹集与资金支出相当。影响失业保险金支出的因素主要有发放水平、发放申请次数、发放期限、被保险人的年龄构成以及制度管理的严格性等。由于失业社会保险属短期发放，在一国经济发展不出现大的波动的情况下，其年度开支将保持在相对稳定的水平。因此，失业社会保险的筹资方式可以实行现收现付制，即每年根据预先的粗算估计，提取必要的资金，保证当年的开支，实际上一般要提取稍多一些用做特别资金，以应付资金短缺或意外开支。由于失业无规律可循，发生巨大变化的可能性很大，因此失业保险的特别准备金额度较高。

目前，世界上绝大多数国家的失业保险采取的是现收现付的筹资方式，即当期的保险费收入用于当期的保险发放。而费率调整的时间，一般为1年、3年或5年不等。现收现付制的筹资方式的主要优点是无巨额积累基金，不受通货膨胀的影响，不会发生基金投资运营的问题。但这一筹资方式存在两个主要缺陷：一是必须经常重估财务结构、调整费率，操作困难，并将导致被保险人及企业保险费负担逐渐增加；二是因管理上或政治上的因素会影响保险费率的及时调整，从而造成失业保险的财政困难。

为弥补上述缺陷，各国在法律上明文规定采用弹性费率制，授权失业保险的主管机构视失业保险财务收支的实际情况，适当调整费率，以满足开支需要。

失业保险筹资方式一经确定，接下来就是选择筹资的渠道和负担的比例。由于世界各国经济发展水平高低不同，失业社会保险制度的历史不同，同时又由于受到各国社会保险制度的指导思想、实施方式等因素的影响，因此在失业社会保险基金筹集的具体渠道和负担比例上，各国存在着很大的差别。大体可归纳为以下六种类型：①政府、企业和被保险人三方共同负担，其负担比例视本国的保险政策而定。以德国、加拿大、日本、丹麦、瑞典等国为代表。②由企业和被保险人双方负担。实行这种类型的国家主要有法国、荷兰、希腊等国。③由政府和企业双方共同负担。以美国大部分州、意大利、埃及为代表。如意大利规定，雇主按工人工资总额的1.6%缴纳保险费，政府负担管理费并给予补助。④由企业一方全部负担。印度尼西亚、阿根廷等国实行这种方式。阿根廷规定，由建筑业雇主为雇员交纳工薪总额的4%，被保险人及政府不缴纳（阿根廷仅在建筑业推行失业保险）。⑤全部由政府负担。如英国、澳大利亚、智利等国。⑥全部由被保险人负担。比较而言，这六种负担方式中，以三方负担方式最为流行，约占实行失业保险制度国家总数的一半左右。

四、失业保险的管理体制

综观世界各国的失业保险管理体制，主要有以下三种模式。

（一）由政府设立专门机构的直接管理模式

这种管理模式可以从宏观上对失业保险进行调控，实现保险、就业和职业培训三者的有机结合，促进劳动力的合理流动，有利于产业结构的合理调整。英国即采取国家管理失业保险，由卫生和社会保障部负责失业保险基金和失业人员的档案管理，就业部下属的各地方办事处和职业介绍所负责失业保险金的收缴、发放事宜。采取这种管理模式的国家，还有美国、日本等。

（二）政府监督下的工会管理模式

如丹麦，由劳工及国家就业部监督失业保险法的实施，失业保险金的收缴和发放由工会负责管理。除丹麦外，瑞典、芬兰等国也都实行这种管理模式。这种模式运行的前提是工会运作的基础较好，工会在其中唱主角，政府在侧面支持，更能反映劳动者的真正愿望，政府也相对减轻了负担。

（三）政府监督下的劳资双方联合管理

如法国，卫生和社会保障部对失业保险进行监督，劳资双方组成共同理事会，负责失业保险的管理。除法国外、德国、意大利等国也实行这种管理模式。这种模式的最大优势是效率较高，而且能得到各方的配合。

第三节　我国失业保险制度的基本内容

1998 年 12 月 26 日，国务院第 11 次常务会议通过了《失业保险条例》，1999 年 1 月 22 日，国务院第 258 号令，颁布了《失业保险条例》，第一次全面统一规范城镇所有用人单位职工的失业保险问题。这将使失业人员的基本生活得到更好的保障，促进失业人员再就业。本节内容以《失业保险条例》为依据。

一、失业保险制度的适用范围

失业保险适用于城镇所有用人单位、城镇企事业单位职工。

凡国有企业、城镇集体企业、外商投资企业、城镇私营企业以及其他城镇企业及其职工，均强制性纳入失业保险调整范围。社会团体及其从业人员、民办非企业单位及其职工、有雇工的城镇个体工商户及其雇工是否适用该条例规定，由各省、自治区、直辖市人民政府根据当地实际情况决定。

二、失业保险基金

失业保险金由下列五个方面的资金来源构成：①城镇企业、事业单位缴纳的失业保险费。城镇企事业单位按照本单位工资总额的2%缴纳企业保险费。②城镇企业、事业单位职工缴纳的失业保险费。职工按照本人工资的1%缴纳失业保险费。但城镇企事业单位招用的农民合同制工人，本人不缴纳失业保险费。③失业保险基金的利息。④财政补贴。⑤依法纳入失业保险基金的其他资金。

失业保险基金在直辖市和设区的市实行全市统筹，其他地区的统筹层次由省、自治区人民政府规定。省、自治区、直辖市人民政府根据本行政区域失业人员数量和失业保险基金数额，报经国务院批准，可以适当调整本行政区域内失业保险费的费率。省、自治区可以建立失业保险调剂金。失业保险调剂金以统筹地区依法应当征收的失业保险费为基数，按照省、自治区人民政府规定的比例筹集。统筹地区的失业保险基金不敷使用时，由失业保险调剂金调剂、地方财政补贴。失业保险调剂金的筹集、调剂使用以及地方财政补贴的具体办法，由省、自治区人民政府规定。

失业保险基金的用途。失业保险基金专款专用，不得挪作他用，不得用于平衡财政收支。失业保险基金用于下列支出：失业保险金；领取失业保险金期间的医疗补助；领取失业保险金期间死亡的失业人员的丧葬补助金和其供养的配偶、直系亲属的抚恤金；领取失业保险金期间接受职业培训、职业介绍的补贴；国务院规定或者批准的与失业保险有关的其他费用。

失业保险基金收支的预算、决算，由统筹地区社会保险经办机构编制，经同级劳动保障行政部门复核、同级财政部门审核，报同级人民政府审批。失业保险的财务制度和会计制度按照国家有关规定执行。

三、失业保险待遇

城镇企业、事业单位应当及时为失业人员出具终止劳动关系的证明，告知其按照规定享受失业保险待遇的权利，并将失业人员的名单自终止或者解除劳动关系之日起 7 日内，报社会保险经办机构备案。城镇企事业单位职工失业后，应当持本单位为其出具的终止或者解除劳动关系的证明，及时到指定的社会保险经办机构办理失业登记。失业保险金自办理失业登记之日起计算。

具备下列条件的失业人员，可以领取失业保险金：一是按照规定参加失业保险，所在单位和本人已按照规定履行缴费义务满年的；二是非因本人意愿中断就业的；三是已办理失业登记，并有求职要求的。失业人员在领取失业保险金期间可按照规定同时享受其他失业保险待遇。

失业人员在领取失业保险金期间，有下列情形之一的，停止领取失业保险金，并同时停止享受其他失业保险待遇：一是重新就业的；二是应征服兵役的；三是移居境外的；四是享受基本养老保险待遇的；五是被判刑收监执行或者被劳动教养的；六是无正当理由，拒不接受当地人民政府指定部门或者机构介绍的工作的；七是有法律、行政法规规定的其他情形的。

失业保险金由社会保险经办机构按月发放。社会保险经办机构为失业人员开具领取失业保险金的单证，失业人员凭单证到指定银行领取失业保险金。

失业人员失业前所在单位和本人按照规定累计缴费时间满 1 年不满 5 年的，领取失业保险金的期限最长为 12 个月；累计缴费时间满5年不满10年的，领取失业保险金的期限最长为18个月；累计缴费时间10年以上的，领取失业保险金的期限最长为24个月。

重新就业后再次失业的，缴费时间重新计算，领取失业保险金的期限可以与前次失业应领取而尚未领取的失业保险金的期限合并计算，但是最长不得超过24个月。

失业保险金的标准。失业保险金的标准，应当低于当地最低工资标准、高于城市居民最低生活保障标准。具体标准由省、自治区、直辖市人民政府确定。

其他失业待遇。失业人员在领取失业保险金期间患病就医的，可以按照规定向社会保险经办机构申请领取医疗补助金。医疗补助金的标准由省、自治区、直辖市人民政府规定。失业人员在领取失业保险金期间死亡的，参照当地对在职职工的规定，发给其家属一次性丧葬补助金和抚恤金。失业人员符合城市居民最低生活保障条件的，按照规定享受城市居民最低生活保障待遇。

单位招用的农民合同制工人，连续工作满1年，本单位已缴纳失业保险费，劳动合同期满未续或者提前解除劳动合同的，由社会保险经办机构根据其工作时间长短，对其支付一次性生活补助。补助的办法和标准由省、自治区、直辖市人民政府规定。

城镇企事业单位所在城镇建制跨统筹地区转移，失业人员跨统筹地区流动的，失业保险关系随之转迁。

不符合享受失业保险待遇条件，骗取失业保险金和其他失业保险待遇的，由社会保险经办机构责令当事人退还，情节严重的，由劳动保障行政部门对其处以所骗取金额1倍以上3倍以下的罚款。

四、失业保险的管理和监督

国务院劳动和社会保障部主管全国失业保险。县级以上地方各级人民政府劳动保障行政部门主管本行政区域内的失业保险工作。劳动保障行政部门按照国务院规定设立经办失业保险业务的社会保险经办机构，由社会保险经办机构具体承办失业保险工作。

劳动保障行政部门管理失业保险，履行下列职责：贯彻实施失业保险法律法规；指导社会保险经办机构的工作；对失业保险费的征收和失业保险待遇的支付进行监督和检查。

社会保险经办机构工作人员违反规定，向失业人员开具领取失业保险金或者享受其他失业保险待遇单证，致使失业保险基金损失的，由劳动保障行政部门责令追回；情节严重的，依法给予行政处分。任何单位、个人挪用失业保险基金的，应追回被挪用的失业保险基金；有违法所得的，没收违法所得，并将没收的违法所得并入失业保险基金；构成犯罪的，依法追究当事人的刑事责任；对尚不构成犯罪的，对直接负责的主管人员和其他直接责任人员依法给予行政处分。

[资料与案例分析]

[案例]

金某原是某企业职工，早在 1999 年 3 月就与企业终止了劳动关系，但一直没有进行失业登记。2007 年 7 月份他来到劳动保障部门要求无条件地一次性发给失业保险金，其理由是原所在单位和个人曾正常缴纳失业保险金，既然已与原企业终止劳动关系，就应该无条件享受失业保险待遇。但他的要求遭到了劳动保障部门的拒绝。

[评析]

职工与所在单位终止解除劳动关系后尚未进行失业登记的人员，我们姑且称其为“退工人员”。在日常工作中，我们经常遇到下列三种情况：第一种，退工人员无条件地要求将核定领取的失业保险金一次性给付；第二种，退工人员因没有及时登记，要求将终止解除劳动关系后至失业登记前应领取的失业保险金补发；第三种，退工人员因不再具备申领条件（如退休、再就业等），却要求继续给付停发或暂时停发的失业保险金。

我国的失业保险基金是参保单位及其职工共同缴纳、政府给予补贴并兜底的模式筹集的。以资金来源来看，它既不属哪一家具体单位和个人所有，也不属哪一级政府和部门的资金。它是专门用于职工失业期间的基本生活保障和促进其再就业的专项基金。

失业人员领取失业保险金，必须同时具备下列条件，缺一不可：一是所在单位和本人已按照规定履行缴费义务满 1 年的；二是非因本人意愿中断就业的（即非本人主动放弃就业机会的）；三是已办理失业登记，并有求职要求的。

职工与原单位终止解除劳动关系后成为退工人员。退工人员只有到劳动保障部门进行就业转失业登记，经过劳动保障部门核实目前确实处于失业状态，才能申领到当月的失业保险金。也就是说，失业人员领取失业保险金，必须经过退工后的应领待遇的认定和失业登记后的申领待遇的认定。

退工后的资格认定是指职工与原单位终止解除劳动关系后，所在单位将终止解除劳动关系后的有关手续、职工档案等报劳动保障部门。劳动保障部门根据其参加失业保险年限和终止解除劳动关系的原因核定领取的失业保险金。但此时还没具备领取失业保险金的条件，因为还需要进行失业登记后的资格认定。

失业登记后的资格认定是指劳动保障自受理失业人员领取失业保险金申请之日起 10 日内，对申领者的资格进行审核认定。顾名思义，失业保险金的领取对象必须是失业人员。失业是指劳动者有能力工作、可以工作并且确实在寻找工作的情况下不能得到合适的职业而失去收入的情况。因此同时具备下列条件的人员，才能认定为失业人员：一是在劳动年龄以内有劳动能力；二是目前无工作，也就是说没有从事有报酬的社会经济活动；三是以某种方式正在积极寻找工作。反之，有下列情形之一的必须停发或暂时停发失业保险金：一是重新就业的，即从事有报酬的社会经济活动；二是应征服兵役的或全日制学校上学的；三是被判刑收监执行或者劳动教养的；四是已享受基本养老保险待遇、死亡或移居境外的；五是无正当理由，拒不接受当地政府指定部门机构介绍工作或转岗培训的；六是有法律、法规规定的其他情形的。

思考题

1. 在失业保险制度中失业是如何界定的?

2. 失业保险制度的概念是什么？它有哪些类型?

3. 失业保险与养老、医疗等其他社会保险项目相比，有哪些特殊性?

4. 简述失业保险的申领和发放。

5. 失业保险筹资方式的类型有哪些?

6. 简述中国失业保险制度的基本内容。

第七章　生育保险

第一节　生育社会保险概述

在社会保障制度中，生育社会保险属于一项重要内容，它肩负着保障妇女权益和全社会公民集体权益，肩负着保障社会劳动力简单再生产和扩大再生产正常运行的重要使命。因此，在一个社会中，生育社会保险待遇水平的高低，覆盖范围的大小直接体现了这个国家社会保障的完善程度。

一、生育社会保险的概念

生育社会保险简称生育保险，是指国家通过立法，对因生育子女而暂时中断劳动的女职工提供必要的医疗保健服务和物质帮助的一种社会保障制度。

长期以来，就存在着男主外、女主内的分工模式，生儿育女是妇女的天职，也成为妇女在家庭中的主要任务。随着社会经济的发展，尤其是伴随着工业革命的进程，越来越多的妇女开始走向社会，成为一些工作岗位的重要力量。这些从事生产工作的职业妇女在怀孕、分娩、哺育婴儿期间不能从事原来的工作，这样必然导致收入来源的暂时中断。同时，生育期间医疗保健费用的支付将增加妇女的开支，使她们同时经受着生理、心理和经济上的多重负担。尤其是妇女在因生育子女不能工作而失去经济收入的同时，还将面临着失去原有工作地位的威胁。生育社会保险正是为了给职业妇女在生育子女时提供相应的医疗保健服务、现金津贴和补助以及产假而建立起来的一项社会保障制度。它避免了妇女因生育而造成失业，缓解了妇女生育期间的经济负担，实现了男女平等就业，同工同酬，为社会劳动力的再生产和优生优育政策的落实奠定了有利基础。

二、生育社会保险的特点

生育社会保险在社会保障制度中有其自身的特点，具体表现在：

（一）生育保险的对象主要是女职工

各个国家都对生育保险的范围有所规定，一般情况下，生育保险仅适用于参加保险的女职工。在我国，生育保险仅在建立劳动关系的企、事业单位和国家机关中实行。随着社会经济的发展，不少国家将范围逐步扩展到男职工供养的配偶甚至所有育龄妇女；有些国家和地区，允许女职工在生育后，给予丈夫一定的有薪假期，以便照顾生育后的妻子。

（二）享受生育保险的女职工须是符合法律规定的已婚女性

也就是说，女职工只有达到法定的结婚年龄，履行了法律规定的结婚手续，并且在不违背国家生育政策的前提下，才可以享受生育保险，否则，不在享受生育保险范围之列。

（三）享受生育保险的女职工重在身体的恢复和营养的补充，一般不需要特殊的治疗

生育引起的劳动能力的丧失，是暂时性的不能参加劳动，属于正常的生理变化，不同于疾病等引起的病理变化。

（四）生育行为的特殊性决定了生育保险必须同时具有善前和善后的特点

女职工怀孕后，在临产分娩前的一段时间，已经不能工作或不适宜工作；分娩以后，又需要休息一段时间，以便恢复身体和照顾婴儿。所以，生育保险的假期包括产前和产后两个阶段，孕妇可根据自身情况作出决定，产假是产前产后混合使用，还是全部用于产后。

三、生育社会保险的作用和意义

生育保险是为了维护女职工的基本权益，减少和解决女职工在怀孕、生产、哺乳以及流产期间因生理特点造成的特殊困难，为她们在生育期间提供必要的现金补助和医疗照顾，帮助她们恢复健康，返回工作岗位。

（一）生育保险有利于维护妇女基本权益

妇女生育不仅是家庭内部的私事，更是人类社会的大事，是人类繁衍、世代延续，社会劳动力再生产的根本前提。女职工因生育暂时离开工作岗位，不能正常工作，国家理应通过制定相关政策解决她们因生育带来的困难并给予一定的补偿，保障她们的基本生活需要，为其顺利分娩创造有利条件。世界上大多数国家已接受并给予政策上的支持，目前，已经有135个国家通过立法保护妇女生育的合法权益。

（二）生育保险有利于女职工身体健康和劳动能力的恢复

女职工在生育子女的过程中，一方面，体力消耗大，精神负担重，营养需求高，另一方面，劳动能力的暂时下降使她们无法从事正常的工作，生育期间的各项检查和治疗又增加了她们的开销，原有工作岗位和晋升机会丧失的威胁使她们的心理压力倍增。通过生育保险向她们提供生育津贴、医疗服务和产假，就能保证女职工在生育期间不会因为不能从事正常劳动，就不能取得劳动报酬；使她们能够得到及时地检查和治疗，保证生育的顺利进行；女职工在生育期间给予一定时期的产假休息，有利于其身体健康和劳动能力的迅速恢复。

（三）生育保险有利于提高人口素质，保证社会劳动力的再生产

在人类的自然繁衍和世代延续的过程中，女职工承担着人类自身再生产的任务。现代社会的竞争，是科学技术和人才的竞

争，归根到底取决于人口素质的高低，而要提高人口素质，就需要对后继劳动力实行优生优育。优生，有赖于生育者自身的健康体质；优育，有赖于家庭和社会对婴儿的哺育和教育。生育保险从为母亲提供经济和物质帮助入手，从而为婴儿的发育和健康成长提供了物质基础，保证了下一代的人口质量，有利于全社会人口素质的提高，为社会劳动力的再生产提供了物质基础。

（四）生育保险有利于落实国家人口政策，使其顺利贯彻实施

目前，西方一些发达国家人口出生率很低，人口增长率持续出现负增长趋势。许多国家政府为了鼓励人口生育，制定了一系列措施，其中包括生育保险制度。我国是世界上人口最多的国家，人均占有资源相对较低，人口增长速度同经济和社会的发展进程相矛盾。因此，我国实行计划生育和优生优育政策。我国《宪法》第 35 条明确规定："国家实行计划生育，使人口增长同经济和社会发展计划相适应。"生育保险对符合我国生育政策的女职工提供经济和物质方面的帮助，不仅有利于女职工的生育权益，保证婴儿的健康成长，提高人口素质，同时也有利于计划生育和优生优育这一基本国策的贯彻和落实。

四、生育社会保险的建立及发展

（一）国外生育保险制度的建立及发展

随着社会工业化的进程，妇女越来越多地参与到工业活动当中，一些国家政府意识到对妇女进行生育保险的必要性，纷纷开始立法，建立生育保险制度。1883 年德国在《劳工疾病保险法》中对生育保险作出了规定。之后，挪威于 1909 年对生育保险进行了立法。1911 年意大利率先将生育列入疾病社会保险的范围，这一做法随即得到工业发达国家的普遍响应。1913 年，法国制定了《关于孕产妇及大家庭的法律》，之后又将生育保险推广到各个行业和阶层。英国议会于 1918 年通过了《妇幼儿童福利法》，将孕妇和 5 岁以下儿童的健康作为国家保护的对象。

由于世界主要工业化国家对女工生育保障的重视形成共识，1919 年第一届国际劳工大会通过了《保护生育国际公约》（第 3 号）。之后，1952 年第 35 届国际劳工大会通过了《社会保障最低标准公约》（第 102 号），第 102 号公约对生育保险实施范围、生育补助金和生育医疗服务等作了专门的规定。随后又通过了《保护生育公约（修订）》（第 103 号）和《保护生育建议书》（第 95 号）。103 号公约中规定，妇女至少应有 12 周的产假休息时间，产假期间应发给现金津贴，并提供医疗护理服务，其经费应由社会保险基金或其他公共基金提供。1975 年，国际劳工组织通过了《女工机会均等和待遇平等声明》，该声明规定：由于生育是一种社会职能，所有女工应有权根据《保护生育公约（修订）》（第 103 号）和《保护生育建议书》（第 95 号）规定的最低标准享有充分的生育保护。2000 年 6 月 15 日，第 88 届国际劳工大会又通过了《保护生育公约》（第 183 号），该公约进一步完善了妇女生育保险制度，公约中指出，妇女有权享受不少于 14 周的产假，其中包括产后强制休息时间 6 周；妇女享受的生育保险现金津贴数额不得低于该妇女原先收入的三分之二。同时，公约还对生育妇女每天哺乳休息的时间、休息次数以及产假结束后重新返回工作岗位等事项作出了规定，保障了生育妇女的基本权益，同时也为各国建立和完善生育保险法规提供了基本准则。

（二）我国生育社会保险制度的建立及发展

基于生育保险在社会保障中具有重要的地位，我国自建国开始就制定颁布了一系列保护妇女权益的法律法规及相应的政策，形成了一套保护妇女权益的法律体系。1951 年 2 月政务院颁布了《中华人民共和国劳动保险条例》，对企业女职工生育保险的实施范围、津贴给付标准及生育保险待遇作了具体明确的规定。1953 年 1 月 2 日，政务院公布了修正的《中华人民共和国劳动保险条例》。1953 年 1 月 26 日，劳动部制定了《劳动保险条例实施细则》，该细则的制定推进了生育保险制度的更好落实。1955年4月，国务院颁布了《关于女工作人员生产假期的通知》，使机关、事业单位的女工作人员也有了相同的生育保险的制度保障，从而机关、事业单位生育保险制度建成。虽然企业与国家机关、事业单位的生育保险制度在建立时间上有先有后，但其项目和待遇水平基本上是一致的。

20世纪50年代末60年代初，随着我国对私营经济的社会主义改造逐步完成，以国营经济和集体经济为主要成分的经济结构，即计划经济体制逐步确立。据此，我国的生育保险制度也发生了根本的变化。1969年2月，财政部颁发了《关于国营企业财务工作中的几项制度的改革意见（草稿）》，从此，生育保险的国家统筹消失，各企业只对本企业中的女职工负责，生育保险制度从“社会”走向“企业”，标志着企业生育制度的形成。企业生育制度不仅成了企业在获取利益最大化时的最大“瓶颈”，而且成为了广大妇女在企业中平等就业的障碍。

20世纪80年代，随着我国改革开放的进一步深入，我国由原来的计划经济体制过渡到市场经济体制，这个时期的生育保险制度也进入了调整阶段。1988年7月，国务院颁布了《女职工劳动保护规定》（国务院1988年7月第9号令），同时废止了1953年颁布的《中华人民共和国劳动保险条例（修正草案）》中有关生育保险方面的规定和1955年颁布的《关于女工作人员生产假期的通知》。1988年的劳动保护规定是我国建国以来第一部比较完整的、综合性的女职工劳动保护规定，统一了企业和国家机关、事业单位生育保险制度，以保护女职工的劳动权益，减少和解决她们在劳动中因生理机能造成的特殊困难，保护其安全和健康为目的。该规定明确了“不得在女职工怀孕期、产期、哺乳期降低其基本工资或者解除劳动合同。”

1994年，第八届全国人民代表大会第八次会议通过了《中华人民共和国劳动法》，该法规定女职工和男职工在社会保险方面享有相同的权力，女职工生育享有不少于90天的产假，在生育期间依法享受社会保险待遇。为配合《中华人民共和国劳动法》的贯彻，维护女职工的合法权益，保障她们在生育期间得到必要的经济补偿和医疗保健，均衡企业生育费用负担，劳动部于12月颁布了《企业职工生育保险试行办法》（1995年1月1日起试行），将生育保险的管理模式由用人单位管理逐步转变为由各地社会保障机构负责管理，实行社会统筹。1995年7月27日，国务院发布《中国妇女发展纲要（1995—2000）》，该纲要以20世纪末，在全国城市基本实现女职工生育费用的社会统筹为目标。

综上所述，我国妇女生育社会保险制度经历了从"社会"走向"企业"，又从"企业"逐步回归社会统筹这样一个过程。实践证明，计划经济体制下的生育企业保险，阻碍了企业的平等竞争，影响了妇女的公平就业，必将被生育社会保险所代替。

第二节　生育社会保险的给付

生育社会保险作为一种物质保障，需要国家和社会提供相应的财力和物力。这种财力、物力筹集和给付的方式成为各国政府和人民必须研究的课题。即：这些财力、物力由谁来提供？提供数额如何确定？哪些人具有享受生育保险待遇的资格？享受待遇的内容及标准是什么？这些都需要各国政府研究，以法律等形式公布于众，并且严格遵照执行。为了保证生育保险津贴的给付，首先需要确定保险基金筹集的渠道和标准。

一、生育社会保险基金

（一）生育社会保险基金的概念

生育社会保险基金是根据国家有关法律、法规和政策的规定，为实施生育社会保险制度而建立起来、专款专用的资金。

生育保险基金属于整个社会保险基金中的一个组成部分，是依据国家法律专门为生育女职工支付医疗费用和生育津贴而筹集的款项。生育保险基金的来源具有单一性，其基金主要由参加统筹的单位缴纳，职工个人不缴纳生育保险费。生育保险基金的支付具有可预见性，生育保险和国家计划生育政策相关联，基金可以做到按计划使用，生育保险基金以收支基本平衡为目标，一般不留有大量结余。生育保险基金的负担具有均衡性，基金管理机构在基金测算过程中，以当地职工计划生育指标数、工资标准、生育医疗费用支付情况等为参考依据，估算生育保险基金的筹资比例，在所有企业或参加生育保险的用人单位，都按工资总额的统一比例缴纳生育保险费，统筹规划该地区的生育保险基金。

（二）生育社会保险基金的筹集

国际劳工组织公约把生育者确定为最基本的被保险人，有些国家甚至将被保险人的范围扩大到生育者的配偶及子女，但是对保险基金的筹集渠道及负担者，没有统一规定。大多数国家政府、企业和被保险者及配偶都成为基金的负担者。目前只有十几个国家单独建立了生育保险，其他国家都将生育保险纳入疾病保险范畴，导致疾病保险基金的负担者，同时成为生育保险基金的负担者。

首先，政府是保险基金的负担者。政府作为保险基金的负担者，主要是负责弥补生育保险基金的不足部分。各个国家政府在弥补数额的多少方面情况不一。如 1985 年，英国疾病和生育保险收入只有 18.6 万英镑，而支出达到了 180 亿英镑，差额全部由政府负责弥补，负担相当沉重。而日本政府仅负担医疗和生育保险费给付金额的 16.4%及行政费用。还有些国家政府不负担生育保险基金，如巴拿马、塞内加尔等国。

其次，企业是生育保险基金的重要负担者。作为保险基金负担者，企业缴纳保险基金的数额一般按照工资总额的适当比率来进行。在韩国，雇主需要缴纳工资总额的 3.24%作为医疗和生育保险基金。巴拿马则规定雇主需缴纳工资总额的 8%作为医疗和生育保险基金。

再次，被保险人本身都是生育保险基金的负担者。如日本，被保险人需缴纳其薪金的4%作为健康保险（含生育保险）的保险基金。韩国规定，受保人工资收入的1.5%～4%作为疾病与生育保险的基金来源。巴拿马和塞内加尔等国也对被保险人缴纳疾病和生育保险基金作出了相应的规定。在原来的东欧社会主义国家，名义上个人不负担保险基金，但规定妇女生育期间单位停发工资，从劳动保险金中领取现金，其数额与工资额相等。通常情况下，生育保险在大多数国家都是有偿提供的。

我国劳动部1994年发布的《企业职工生育保险试行办法》对生育保险基金的筹集做出了具体的规定。生育保险根据“以支定收，收支基本平衡”的原则筹集资金，由当地人民政府根据计划内生育人数和生育津贴、生育医疗费等项费用确定，并可根据费用支出情况适时调整，由企业按照其工资总额不超过1%的提取比例向社会保险经办机构缴纳生育保险费，建立生育保险基金。企业需定期缴纳保险基金，逾期不缴，按日加收2‰的滞纳金。行政事业单位的保险基金由财政提供。企业缴纳的生育保险费作为期间费用处理，列入企业管理费用。企业不论男女职工比例多少，按照统一费率缴纳生育保险费，实行生育费用社会统筹和社会化管理服务，有利于均衡企业负担、改善妇女就业环境、切实保障了女职工生育期间的基本权益，适应了社会主义市场经济体制和建立现代企业制度的需要。

（三）生育保险基金的支付和管理

生育保险基金支付的项目和水平受国家经济条件的制约和影响。目前，各国生育保险基金一般采用定期支付现金的方式，主要包括医疗费用和生育津贴。生育津贴的计算方式主要有定额制、工资比例制和混合制三种。其中，定额制规定无论被保险人属于何种情况，都发给相同的津贴，工资比例制是按工资的一定比例支付被保险人生育津贴，而混合制则是采取定额和按工资一定比例相结合的方式支付被保险人生育津贴。一般来说，大多数国家采用第二种方式。

目前，我国处在社会主义初级阶段，经济实力和发达国家相比，还有很大的差距。因此，我国的生育保险提倡以保障基本需求为主。也就是根据现有的经济条件，保障生育职工的基本生活和一般的医疗消费。我国劳动部 1994 年颁布的《企业职工生育保险试行办法》对生育保险基金的支付做出了明确规定："女职工生育的检查费、接生费、手术费、住院费和药费由生育保险基金支付。超出规定的医疗服务费和药费（含自费药品和营养药品的药费）由职工个人负担。女职工生育出院后，因生育引起疾病的医疗费，由生育保险基金支付；其他疾病的医疗费，按照医疗保险待遇的规定办理。女职工产假期满后，因病需要休息治疗的，按照有关病假待遇和医疗保险待遇规定办理。"

各国在生育基金的管理方面都确定了专门机构，我国将劳动部门所属的社会保险经办机构确定为生育保险基金管理机构。《企业职工生育保险试行办法》中指出，生育保险基金应当存入社会保险经办机构在银行开设的生育保险基金专户。银行按照城乡居民个人储蓄同期存款利率计息，所得利息转入生育保险基金。社会保险经办机构可从生育保险基金中提取管理费，用于本机构经办生育保险工作所需的人员经费、办公费及其他业务经费。管理费标准，各地根据社会保险经办机构人员设置情况，由劳动部门提出，经财政部门核定后，报当地人民政府批准。管理费提取比例最高不得超过生育保险基金的百分之二。生育保险基金及管理费不征税、费。生育保险基金的筹集和使用，实行财务预、决算制度，由社会保险经办机构作出年度报告，并接受同级财政、审计部门的监督。

二、生育社会保险给付的对象和范围

生育社会保险给付的对象和范围，除了部分发达国家覆盖一切妇女之外，大多数国家都面向女性工资劳动者。1919 年，第一届国际劳工大会通过了第 3 号公约《保护生育公约》，公约中规定了生育保险的适用范围是在工业和商业的公私企业以及他们的分支机构中就业的女工，但不包括只雇用雇主家属的企业中的女工。1952 年国际劳工大会通过的 102 号公约《社会保障（最低标准）公约》进一步明确规定了生育保险的实施范围。该公约指出，生育保险的覆盖范围包括怀孕、分娩及其后果，以及根据本国的法律或法规规定的由于这些导致的停发工资的女职工都在此范围之列。公约中规定了生育保险的受保人至少属于以下三种情况中的一种：①规定类别雇员中的所有妇女，其在这几类雇员中的构成不低于 50%，在涉及生育医疗津贴时，还包括这几类雇员中的男性雇员的妻子；②规定类别经济活动人口中的所有妇女，这几类人在全体居民中的构成不低于 20%；③在雇用 20 人或 20 人以上的工业工作场所中的规定类别雇员的妇女，这几类雇员在全体雇员中的构成不低于 50%，在涉及生育医疗津贴时，还包括这几类人中的男性雇员的妻子。1952 年国际劳工大会第 103 号公约《保护生育公约（修订本）》把生育保护的适用范围扩大到在工业、非工业以及在农事职业就业的妇女，包括领取工资、在家劳动的妇女，但不包括只雇用雇主家属的企业中的妇女。103 号公约对适用范围内的所有妇女都是有效的，而不论其年龄、民族、种族或信仰，也不论其已婚或未婚。

我国 1951 年政务院颁布的《中华人民共和国劳动保险条例》将生育保险的受保人范围规定如下，雇用工人与职员人数在一百人以上的国营、公私合营、私营及合作社经营的工厂、矿场及其附属单位与业务管理机关女职工享受生育保险待遇；铁路、航运、邮电的各企业单位及附属单位的女职员属于生育保险范围之列。同时，该条例还规定，凡在实行劳动保险各企业内工作的女工人与女职员（包括学徒、临时工、季节工与试用人员）不分民族、年龄、性别和国籍，均可享受生育保险待遇，但被剥夺政治权利者除外。

1955年，国务院又颁布了《关于女工作人员生育假期规定的通知》，该通知对机关、事业单位女职工生育保险作出了规定，规定的待遇标准与企业女职工大体一致。从而使女职工生育保险的对象和范围从企业扩大到了机关、事业单位的所有女职工。

1994年劳动部颁发了《企业职工生育保险试行办法》，该办法规定，生育保险的对象和范围包括城镇各类企业及其职工。不少地方在实施中把生育保险的对象延伸到了乡镇企业、社办企业的女职工。

三、生育社会保险待遇

（一）生育社会保险待遇的概念

生育社会保险待遇，是指女职工在生育期间依法享有的各种帮助和物质补偿。确定生育保险待遇要考虑国情、国力和社会保险基金的承受能力。生育保险待遇要根据本国现时的经济发展水平合理确定，既要保障女职工生育期间的基本生活和基本医疗保健需求，又不能脱离实际，盲目追求高待遇。

（二）生育社会保险待遇的内容及标准

虽然国际劳工组织提供了最基本的生育保险待遇标准，但是，由于各国政治经济发展及风俗习惯的差异，女职工可以享受到的保险待遇水平存在较大区别。一般来说，经济发展水平高的国家，女职工所享受的待遇高一些；经济发展水平低的国家，女职工所享受的待遇相对较低。因此，从整体上来看，欧洲国家女职工享受的生育保险待遇普遍高于亚洲、非洲、南美洲国家的女工。

国际劳工组织在《保护生育公约》（第103号公约）和《社会保障最低标准公约》（第102号公约）这两个公约中，对生育保险待遇的内容和标准作出了规定，该公约规定了生育产假、经济补助、生育医疗补助、生育期间的医疗保健和服务等保险待遇内容。

产假是指根据国家法律、法规规定，给予女职工在生育过程中休息的期限。具体解释为女职工在分娩前和分娩后的一定时间内所享有的假期。产假主要作用是使女职工在生育时期得到适当的休息，使其逐步恢复体力，并使婴儿得以受到母亲的精心照顾和哺育。1952 年国际劳工组织《保护生育公约》（第 103 号公约）规定，生育假期不应少于 12 周，并且产前产后都应该有假期，以使产妇和婴儿能够得到适当的照顾。2000 年国际劳工组织《保护生育公约》（第 183 号公约）再一次提出，妇女有权享受时间不少于 14 周的产假。大多数国家都接受了国际劳工组织的产假建议，将生育产假规定为 12～14 周。部分国家规定在 20 周以上，极少数国家规定为 10 周；有些发达国家，还分别不同胎次，规定了不同长度的产假。例如，波兰、法国、保加利亚规定，生第一胎的产假为 16～17 周，生第二胎的为 18～21 周，生第三胎的为 26 周。欧洲个别国家规定，在产假期满后还有半休假 8 年（瑞典）、5 年（比利时）、3 年（法国）。近年来，随着经济的发展和对妇幼保健工作的重视，一些国家的产假有延长的趋势。

收入补偿是职业妇女因生育而离开工作岗位、不再从事原有的工作以至收入中断时，及时给予的定期的现金补助，以保障妇女及婴儿的正常生活。它在社会保险各项保险中是待遇最高的，相当于女性职工生育前的工资标准。1952 年国际劳工组织《保护生育公约》（第 103 号公约）规定为原工资的 2/3，绝大多数国家都超过了这个标准，达到原工资的 100%。这主要是由于生育行为具有社会价值所决定的。有些国家出于平衡待遇的考虑，将收入补偿和产假作整体考虑，规定如产假延长，则收入补偿相应的减少，如芬兰，产假为 33 周，比大多数国家都长，但其收入补偿仅占女职工原工资的 55%。还有些国家生育行为的收入补偿按疾病保险的待遇发放。

在一些国家，生育保险除了使女职工享有收入补偿外，还给予一定金额或实物的补助，称其为生育补助。这种补助主要是给出生婴儿的，具有社会福利的色彩。如法国、葡萄牙、玻利维亚等专门规定了生育收入补偿之外的“护理津贴”和“育儿津贴”，护理津贴的数额一般为收入的15%～25%。有些国家还采取实物发放的办法，如法国给育婴母亲免费发放奶票凭证。墨西哥、以色列等国的生育保险制度还提供婴儿的全套用品或发给购置婴儿用品津贴。

医疗保健和服务，即承担和提供所有与生育行为有关的医疗费用和保健服务，包括生育期间的保健检查、分娩接生、生育期必要药物的提供和住院治疗等多项服务。生育医疗服务是由医院、开业医生或合格的助产士向女职工以及男职工的妻子提供的妊娠、分娩和产后的医疗照顾以及必须的住院治疗。各国在为生育妇女提供医疗保健和服务时的待遇是不尽相同的，一般多取决于本国的经济实力和社会保险基金的承受能力。大多数国家为女职工提供从怀孕到产后的医疗保健及治疗。生育医疗保健大部分都被纳入医疗保健项目中，由保险机构支付生育医疗保险费。

我国生育保险待遇的内容主要包括：产假、生育津贴、生育医疗服务、生育期间的特殊劳动保护、生育期间的职业保障等。

1. 产假。我国在80年代以前，把怀孕、生育和产后照料婴儿的假期规定为56天，难产和双生增加假期14天；怀孕不满7个月流产时给予30天以内的产假。1988年公布《女职工劳动保护规定》后，对原规定作了很大的修改，主要是将正常产假由原来的56天延长到90天，但仅限于生育独生子女的妇女，生育医疗费用由职工所在单位负担。1994年的《中华人民共和国劳动法》以法律的形式明文规定，女职工生育享有不少于90天的产假。目前，我国法定正常产产假为90天，产假分为产前假和产后假两部分。其中产前假期为15天，产后假期为75天。难产的，增加产假15天。多胞胎生育的，每多生育一个婴儿增加产假15天。女职工怀孕流产的，根据医务部门的证明给予一定时间的产假。流产产假以4个月划界，其中不满4个月流产的，给予15天至30天的产假；满4个月以上流产的，产假为42天。

2. 生育津贴。我国企业女职工在产假期间享受由生育保险基金提供和支付的生育津贴，大多数企业都是按照本企业上年度职工月平均工资计发津贴的。个别地区还对津贴标准作出了不同的规定。如上海在2001年《上海市城镇生育保险办法》中规定，从业妇女的月生育生活津贴标准为本人生产或者流产当月城镇养老保险缴费基数；个人缴纳城镇养老保险费不满一年的，月生育生活津贴标准按本市企业职工最低月工资标准发给。尚未参加生育保险社会统筹的单位，女职工生育产假期间，由单位照发工资。

3. 生育医疗服务。生育医疗服务项目包括检查费用、接生费用、手术费用、住院费以及与生育直接相关的医疗费用。我国女职工生育的检查费、接生费、手术费、住院费和药费由生育保险基金支付。为防止职工滥用权利，控制生育保险经费支出，各地区均对医疗服务费和药费报销的数额作了规定，超出规定的由职工个人负担。女职工生育出院后，因生育引起的疾病的医疗费由生育保险基金支付。其他疾病的医疗费，按医疗保险待遇规定处理。女职工产假期满后，因病需要继续休息治疗的，享受有关病假待遇和医疗保险待遇。国家机关、人民团体、事业单位的女工作人员，生育期间所需要的医疗费用由公费医疗负担。

4. 生育期间的特殊劳动保护。女职工生育期间特殊劳动保护是指针对女职工生育期间由于生理变化而在工作中可能遇到的特殊困难，保证女职工的基本收入和母子身体健康而制定的一项特殊保护政策，我国《女职工劳动保护规定》中明确指出：不得安排怀孕女职工在正常工作日以外延长劳动时间；对不能胜任原劳动的孕期女职工，应当减轻其劳动量或安排其他工作；怀孕7个月以上的女职工，一般不得安排其从事夜班劳动；允许怀孕女职工在劳动时间进行产前检查，检查时间计作出勤时间；有不满1周岁婴儿的女职工，应当在每班劳动时间内给予其两次哺乳时间，每次30分钟，女职工在哺乳期内，不得安排其从事国家规定的第三级体力劳动强度的劳动和哺乳期禁忌从事的劳动；女职工比较多的单位，应当按照国家有关规定，以自办或者联办的形式建立女职工卫生室、孕妇休息室、哺乳室、托儿所、幼儿园。

5. 生育女职工的职业保障。在生育女职工的职业保障方面，国家制定了一系列政策，保障女职工不因怀孕、分娩、哺乳等原因而失去原有工作。任何单位不得在女职工孕期、产期、哺乳期降低其基本工资，或者解除劳动合同。对于劳动合同期满而哺乳期未满的女职工，其劳动关系顺延至哺乳期满。此外，计划生育主管部门和人民保险公司还开办了母婴健康平安保险，对生育保险拾遗补阙。我国还通过民政救济的方式对无生活来源的孕妇和产妇进行生育救助。

除上述生育保险待遇之外，我国根据本国国情，对于实行计划生育者给予特殊待遇。计划生育政策中规定，育龄夫妇只生育一个孩子的，可办理“独生子女证”，凭此证按月领取独生子女保健费，直至子女满14岁止；职工晚婚晚育者，女方可享受产假的奖励，假期可延长至180天，男方也可享受护理假7天，晚育者在奖励产假期间工资照发；单位在条件允许的情况下，可负担独生子女的全部或部分托幼费、学费和医疗费；育龄夫妇做计划生育手术及检查所需要的时间，均按公假处理。因作计划生育手术所需要的挂号费、住院费、检验费、医疗费和手术费，企业职工及正式职工的供养直系亲属在企业“医疗卫生补助费”中开支，国家机关、事业单位、党派、团体等享受公费医疗待遇的人员，按原来医药费报领关系，在“公费医疗费”或本单位经费中开支。

（三）生育社会保险享受待遇的资格条件

生育保险的对象是女职工。对享受生育保险的条件，各个国家的规定不尽相同，大体分为两种情况：第一种没有最低合格期限的规定，只要女职工是该国公民，就有资格享受生育保险待遇，如芬兰、伊拉克等国；第二种有最低期限的规定，绝大多数国家属于这种类型，但不同国家的规定又不尽相同，主要可以分为以下几种具体情况：

1. 只对居住权有一定的要求。如冰岛规定，有常住权的母亲可以享受生育保险金；卢森堡规定，受益人必须在该国居住12个月，夫妻俩人必须在该国居住3年才能享受生育保险。

2. 只要从事受保职业的就可以享受，而没有规定其他条件。如意大利、日本、波兰、危地马拉、几内亚、丹麦等国。

3. 要求具备从事一定时间的受保职业。如加拿大规定，在最近1年内从事受保职业10周至14周后才能取得享受资格；阿根廷规定，产前连续受雇10个月，或从事现职工作1个月，并在从事现职工作前的一年内受雇不少于6个月的才能享受保险待遇。

4. 要缴足一定时限的保险费后，才能取得享受生育保险的资格。如墨西哥规定，受保妇女生育前12个月内，必须已缴纳30周保险费才能享受生育保险。英国要求生育保险的享受者，在生育前本人或其丈夫一年内缴纳了26周保险费。大多数国家缴费时间规定长短不一，一般为生育前12个月，缴纳保险费10个月。

5. 除要求被保险人在生育前参加生育保险投保达到一定时期外，还要求被保险人实际参加工作要达到一定时间。如法国规定，被保险人在分娩前必须投保满10个月，并且在生育的最近1年内头3个月中，至少受雇200小时。

6. 不规定具体投保条件，凡是本国公民，其经济情况又符合财产调查规定要求，就可以享受生育保险待遇，如澳大利亚。

我国在生育社会保险待遇的资格和条件方面，规定享受待遇人员必须符合国家《婚姻法》的规定，依法履行结婚手续，职工与所在单位有正常的劳动关系，并且所在单位为其缴纳了生育保险费，职工生育还不得违背国家计划生育政策。

第三节 生育社会保险存在的问题

生育社会保险作为关系妇女特殊权益、促进妇女发展、保护妇女和婴儿身体健康的重要问题，得到各个国家的普遍重视。目前，我国在实行生育保险社会统筹的地区，参保企业的职工都能按照我国法律、法规享受生育保险的相关待遇，生育保险制度改革也取得了一定的成绩。但是，在市场经济条件下，我国的生育社会保险制度离要求还存在很大的差距，主要问题表现如下。

（一）生育社会保险立法滞后，层次偏低，各地实施办法不统一

我国的生育保险还处在初级阶段，立法步伐滞后，不能充分保障女职工的生育权益。1994 年原劳动部颁发的《城镇职工生育保险试行办法》多年停留在试行阶段，其中有些条款已不再适应新形势发展的需要。如：参保范围只限企业；对非公有制企业的不参保、改制后企业退保率高的情况无相应规定等。在生育保险统筹方面，我国实行单位自筹与社会统筹两种制度相并存，全国没有统一规范，即使社会统筹，也主要是县级统筹，层次偏低，基金调剂能力差。我国《城镇职工生育保险试行办法》与《女职工劳动保护规定》有关待遇规定不一致，《女职工劳动保护规定》中明确指出，女职工在生育期间享受 100％的生育津贴，而《城镇职工生育保险试行办法》规定，女职工的生育津贴按照本企业上年度职工平均工资计发。

（二）生育社会保险的覆盖面较窄，范围有待扩大

由于我国地区间、行业间、所有制之间存在明显差异，导致生育保险发展很不平衡，覆盖范围较窄。目前，我国生育保险制度主要在国有企业和县级以上大集体企业中实行，县级以下小企业、乡镇企业和外商投资企业的生育保险制度还不够健全，私营企业、城镇个体工商业户及非正规就业人员、自由职业者等基本上未纳入生育保险范围，难以享受到生育保险待遇，尤其在我国农村，广大妇女更是被排除在生育保险的覆盖范围之外。由于我国实行计划生育政策及道德观、风俗的原因，生育非独生子女及非婚生子女的妇女也不能享受生育保险待遇。我国目前生育保险参保人数只占应保人数的40%左右，这离2010年生育保险覆盖率达到90%的目标相距甚远。

（三）生育社会保险基金统筹比例偏高，结余量过大

我国生育保险基金实行“以支定收、收支平衡”的原则，原则上规定筹资比例不超过1%，但各地在实际执行时，往往是就高不就低，结果使许多地方出现了基金结余过多的现象，有的地方基金的结余率高达40%～50%。据1997年底27个省市统计数字显示，结余率最高的是青海省，达89%。结余率超过50%的有8个省占统计省市的35%。这种情况不仅不符合生育保险的筹资原则，也在一定程度上加重了企业的负担。按照我国有关规定，社会保险费用可以列入产品成本，其结果最终转嫁给消费者。如果产品成本中除包含劳动者保险费用之外，还增加了基金积累的部分，产品成本就要加大，产品的价格相应提高，产品在市场上的竞争能力就会降低，从而加重企业负担，不利于企业发展和经营。

（四）生育医疗费用连年上涨

我国生育医疗费用采取实报实销的制度，但这一制度并没有一个具体的报销标准，对因生育引起的疾病也缺乏病种界定的办法，这就使各种与生育无关的开支增加，生育保险的费用每年以20%～30%的速度递增，加重了生育保险基金的负担。一些地方劳动部门反映，生育医疗费用如采取实报实销的方式，费用难以控制。医院的产前检查、产后治疗、流产等证明容易出现失真现象，社会保险机构很难对医院的不规范行为进行监控，致使生育医疗费用支出增长较快。如采取定额支付的方式，虽然程序简单，易于操作，但是容易出现定额支付与实际支出相差甚远。因保险本身就存在随机性、风险性的特点，当生育女职工出现高危妊娠，产时大出血、羊水栓塞等危及生命的病症时，定额支付就难以满足女职工的实际支出，企业或职工还要自己负担医疗费，容易造成职工不满。同时，生育保险分散风险的功能也未能得到很好的发挥。

（五）生育社会保险待遇还存在问题

产假仍未达到国际公约的标准，对照国际劳工组织 2000 年公约及建议书，我国尚未达到产假 14 周的标准，且与 2000 年生育保护建议书“成员国应努力将公约第四条提到的产假期限延长至至少 18 周”的建议存在较大差距。由于一些企业经济效益差，企业女工无法享受保险待遇，女性的生育和健康权益得不到有效保障。有些企业甚至违背《劳动法》的规定擅自解除孕产期、哺乳期女工的劳动合同。减发工资，调岗换岗的情况在一些企业中也时有发生。2002 年 10 月，全国维护妇女儿童权益协调组在全国范围内开展的《妇女权益保障法》实施情况抽样调查显示：中国有 40.1％的妇女在孕期没有受到特殊保护；25.6％的妇女在哺乳期没有受到特殊保护。市场经济条件下，一些生育女职工的产假工资得不到应有的落实和保证，影响了女职工生育社会价值的体现，同时也不利于妇女和婴儿的身心健康。

综上，这些存在的问题有待于我国在深化生育社会保险制度改革的过程中逐步加以解决。社会保险的主旨是社会性，失去社会性的生育保险制度既违背我国对国际公约的承诺，也不符合广大人民群众的根本利益。

［资料与案例分析］

［案情简介］

女职工赵某被一家单位录用。双方签订劳动合同期限为 4

年。签订合同的第3年赵某开始休产假。原单位合同规定："女职工符合计划生育规定生育的，产假为56天"。赵某没有按照单位的规定休产假，而是按照国家规定休息了90天。当赵某上班时，公司根据内部规定，认定超出56天的假期为旷工，并给予除名处理。赵某认为旷工一事不是事实，向有关部门提出申述。

[案例分析]

《劳动法》第六十二条和《女职工劳动保护规定》第八条分别规定"女职工生育享受不少于九十天产假"。该公司与赵某签订的劳动合同中关于女职工产假为56天的规定，违反了《劳动法》和《女职工劳动保护规定》，属于无效合同，赵某有权利享受90天的产假，不应视为旷工。有关部门的结论是：①撤销该公司对赵某的除名处理决定；②补发按照旷工处理期间的有关待遇。

思考题

1. 什么是生育保险制度？它有哪些特点？

2. 生育社会保险基金是如何界定的？它的给付对象和范围分别是什么？

3. 什么是生育社会保险待遇？它的主要内容和标准是什么？

4. 结合我国实际情况，简述生育社会保险存在的问题。

第八章　社会救助

第一节　社会救助概述

社会救助是现代社会保障制度的有机组成部分和基本手段之一。它主要对因自然灾害或其他经济、社会原因而无法维持最低生活水平的社会成员给予救助，以保障其最低生活水平。因为它也被认为是保障社会安全的“最后一道防线”。

一、社会救助的含义及特征

社会救助是指国家和社会依照法定标准，向那些因自然、社会、个人原因导致生活陷入困境、自己无力维持最低生活水平的社会成员给予救助，以保障其最低生活水平的社会保障制度。社会救助也被称为“社会救济”，在西方，还被称作为“社会援助”。

社会救助不同于传统的济贫措施，也不同于社会福利和社会保险，其基本特征是：

（一）权利与义务的单向性

社会救助只强调国家和社会对社会成员应尽的责任和义务，国家向社会成员提供的社会救助不是一种恩赐，而是一种职责。《中华人民共和国宪法》规定：“中华人民共和国公民在年老、疾病或者丧失劳动能力的情况下，有从国家和社会获得物质帮助的权利。”社会成员在遭遇生活困难时享受社会救助是他的基本权利，并不需要对此承担相应的义务。

（二）基金的无偿性

社会救助的资金来源于政府财政，列入国家总预算支出，社会成员无须缴纳费用，符合条件者即可获得社会救助。

（三）救助对象的限制性

社会救助的目标是缓解贫困，目的是保障贫困人口的基本生活，因此社会救助的对象是有选择性的，只有那些收入或财产低于法定标准的人才能得到相应的社会救助。在享受社会救助前，需要由有关部门对贫困状况或收入作必要的调查，调查的内容包括家庭收入状况、财产状况、劳动力、赡养人口数等，调查的结果达到法定救助标准时才能获得救助。同时，社会救助对象还必须在履行一系列的法定程序后才能获得社会救助的待遇。

（四）救助水平的低层次性

社会救助作为最低层次的社会保障政策，其目标是为了帮助社会成员应对灾害，克服困难，保障基本生活，在社会成员陷入生活危机或不能维持最低限度的生活时才发生作用，而非改善生活质量和提高社会福利。所以，相对于社会福利和社会保险等社会保障政策，其救助水平较低。

（五）救助手段的多样性

过去一般只注重物质救助，而现在社会救助的手段呈现多样性，既可以采用实物救助也可以采用现金救助；既有临时应急救助又有长期固定救助，既有官方救助又有民间救助，还有思想、信息、科技等方面的帮助。这种多样化的救助形式，更好地满足了救助对象多方面的需求。

发展到现代，社会救助已经不是临时性的救急之举，而是经常性、制度化的措施，目的不单纯是维护社会的稳定，更重要的是保障基本民生，缓解贫困，促进社会的协调发展。

二、社会救济的对象

第一类，没有劳动能力，无依无靠，无生活来源的社会成员，又称为”三无”人员。主要是残障者、孤儿、孤寡老人、长期患病者等不能维持最低生活的人。

第二类，有劳动能力，也有收入，但因天灾人祸等因素，遭受沉重的财产甚至人身损失，一时陷入生活困难的人。这类成员虽然有劳动能力，也有收入来源，但由于不可抗拒的自然灾害和社会灾祸，造成较大的经济财产损失，以致暂时不能维持基本生活的人群，需要国家给予一定的救助。

第三类，城乡中的贫困人群。有收入来源，但生活水平低于或仅相当于国家法定最低标准的国民和家庭。这类社会成员虽有收入来源，但却由于多种原因导致家庭成员生活水平不能达到法定最低生活标准。比如工资收入过少，家庭人口多，缺少劳动力等，需要国家给予救济。

三、社会救济的内容

社会救助的目标是为了克服乃至消灭贫困，因此，消除社会成员的贫困现象仍然是社会救助的基本内容。社会救助制度主要包括贫困救助、自然灾害救助、医疗救助、失业救助、住房救助、教育救助、司法援助及扶贫工作等基本内容。

目前，我国社会救助工作主要包括四个方面的内容：一是经常性的社会救助工作，主要是包括城乡最低生活保障、农村五保户供养、农村特困户生活救助以及城乡医疗救助等专项救助；二是紧急救助制度，主要是指发生自然灾害时对灾民紧急救助和应急救助行动；三是临时性的救助，主要指对低收入人群的救助工作和对城市生活无着的流浪乞讨人员，包括流浪儿童的救助；四是通过支持慈善事业的发展，培育和发展公益性的民间组织，以及倡导开展群众之间经常性的互助互济活动。

四、社会救助的发展历史

社会救助作为一项法制化的制度，它起源于 1601 年英国的

《伊丽莎白济贫法》。该法案首次确立了社会救助的属地原则和政府对社会救助的法定责任，从而使现代社会救助制度明显区别于传统社会救济。这个法案规定，各教区在政府的授权下，向本教区的居民及房地产所有者征收“济贫税”。政府用这些税收，救济那些穷人、病人和流浪者。

1788 年，德国汉堡市推行一种新的社会救济制度。市级有中心管理机构，各区分门别类对贫民进行救济、医疗和介绍职业等，这种新的制度很有成效，被称之为“汉堡制”。到了 1852 年，另一个德国城市爱尔伯福，在“汉堡制”的基础上进行充实、修改、完善，救济工作做得更为细致。每个区内再分为若干段，加强对贫民的调查与及时给予救助等等，历史上称为“爱尔伯福制”。

欧洲社会救助的发展也很快影响到美国。美国是由欧洲移民建立起来的国家，其中大多数移民来自英国，他们开始仿效英国的《济贫法》实施社会救助。各种私人救济组织和社会福利组织相继出现，联邦政府通过各种法案为生活贫困、身体有缺陷者提供系统的帮助。

我国社会救助的发展经历了一个产生、发展和不断改革完善的历史时期。

中国实施救灾济贫等社会救助制度，历史非常的久远，在西周时期政府便开始承担救灾济贫的责任，并得以延续下来。在赈济（救灾救济）方面，自汉代以来，就有很多仓储制度的存在和运作，官府所举办的通常叫“常平仓”（或“平粜仓”），官民合办的则有“义仓”及“社仓”，用于灾荒时期救济灾民。而除此制度化的方式之外，在特定的情形下，还有其他一些临时性的救灾救济或所谓“荒政”举措，如赈谷与赈银、施粥、疏遣、工赈与居养等。

新中国成立前，在各解放区就建立了民政局，负责社会救济等工作。中华人民共和国成立以后，我国开展了规模较大的社会救济工作。由于我国自然灾害频繁和生产力水平低下，形成了许多社会问题，救灾工作称为保障工作中的一个重要组成部分。每年从中央财政中拨出专款用于救灾工作。从中央到地方有一套完整有效的救灾指挥系统。把救灾与防灾结合起来，从治本上下功夫；把救灾与“生产自救”结合起来，帮助灾民恢复生产的能力。几十年来，在水利基本建设等方面取得了巨大的成就，对城市中的流民问题，老、幼、病、残问题，从根本上制定措施，逐步建立了社会福利生产企业，给予减免税等政策优惠，帮助他们重新生活。还举办大量的生产教养院、养老院，安置孤老残幼。

中国的社会救济制度，在改革开放以来，在救灾、扶贫等方面都取得了很大的成绩。但是不可否认，现行的社会救济制度与实际的需求相比，还存在某些缺陷和不足，如社会救助面过窄，救济的标准不高、难以满足救助对象维持基本生活需要；救助的经费不足；社会救助的资金管理制度不完善等问题。面对改革开放以来城乡贫困问题的出现，尤其是由于面对一些新问题，如大批下岗职工的存在，使得城市贫困在一个时期内得以加剧，传统的社会救济制度在新形势下所能发挥的作用变得极其微小。因此，社会救助制度的改革迫在眉睫。

中国社会救助制度的改革与创新以建立城市居民最低生活保障制度的方式于 1993 年在上海登台亮相。

第二节 最低生活保障制度

一、城市居民最低生活保障制度

（一）城市贫困问题

一直以来，我们所关注的贫困问题主要集中于农村地区。城市贫困人口主要是一些民政部门的救济对象，即通称的“三无”人员。但是进入到 20 世纪 90 年代以后，随着我国经济体制转轨、经济结构和地区结构调整，加之国有企业效益滑坡、物价指数上涨等原因，我国城市贫困人口数量增多，城市贫困问题也日益成为政府和公众所关注的热点问题之一。

1. 贫困的含义。联合国发展和计划署在人类发展和贫困报告中指出：人类贫困，是指缺乏人类发展最基本的机会和选择——长寿、健康、体面的生活、自由、社会地位、自尊和他人的尊重。当然，这是一个相对广泛的定义，强调了贫困所具有的多元化性质。从最基本的意义上来说，贫困就是个人或家庭缺乏必要的资源，因而不能达到一个社会的基本生活水准。

贫困有两层涵义：

一是绝对贫困，即缺乏满足最低生活需要的条件和手段，没有生活必需的食物、衣服、住所以维持最低的生活需求，甚至难以生存；对于发展中国家而言，绝对贫困问题仍然是一个主要的社会问题。但是依照绝对贫困的概念，从理论上来，一个社会通过努力是可以将绝对贫困现象消除。

二是相对贫困，即相对于社会平均生活水平而言所形成的贫困。指的是个人或家庭所拥有的资源，虽然可以满足其基本的生活需要，但是不足以使其达到一个社会的平均生活水平，通常只能维持远远低于平均生活水平的状况。所以贫困在这里已不是原来饥寒交迫、无法解决温饱的问题了，而是相对被剥夺、资源被相对侵占的问题了。相对贫困的现象在任何一个社会都是存在的，对于发达国家而言，相对贫困的现象相对更明显。

2. 贫困线的划分。在实践中，我们通常采取划定贫困线来衡量贫困与否。所谓贫困线是指最起码的生活水平或最低生活水平的计量标准。如果某人或家庭的收入或支出在贫困线以下则被定义为贫困。如，我国将年人均收入低于 206 元（1985 年）的农村农民看作贫困人口，到 1999 年，这一标准相当于 625 元。世界银行则建议将日常生活费用低于 1 美元的人口看作贫困人口。需要说明的是，贫困线不是固定不变的，它随着经济的发展以及物价的涨落而逐年调整。而且，由于我国经济发展极其不平衡，不同地区间的贫困线差异比较大，因此，各地区应根据本地区的实际情况来测算本地区居民的贫困线。

划定一个国家或一个地区的贫困线是进行有效社会救助的前提。那如何确定贫困线或最低生活保障线呢？目前国际上常用方法主要有以下四种。

（1）恩格尔系数法。恩格尔系数法源自“恩格尔定律”。它是19世纪德国统计学家恩格尔在研究居民家庭支出问题中发现，一个家庭用于食物支出的比例越大，表明这个家庭越穷，因为其家庭收入的绝大部分只能用于糊口度日，满足最基本的生存需求，不可能满足更多更高的需求；反之，该家庭用于食物支出的比例很低，则意味着家庭用于满足其他生活需求的收入很多，生活肯定富足。根据此定律制定测量居民生活水平的标准系数就是恩格尔系数，它是指食物支出在整个家庭或个人消费支出总额中所占的比重，其用公式表示为：

恩格尔系数＝（食物支出总额/家庭或个人消费支出总额）×100％

在上述公式中，恩格尔系数越小，生活越富裕；系数越大，则越贫困。联合国依据恩格尔系数制定的划分贫困与富裕的标准是：恩格尔系数在30％以下，生活水平是最富裕；30％～40％为富裕；40％～50％为小康；50％～60％为勉强度日；60％以上为绝对贫困。恩格尔定律为现代社会救助中贫困线的确立提供了理论根据，世界各国纷纷以此确定自己的救助标准。

（2）国际贫困标准法。国际贫困标准法实际上是一种收入比例法，经济合作与发展组织提出：以一个国家或地区社会中收入或平均收入的50％～60％，作为这个国家或地区的贫困线，即最低生活保障线。

（3）市场菜篮法。市场菜篮法又称“标准预算法”或“生活需求法”。它可以算是最古老、最传统的确定贫困线的办法，并且以它的“绝对主义”而著名。市场菜篮法首先要求确定一张生活必需品的清单，内容包括维持为社会所公认的最起码的生活水准的必需品的种类和数量，然后根据市场价格来计算拥有这些生活必需品需要多少现金，以此确定的现金金额就是贫困线，亦即最低生活保障线。

（4）生活形态法。它先从生活形态入手，提出一系列与人们的生活方式和消费行为等方面有关的问题；然后根据被调查者回答，从中选择出若干“剥夺指标”（“遗缺指标”），即在某种生活形态中舍弃某种方式、行为，再根据这些剥夺指标即被调查者的实际生活状况来确定哪些人属于贫困者，然后再来分析他们被剥夺的需求及消费和收入从而得出贫困线，即最低生活保障线。

3. 城市贫困现状。关于城市贫困人口的规模，迄今为止还没有权威部门发布的具体数据。根据民政部 2005 统计报告显示：全国共有 994.7 万户，2 234.2 万城市居民得到了最低生活保障，分别比上年同期增长 4.1%和 1.3%。城市低保对象连续 3 年稳定在 2 200 多万人。由于最低生活保障的标准是偏低的，所以有的专家认为城市贫困人口的规模被低估了（朱庆芳，2000）。

根据民政部门的统计口径，城市贫困人口大体上可以区分为以下四类人员：一是“三无”人员，即传统上由民政部门一直给予社会救济的对象；二是贫困的“失业”人员，即在领取失业救济金期间家庭人均收入低于当地最低生活保障线的居民；三是贫困的在职职工、下岗人员和退休人员，即此类人员在领取工资、基本生活费和退休金（或养老保险金）的同时，家庭人均收入仍然低于当地最低生活保障线的居民；四是由残障、疾病或其他原因造成生活困难的居民。20 世纪 90 年代以后，我国城市贫困人口的来源与构成发生了很大变化，传统的“三无”人员仅占城市贫困人口的 6%，而下岗、失业人员与企业离退休职工成为市场经济冲击下的贫困主体，其中又以国有企业职工占据绝大比重。

城市贫困问题贫困作为一种社会现象以不同形式和程度普遍

存在于世界各国。我国当前城市贫困问题的产生，其根本原因是由于我国改革开放以后经济和社会体制的转型；而城市下岗和失业人口的增加则是导致城市贫困问题产生的直接原因。随着我国经济的发展和体制改革的进一步深化，城市贫困问题也将成为我国需要解决的重要社会问题之一。

（二）城市居民最低生活保障制度的建立

我国城市最低生活保障制度是针对现阶段城市贫困问题而建立起来的城市社会救助制度。20 世纪 90 年代初，我国开始了建立最低生活保障制度的探索，在城市，1993 年 6 月 1 日，上海市率先进行此项制度的试点，拉开了市场建立此项制度的序幕，并取得了较好的效果。随后，全国很多大中城市相继建立了城市最低生活保障制度。1995 年年底全国已有 12 座城市建立了最低生活保障制度，1996 年年底已发展到 116 个。1997 年 9 月国务院发出《关于在全国建立城市居民最低生活保障制度的通知》，将这项改革推向全国。1999 年 9 月 28 日国务院发布《城市居民最低生活保障条例》，自 1999 年 10 月 1 日起施行，正式确立了城市最低生活保障的框架，标志着全国城市居民最低生活保障工作开始步入规范化、法制化管理轨道。截至 1999 年 9 月份，全国 668 个城市和 1 638 个有建制镇的县政府所在地全面建立了城市居民最低生活保障制度，使全国 281.7 万名保障对象领到最低生活保障金。2001 年 11 月 12 日国务院办公厅发出《关于进一步加强城市居民最低生活保障工作的通知》。

1. 保障对象。根据城市居民最低生活保障制度条例第二条规定："持有非农业户口的城市居民，凡共同生活的家庭成员人均收入低于当地城市居民最低生活保障标准的，均有从当地人民政府获得基本生活物质帮助的权利。"包括：无依无靠、无生活来源、无劳动能力的城市居民；无固定收入、无固定职业、无法定赡养或抚养人，或法定赡养、抚养义务人确无履行义务能力，不能维持基本生活；领取失业救济金期满无法重新就业或不符合失业救济条件的失业人员及不能维持基本生活者；工资低微，家庭赡养、抚养系数高，或者有病患人员致使生活难以维持者；连续停产四个月（含四个月）以上的企业在职职工；其他收入达不到低保标准的。

2. 救助标准。按照条例规定：城市居民最低生活保障标准，按照当地维持城市居民基本生活所必需的衣、食、住费用，并适当考虑水电燃煤（燃气）费用以及未成年人的义务教育费用确定。直辖市、设区的市的城市居民最低生活保障标准，由市人民政府民政部门会同财政、统计、物价等部门制定，报本级人民政府批准并公布执行；县（县级市）的城市居民最低生活保障标准，由县（县级市）人民政府民政部门会同财政、统计、物价等部门制定，报本级人民政府批准并报上一级人民政府备案后公布执行。城市居民最低生活保障标准需要提高时，依照前两款的规定重新核定。

根据民政部 2005 年统计报告显示：2005 年全国城市最低生活保障月人均保障水平 72.3 元，比上年提高 11.2%。2005 年底城市居民最低生活保障平均标准达到 156 元。

3. 申请程序。申请享受低保待遇的规定申请享受城市居民最低生活保障待遇，由户主向户籍所在地的街道办事处或者镇人民政府提出书面申请，并出具有关证明材料，填写《城市居民最低生活保障待遇审批表》城市居民最低生活保障待遇，由其所在地的街道办事处或者镇人民政府初审，并将有关材料后初审意见保送县级人民政府民政部门审批。

城市最低生活保障制度的建立，为保障城市贫困家庭的基本生活，缓解城市贫困起到了重要的作用。民政部表示，将进一步规范和完善城市居民最低生活保障制度，把城市家庭人均收入低于当地居民最低生活标准的居民全部纳入保障范围，逐步把不居住在县政府所在镇的非农业人口纳入保障范围，同时积极稳妥，因地制宜地推进农村居民最低生活保障制度建设。

二、农村居民最低生活保障试点

中国是一个农业大国，农业人口占总人口的绝大多数。中国的贫困问题从地域上进行划分，可以分为城镇贫困问题和农村贫困问题。改革开放以后，随着农村经济的不断发展，以集体经济为依托的农村社会保障体系基本解体，农村传统的土地养老保障方式被削弱，农民的养老、医疗问题即部分农民的贫困问题日益严重。建立农村最低生活保障制度势在必行。

我国农村最低生活保障制度于1994年开始探索，在农村，1996年民政部制定《农村社会保障体系建设指导方案》，开始了建立农村居民最低生活保障制度的试点。但由于各地农村差异较大，这项工作进展不平衡。到2001年，浙江、广东等沿海一些发达地区开始实行城乡一体化的居民最低生活保障制度。农村最低生活保障制度应成为农村社会救助中最普遍、最稳定、最可靠的一种基本救助制度，它覆盖农村所有收入水平低于最低保障线以下的贫困者，包括因病、灾、残、老、孤等原因而造成家庭生活困难的人。到2002年为止，已有407.8万村民、156.7万家庭得到了农村最低生活保障制度的救助。根据民政部2005年统计报告显示：截至2005年底，全国有13个省份、1 308个县（市）建立了农村最低生活保障制度，有825.0万村民、406.1万户家庭得到了农村最低生活保障，分别比上年同期增长了69.0％和72.1％，其中：困难户298.8万户，五保户49.7万户，其他人员家庭57.7万户。

我国农村最低生活保障资金来源可分为两类：一类是由省、市、县、乡四级分担；一类是由市（县）、乡（镇）、村三级分担。一般地说，省级财政的实力一般比较好，保障的程度要相对好一些。由县乡保障资金来源比较困难，许多县乡财政困难，有时甚至发放正常的工资都比较困难。

第三节　农村五保制度及扶贫开发

一、农村贫困问题

中国是一个发展中国家，经济不发达，农村尤其不发达。这一基本国情，决定了目前和较长的一个时期内我国的贫困标准还只能是一个低水平的贫困标准。

中国贫困标准的计算方法：①综合国际和国内最低限度的营养标准，中国采用 8 778 千焦热量作为农村人口贫困的必须营养标准。②用最低收入农户的食品消费清单和食品价格确定达到人体最低营养标准所需的最低食物支出，作为食物贫困线。③假设靠牺牲基本食物需求获得的非食品需求是维持生存和正常活动必不可少的，也是最少的。并根据回归方法计算出收入正好等于食品贫困线的人口的非食物支出（包括最低的衣着、住房、燃料、交通等必需的非食品支出费用），作为非食品贫困线。④用食品贫困线（约 60%）与非食品贫困线（40%）相加得到贫困人口的扶持标准。

中国现行的农村贫困人口的标准，是 1986 年由国家统计局在对 6.7 万户农村居民家庭消费支出调查的基础上计算得出的。经测算，1985 年中国农村贫困人口的扶持标准 206 元，此后根据物价指数变动逐年调整。到 1990 年这一标准相当于 300 元，1999 年为 625 元。

中国的贫困标准是一个能够维持基本生存的最低费用标准，虽然这一标准与国际上通用的每人每天 1 美元的消费支出贫困标准有很大的差异。但对于中国这样的发展中国家来说，是一个实事求是、可以帮助绝大多数贫困人口在 2000 年底达到的解决最基本生存的标准。

由于自然、社会、历史和现实等诸多因素的影响，我国现阶段仍然有一部分绝对贫困人口，他们的消费水平处于贫困标准以下。这部分人口将成为我国今后扶贫开发工作的主要方面。

二、农村五保制度

中国农村从来就被贫困落后所笼罩，从未实行过社会保障制度。新中国成立后，人民政府破天荒地在农村实行了“五保”制度，即对于缺乏劳动力或者完全丧失劳动力、生活没有依靠地老、弱、孤、寡、残障的社员，在生产上和生活上给予适当的安排和照顾，保证他们的吃、穿和柴火的供应，保证年幼的受到教育和年老的死后安葬，其资金来源大部分是农村集体经济以及国家财政拨款。

1994 年 1 月 23 日，国务院公布实施了《农村五保供养工作条例》，条例规定五保供养是农村的集体福利事业，五保供养的主要内容是“保吃、保穿、保住、保医、保葬（孤儿保教）”，供养标准为当地村民的一般生活水平，所需经费和实物，从村提留或者乡统筹费中列支。

2006 年 1 月 11 日，国务院第 121 次常务会议公布了新的《农村五保供养工作条例》，条例共分总则、供养对象、供养内容、供养形式、监督管理、法律责任、附则等 7 章，共 26 条，自 2006 年 3 月 1 日起施行。新的条例相比旧的条例在供养对象、内容、申请程序、资金来源等方面都做出了适合新时期要求的规定，管理更加规范化。

条例所称的农村五保供养，是指依照本条例规定，在吃、穿、住、医、葬方面给予村民的生活照顾和物质帮助。供养对象主要包括老年、残障或者未满 16 周岁的村民，无劳动能力、无生活来源又无法定赡养、抚养、扶养义务人，或者其法定赡养、抚养、扶养义务人无赡养、抚养、扶养能力的。

根据条例规定，农村五保供养的内容主要包括供给粮油、副食品和生活用燃料；供给服装、被褥等生活用品和零用钱；提供符合基本居住条件的住房；提供疾病治疗，对生活不能自理的给予照料；办理丧葬事宜。供养标准不得低于当地村民的平均生活水平，并根据当地平均生活水平的提高适时调整。对未满 16 周岁或者已满 16 周岁仍在接受义务教育的供养对象，应当保障他们依法接受义务教育所需费用。

条例规定，农村五保供养资金，在地方人民政府财政预算中安排。中央财政对财政困难地区的农村五保供养，在资金上给予适当补助。国家鼓励社会组织和个人为农村五保供养对象和农村五保供养工作提供捐助和服务。

条例规定，农村五保供养对象可以在当地的农村五保供养服务机构集中供养，也可以在家分散供养。供养对象可以自行选择供养形式。各级人民政府应当把农村五保供养服务机构建设纳入经济社会发展规划，应当为农村五保供养服务机构提供必要的设备、管理资金，并配备必要的工作人员。

2006 年新修订并颁布实施的《五保条例》进一步提出要通过建立农村医疗救助体系和新型农村合作医疗制度来解决五保对象的就医难题，从而使五保对象的保障内容更充实、更具体。

农村特困户救助和农村最低生活保障制度稳步推进，农村五保供养制度日趋规范，供养水平有所提高。在没有开展农村居民最低生活保障工作的地区，实施农村特困户救助制度，2005 年共有 1 066.8 万人、654.8 万户家庭得到了特困救助，分别比上年同期增长了 16.7%和 19.9%，其中：特困户 290.4 万户，五保户 300.1 万户，其他救济对象 64.4 万户。全国农村得到五保供养的家庭有 349.7 万户。

三、扶贫开发

农村扶贫是我国传统农村社会救助制度中带有中国特色的一种富有成效的救助项目。它是指国家通过资金、物资、技术输入等方式对农村贫困户和贫困地区进行扶持和帮助，使其改变贫困面貌、脱贫致富的一项新兴社会救助项目。

(一) 扶贫开发的历史进程及成就

我国扶贫开发的历史进程可分为三个阶段：

第一阶段是从 1978 年到 1985 年。我国农村经济体制改革，推行家庭联产承包责任制，大幅度提高农产品价格，激发和调动了广大农民的生产积极性，农产品产量大幅度增加，农民收入迅速提高，大大缓解了农村的贫困问题，全国农村没有解决温饱的贫困人口从 2.5 亿人减少到 1.25 亿人，平均每年减少 1 768 万人，贫困发生率从 30.7%下降到 14.8%。

第二阶段是从 1986 年到 1993 年。针对一些地区发展缓慢，一部分群众生产生活条件非常困难的情况，党中央、国务院决定在全国范围内开展有计划、有组织、大规模的扶贫开发工作。为此，国务院成立专门工作机构，安排专项资金，制定专门的优惠政策，并对传统的救济式扶贫进行彻底改革，确定了开发式扶贫的方针。到 1993 年底，全国农村没有解决温饱的贫困人口由 1.25 亿人减少到 8 000 万人，平均每年减少 640 万人，贫困发生率由 14.8%下降到 8.7%。

第三阶段是以 1994 年 3 月《国家八七扶贫攻坚计划》的公布实施为标志。该计划明确要求集中人力、物力、财力，用 7 年左右的时间，基本解决 8 000 万农村贫困人口的温饱问题。由此，中国的扶贫开发进入了最艰难的攻坚阶段。1996 年 9 月，党中央、国务院联合召开了中央扶贫开发工作会议，做出《关于尽快解决农村贫困人口温饱问题的决定》。1999 年 6 月，在我国扶贫攻坚的关键时刻，党中央、国务院再次召开会议，做出《关于进一步加强扶贫开发工作的决定》，在两次中央扶贫开发会议上，江泽民总书记都发表了重要讲话，动员全党和全社会，切实做好扶贫攻坚决战阶段的工作，确保实现在本世纪末基本解决农村贫困人口温饱问题的战略目标。

在党中央、国务院的高度重视和正确领导下，经过贫困地区广大干部群众的积极努力，我国扶贫开发工作取得了巨大历史性成就。

1. 解决了2亿多农村贫困人口的温饱问题。农村尚未解决温饱的贫困人口到1999年已减少至3 400万人，农村贫困发生率从30.7%下降到3.7%。国定贫困县农民人均纯收入从1985年的206元提高到1999年的1 347元。

2. 贫困地区的基础设施和生产生活条件明显改善。1986年以来，共修建基本农田586.67多万公顷，解决了6 200多万人和7 500多万头大牲畜的饮水困难。新修公路35万多公里，乡通公路率从83.9%上升到97.6%。架设输变电线路近40万公里，乡通电率由77.8%上升到97%。

3. 科技、教育、文化、卫生等社会事业发展较快。贫困地区人口增长率由1986年的20‰下降到1997年的11.5‰；办学条件明显改善，适龄儿童辍学率下降到6.9%；98%的乡有了卫生院，缺医少药状况得到缓解；推广了一大批农业实用技术，农民科学种田的水平明显提高；群众的文化生活得到改善，精神面貌发生了很大变化。

4. 一些集中连片的贫困地区整体解决了温饱问题。沂蒙山区、井冈山区、大别山区、闽西南地区等革命老区群众的温饱问题已经基本解决，经济社会面貌发生了深刻变化。重点贫困地区包括部分偏远山区、少数民族地区，面貌也有了很大改变。历史上"苦瘠甲天下"的甘肃以定西为代表的中部地区和宁夏的西海固地区，经过多年的开发建设，基础设施和基本生产条件明显改善，贫困状况大为缓解。

（二）扶贫开发的对象

扶贫开发的基本对象为低收入贫困人口。大致分为三类：

1. 尚未解决温饱的贫困人口。虽然数量不多，但解决的难度很大。

2. 初步解决温饱问题的贫困人口。由于生产生活条件尚未根本改变，抗御自然灾害的能力不强，一遇自然灾害极易返贫。

3. 稳定解决了温饱的贫困人口。由于温饱标准很低，尤其是相对于国际标准而言。因此进一步促进他们的发展，缩小中国贫困标准与国际贫困标准的差距，促使在温饱线以上的贫困人口全面发展，走向富裕，是长期的任务。

（三）扶贫开发的目标

我国扶贫开发的总体目标为：进一步提高低收入人口的收入水平，改善基本的生产生活条件，进而改善贫困地区经济、社会、文化的落后状态。重点是继续解决温饱线以下贫困人口的温饱问题；解决易返贫的贫困人口的返贫问题，解决稳定解决温饱的贫困人口的发展问题。

（四）扶贫开发的方针

中国的扶贫开发坚持开发式扶贫的方针，开发式扶贫是对传统的分散救济式扶贫的改革与调整，是中国政府扶贫政策的核心和基础。坚持开发式扶贫的方针，就是以经济建设为中心，支持、鼓励贫困地区干部群众开发当地资源，发展商品生产，改善生产条件，增强自我积累、自我发展能力。这对迅速改善贫困农户的生产经营水平，提高贫困户收入有直接的积极作用，是真正严格意义上的扶贫，也是贫困地区脱贫致富的根本出路。

开发式扶贫方针主要包括五个方面内容：

第一，倡导和鼓励自力更生、艰苦奋斗的精神，克服贫困农户中普遍存在的“等、靠、要”思想。

第二，针对贫困地区基础设施薄弱、抵御自然灾害能力较差的实际情况，国家安排必要的以工代赈资金，鼓励、支持贫困农户投工投劳，开展农田、水利、公路等方面的基础设施建设，改善生产条件。

第三，国家安排优惠的扶贫专项贴息贷款，制定相关优惠政策，重点帮助贫困地区、贫困农户发展以市场为导向的种植业、养殖业以及相应的加工业项目，促进增产增收。

第四，开展农业先进实用技术培训，提高贫困农户的科技文化素质，增强自我发展能力。

第五，扶贫开发与水土保持、环境保护、生态建设相结合，实施可持续发展战略，增强贫困地区和贫困农户的发展后劲。强调扶贫到村到户 20 世纪 90 年代以来，根据贫困地区的实际情况，中国的扶贫开发着重扶贫到村到户。国家不仅将扶贫到户作为一项重要措施，而且把解决贫困农户温饱的各项指标也量化到户。

（五）扶贫开发的方式

通过从我国扶贫实践中总结，从国外实践中借鉴，发展出了一些颇有成效的扶贫具体操作方式方法，这些都在我国扶贫活动中发挥了巨大的作用，其中最受欢迎的扶贫方式有劳务输出、小额信贷、以工代赈等。

1. 劳务输出。劳务输出即异地就业，广义的劳务输出，泛指具有劳动能力的人口为了当前或预期的利益所发生的空间转移。作为一种扶贫的方式，劳务输出指的是把贫困地区的劳动力输出到其他地区进行异地就业，它具有人力资源开发和促进就业的双重性质，扶贫效果好、影响大。

由于移民搬迁受到资源、投入以及社会文化等诸多限制，自愿移民的数量是有限的，为了鼓励生存条件极为恶劣的贫困山区的更多劳动力能够走出家门，实现就业并增加收入，中国政府鼓励有组织地输出贫困乡村的劳动力，实现异地就业。劳务输入异地就业不仅能使贫困劳动力增加就业和收入，更重要的是劳动者通过异地就业可以学习技术，新生活方式，新工作方式，开阔眼界，接受新的文化观念，增强自信心，提高自我发展的能力。贫困劳动力输出后，通过亲帮亲，人帮人，形成了很好的滚雪球效应，使劳务输出异地就业成了贫困地区农民增加收入、东部生产生活方式以及文化和技术向西部传播的使者。如我国劳务输出最多的省份——四川省，每年有 800 万～1 000 万人实现异地就业，通过邮局寄回家乡的资金每年接近或超过 200 多亿元。这在一定程度上将贫困地区的经济导入新的良性循环圈。

《中国农村扶贫开发纲要（2001—2010）》提出，积极稳妥地扩大贫困地区劳务输出。加强贫困地区劳动力的职业技能培训，组织和引导劳动力健康有序流动。沿海发达地区和大中城市要按照同等优先的原则，积极吸纳贫困地区劳动力在本地区就业。贫困地区和发达地区可以就劳务输出结成对子，开展劳务协作。输入地和输出地双方政府都有责任保障输出劳动力的合法权益，关心他们的工作、生活，帮助解决实际困难和问题。劳务输出是我国农村扶贫政策中的一项重要措施。

2. 小额信贷。小额信贷是为低收入穷人提供信贷服务的一种制度化的信贷方式。小额信贷是适应市场经济条件下大量穷人的信贷需要无法被正规金融机构满足这样一种情况而产生的一种为穷人提供信贷服务的信贷形式。从 20 世纪 70 年代中期开始，亚洲和拉丁美洲的一些发展中国家认识到穷人在正规金融市场中的弱势地位，借鉴传统的民间信贷的一些特点和现代管理经验，结合所在地国家的经济和社会条件及穷人的经济和文化特征，在不断摸索和试验的基础上，创造性地建构出多种适合穷人特点的信贷制度和方式。由于多数这样的信贷方式的制度安排都是瞄准具有正常生产能力的自我就业的穷人的，而且设计中都将自我就业的穷人家庭或他们所从事的经济活动视为微型企业对待。于是这种假设条件下，这类为穷人提供信贷服务的信贷方式就被冠以微型企业信贷（micro-enterprise finance）或简称微型信贷（micro-finance）。这种方式在引入中国时，被译为小额信贷。

小额信贷借鉴传统的非正规信贷方式的一些特点，改造和新建立了一套适合穷人的经济、社会和文化特点的金融制度。其主要内容包括：与用户建立友善的关系，在信贷交易过程中尊重用户，增加用户与信贷机构的认同感和信心；为穷人用户提供方便的交易时间和场所，确定适合穷人的文化水平和节省交易时间的简单的交易手续和程序，如尽量简单的贷款申请表格、快捷而又严密的贷款审批和发放程序、降低用户的交易费用；实行商业化管理，提高机构的工作效率和经济效率；建立科学严格的管理效率；实行激励用户还款的连续贷款政策。如孟加拉乡村银行实施的用户还完前一笔贷款之后根据需要能够获得另一笔更大数额贷款的政策；为贷款的穷人提供培训和技术支持方面的服务，提高他们合理有效使用贷款的能力；设立小组风险基金、减少个人贷款项目失败的影响，增强应付个人因突发性的天灾所产生的对贷款使用和还贷不利影响的能力；积极开展对穷人的储蓄动员和组织，增强穷人的信贷市场意识和参与信贷市场的能力。

小额信贷自20世纪70年代出现以来，在全球范围内获得了广泛的发展。据世界银行估计目前在发展中国家有7 000多家小额信贷机构，为1 600万穷人提供信贷服务。全球小额信贷周转金估计已达到25亿美元。中国农村扶贫开发纲要（2001—2010年）指出；“继续把发展种养业作为扶贫开发的重点，积极稳妥地推广扶贫到户的小额信贷，支持贫困农户发展生产。”

3. *以工代赈*。以工代赈是扶贫对象通过参加必要的社会公益劳动而获得赈济的一种特殊扶持方式，是我国扶贫方式由单纯救济转向贫困地区经济开发的一种有益尝试。以工代赈建设的重点是修建县乡公路、桥梁、人畜饮水工程、农田水利基本建设、小型水电站、山区水土流失治理和农村邮电通讯，同时帮助灾区修复损毁工程等。政府主要以调拨的实物作为工资，发放给参加工程的贫困户。这样，通过这些工程的建设，不仅能够有效地改善贫困地区的基础建设，还可以使贫困的大量的剩余劳动力得以利用，增加贫困人口的收入，产生巨大的社会和经济效益。《中国农村扶贫开发纲要（2001—2010）》要求，要进一步扩大以工代赈的规模。

中国是世界上最大的发展中国家，人口约占世界总人口的22%。在过去相当长的时期里，由于诸多原因，贫困一直困扰着中国。

1949年中华人民共和国成立后，特别是自20世纪70年代末实行改革开放政策以来，中国政府在致力于经济和社会全面发展的进程中，在全国范围内实施了以解决贫困人口温饱问题为主要目标的有计划、有组织的大规模扶贫开发，极大地缓解了贫困现象。根据中国政府确定的农村贫困标准，从1978年到2000年，中国农村没有解决温饱的贫困人口由2.5亿人减少到3 000万人，贫困人口占农村总人口的比例由30.7%下降到3%左右，中国政府确定的到20世纪末解决农村贫困人口温饱问题的战略目标基本实现。在过去20年中，农村绝对贫困得到极大的缓解。官方估计显示，中国的贫困人口从1978年的2.6亿下降到1998年的4 200万，即从农村人口的1/3下降到1/20。

我国政府所推动的农村扶贫开发，虽然大大缩减了农村绝对贫困人口，但是，农村的相对贫困问题和城市贫困问题却越来越突出。因此，贫困问题仍然是我国甚至是当今世界突出的社会问题之一。随着我国扶贫开发活动的深入开展和经济的进一步发展，我国农村的绝对贫困人口将逐步减少直至完全消除，相对贫困人口将逐步增加直至成为扶贫的主要对象。

第四节 其他生活救助制度

一、自然灾害救助

（一）自然灾害救助的概念

自然灾害是指自然界发生的不以人的主观意志为转移的客观自然现象所引起的灾害。自然灾害形成的过程有长有短，有缓有急。有些自然灾害，当致灾因素的变化超过一定强度时，就会在几天、几小时甚至几分、几秒钟内表现为灾害行为，像地震、洪水、飓风、风暴潮、冰雹等，这类灾害称为突发性自然灾害。旱灾、农作物和森林的病、虫、草害等，虽然一般要在几个月的时间内成灾，但灾害的形成和结束仍然比较快速、明显，所以也把它们列入突发性自然灾害。另外还有一些自然灾害是在致灾因素长期发展的情况下，逐渐显现成灾的，如土地沙漠化、水土流失、环境恶化等，这类灾害通常要几年或更长时间的发展，则称之为缓发性自然灾害。

自然灾害给我国人民生命财产带来了巨大的损失。近十年来，平均每年造成近 2 万人死亡，1 000 亿元以上的经济损失。因灾致贫和因灾返贫，是目前导致绝对贫困的最根本原因之一。弱势群体在遭遇强大的自然灾害之后，容易因灾返贫，在没有得到外来的救助的情况下，难以保证最起码的生活，也无法做到自救。

自然灾害救助是社会救助的重要内容之一。所谓自然灾害救助是指国家和社会对因自然灾害造成生存危机的公民提供抢救与援助，减少生命和财产损失，维护灾区社会稳定，并帮助恢复生产生活。我国的救灾工作主要是由政府组织、领导，国家和地方政府给予财政支持，并通过广泛动员社会各界力量和灾区群众生产自救来实现救灾工作的目的。广义的救灾工作包括查灾、报灾、核灾、灾后救助等；狭义的救灾工作仅指对灾民的生活与生产中的困难给予救助，如基本口粮救助、衣被救助、房屋救助、现金救助、医药救助、部分生产资料救助等。

（二）自然灾害救助的方针

中国的自然灾害救助工作的方针是："依靠集体，生产自救，互助互济，辅之以国家必要的救济和扶持。"救灾工作方针的主要精神可以概况为以下四点：第一，充分调动灾区广大群众抗灾度荒的积极性，依靠群众和集体的力量，自力更生地战胜灾荒；第二，从生产着手，尽快地恢复灾区的农业、工业、副业生产，千方百计地增强群众和集体抗灾度荒的力量；第三，对于群众和集体经过努力还不能解决的灾民生活困难，国家和社会给以必要的救济和扶持；第四，互助互济，调动民间力量，共同战胜灾害，建设社会主义精神文明。

灾害性社会救助是对传统的救灾救济的继承和改革。继承方面，如提供灾民临时性的粮食、衣被、简易帐篷、医药等物资；紧急抢救、转移和安置灾民等；灾后扶持、组织灾民开展生产自救等。改革方面：灾害性救助只着眼于眼前临时性的紧急救助，而不考虑因灾造成一段时间的贫困问题，因灾而贫的困难者由农村最低生活保障制度解决。

由于我国自然灾害频繁和生产力水平低下，形成了许多社会问题，救灾工作称为保障工作中的一个重要组成部分。每年从中央财政中拨出专款用于救灾工作。从中央到地方有一套完整而有效的救灾指挥系统。根据民政部 2005 年统计报告显示：2005 年发生各类自然灾害比上年有所上升。全国农作物受灾面积 3 881.8万公顷，比上年增加 4.6%。其中，绝收面积 459.7 万公顷，比上年增加 5.4%；因灾死亡 2 475 人，比上年增加 10%；倒塌房屋 226.4 万间，比上年增加 50 万间；直接经济损失 2 042.1亿元，比上年增加 27.4%，为近年来灾害较重年份。2005 年，中央下拨救灾款 43.1 亿元，调拨救灾帐篷 6.7 万顶，全国共紧急转移安置灾民 1 570.3 万人，为 1998 年以来转移人口最多的一年。全年共启动四级以上救灾响应 30 次。开展全国春荒救助，共发放《灾民救助卡》1 549.4 万张，救助灾民 4 552 万人；开展冬令救助，共发放《灾民救助卡》1 921 万张，救助灾民 5 688 万人。

二、城市流浪乞讨人员救助

古今中外，乞丐就作为社会中的一类人存在着。对于流浪于城市并且生活无着的这类特殊的弱势群体，我国一直是按照 1982 年颁布的《城市流浪乞讨人员收容遣送办法》来实行社会救助的。2003 年发生的“孙志刚事件”，引起了强烈的社会反响，最终结束了实施多年的《城市流浪乞讨人员收容遣送办法》。2003 年 6 月 20 日，温家宝总理签署国务院第 381 号，公布施行

《城市生活无着的流浪乞讨人员救助管理办法》，施行时间自当年8月1日起，1982年5月国务院发布的《城市流浪乞讨人员收容遣送办法》同时废止。同年7月21日民政部以2003年第24号部令发布了《城市生活无着的流浪乞讨人员救助管理办法实施细则》。符合救助条件的流浪乞讨人员可以获得政府的全面救助。同时，各地的“收容遣送站”悉数更名为“救助管理站”。

（一）救助对象

按照管理办法的规定，“城市生活无着的流浪乞讨人员”是指因自身无力解决食宿，无亲友投靠，又不享受城市最低生活保障或者农村五保供养，正在城市流浪乞讨度日的人员。救助对象必须同时具备四个条件：一是自身无力解决食宿；二是无亲友投靠；三是既不享受城市最低生活保障，又不享受农村“五保”制度的供养；四是正在城市流浪乞讨度日的人员。救助期限一般不超过10天。那些以流浪为生活方式、以乞讨为生财手段、好逸恶劳的人，不属于救助范围。

（二）新旧办法的区别

新的救助管理办法的实质是强制性收容遣送转变为自愿救助，体现了社会进步和人文关怀。相比旧的收容遣送办法，新的管理办法的进步性体现在：

第一，获得救助的权利。城市中的流浪乞讨人员只要符合“生活无着”这一条件，就有获取国家和政府救助的权利。这一权利包括：①在救助期间有获取基本生活条件的权利。新《办法》第七条规定，受助人员有权获取符合食品卫生要求的食物及符合基本条件的住处；②在救助期间有获取健康保障的权利。新《办法》第七条规定，受助人员在救助站内突发急病的，有获取及时送医院救助的权利；③免费获取救助的权利。新《办法》第十条规定，救助站不得向受助人员、其亲属或者所在单位收取费用，不得以任何借口组织受助人员从事生产劳动；④获取妥善安置的权利。新《办法》第七条规定，对没有交通费的受助人员，在返回其住所或者所在单位的，有免费获取乘车凭证的权利；第十一条规定，受助的残障者、未成年人、老年人有获取照顾的权利，对无家可归的，由其所在地的人民政府妥善安置。

第二，人身自由权不受限制。人身自由权是人身权中最根本的权利。新《办法》取消了强制功能，把救助完全变成了一种自愿行为，实行来去自由的开放式管理。只要符合救助的条件，都可以救助。救助站必须提供及时的救助。第十一条规定，救助站应当劝导受助人返回其住所地或者所在单位，不得限制受助人员离开救助站。

第三，人格尊严不受侵犯。受助人员在受助期间其人格权得到尊重与保护。第八条规定，受助人员应按性别分室居住，女性受助人员应由女性工作人员管理；新《办法》第十四条规定的救助站工作人员之“八不准”中，绝大部分是规定不准侵犯受助人员人格尊严的，如，不准打骂、体罚、虐待受助人员；不准使用受助人员为工作人员干私活；不准调戏妇女等。

第四，现有的财产不受剥夺。新《办法》第九条规定，救助站应当保障受助人在站内的人身安全和随身携带物品的安全；第十四条规定，救助站工作人员不准敲诈、勒索、侵吞受助人员的财物等。

[资料与案例分析]

“孙志刚”事件

2003 年 3 月 17 日，是一个叫孙志刚的普通外来工，因为没有带暂住证，在广州被收容，60 多个小时之后，非正常死亡。这起发生在普通人身上的案件，引起了广泛反响。2003 年 4 月 25 日，《南方都市报》揭露了一起广州执法人员粗暴侵犯公民的人身权利致人死亡的案件，这是该案件第一次公开见诸媒体。

孙志刚，男，27 岁，湖北武汉人，2001 年在武汉科技学院艺术设计专业结业。2003 年 2 月 24 日受聘于广州达奇服装有限公司，是一名平面设计师。因为刚来广州 20 多天，孙志刚还没办理暂住证，当晚他出门时，也没随身携带身份证。3 月 17 日晚 10 时许，孙外出上网，途遇天河区黄村街派出所民警检查身份证，因未带身份证，被作为“三无人员”——“无暂住证”、“无正当职业”、“无正常居所”带回派出所。当晚，将近 110 人先后被带进这个派出所，其中 30 多人被收容。孙的同学成先生闻讯后赶到派出所并出示孙的身份证，当事警官仍拒绝放孙。3 月 18 日，孙被作为“三无人员”送往收容遣送站。9 个小时后(即 18 日上午)，孙志刚向中转站护师报告自己有心脏病，因为紧张而心慌、失眠，要求放他出去或住院治疗。中转站遂以“心动过速待查”为由，将孙送往广州市收容人员救治站。20 日凌晨 1 时多，孙志刚因遭受救护站被护工胁迫的 8 名被收治人员两度轮番殴打，于当日上午 10 时 20 分死亡。救护站死亡证明书上称其死因是“心脏病”。4 月 18 日，中山大学中山医学院法医鉴定中心出具尸检检验鉴定书，结果表明，孙死前 72 小时曾遭毒打。

4 月 25 日，《南方都市报》以《被收容者孙志刚之死》为题，首次披露了孙志刚惨死事件。次日，全国各大媒体纷纷转载此文，并开始追踪报道。后来的调查报告说，正是由于待遣所民警极不负责任，才导致孙志刚“被错误地作为被收容遣送人员送至广州市收容遣送中转站”。即使依据广东省人大通过的条例，一个人如果他没有带相关身份证件，但是他后来提供了证件，就不属于应当收容的范围，必须加以释放。但是孙志刚提供了证件之后仍然被关押，甚至直接导致殴打致死的情况，这种收容本身就是一种严重的违法行为。

这一案件同时也反映出我国旧的收容遣送制度所存在的弊端。同年 6 月 20 日，国务院总理温家宝签署国务院第 381 号令，公布施行《城市流浪乞讨人员救助管理办法》，并宣布该办法自2003年8月1日起正式施行，1982年5月国务院发布的《城市流浪乞讨人员收容遣送办法》同时废止。

思考题

1. 什么是社会救助？社会救助的特征是什么？它包含哪些内容？

2. 如何理解贫困？贫困线如何确定？

3. 我国城市最低生活保障制度的救助对象和救助标准如何确定？我国为什么要建立城市最低生活保障制度？

4. 我国的《农村五保供养工作条例》对新时期的五保工作做出了哪些新的重要规定？

5. 什么是扶贫开发？扶贫开发的方式有哪些？新世纪我国扶贫开发面临着哪些新的问题？

6. 什么是自然灾害救助？

7. 我国对于城市流浪乞讨人员的救助管理出现了哪些新变化？

第九章　社会优抚

第一节　社会优抚概述

一、社会优抚的概念

社会优抚制度是社会保障体系中的重要组成部分之一。它是指国家、社会、群众依照相关法律、政策的规定，对社会有特殊贡献者及其家属在政治上、经济上实行的具有褒扬和优待抚恤性质的特殊社会保障措施。比如，我国宪法规定，国家和社会保障残障军人的生活，抚恤烈士家属、优待军人家属。具体地说，社会优抚具有以下特点：

（一）优抚对象具有特殊性

社会优抚对象是指为维护国家和社会安全稳定而做出特殊贡献的那一部分人。具体包括：①具有特殊贡献的伤残人员，包括伤残军人、伤残民兵、伤残民警；②复员退伍军人；③国家认定的烈士家属；④病故军人家属；⑤现役军人家属，包括现役军人和人民警察（武警、边防、消防民警）的家属。其中，家属是指特殊贡献者的父母、配偶、子女、依靠其生活的 18 岁以下的弟妹和抚养其长大又依靠其生活的其他亲属。

（二）社会优抚目标具有双重性

社会优抚一方面为优抚对象提供现金补贴和服务帮助，使他们相当或高于当地群众的一般生活水平，保障他们的基本生活。另一方面，国家和社会还会通过各种优抚活动，向全社会宣传特殊贡献者的事迹和高尚品德，树立社会尊敬学习的楷模。所以说社会优抚具有经济和政治双重目标。

（三）社会优抚整体的综合性

社会优抚制度对退伍、转业军人的安置、对其家属的抚恤体现出社会保险的性质；对优抚对象中特别困难人员在产业方面的扶持、帮助等体现出了社会救助的特点；对优抚对象的优待，也体现出社会福利的性质。所以我们说社会优抚不是单一的社会救助、社会保险或社会福利，而是三者的共同体现。

二、社会优抚的作用

社会优抚是由国家政府出面对有特殊贡献的人员实行的一种保障制度。各国都有对军人和对国家有功人员及其家属的优待抚恤保障制度，只是形式、内容各异。优抚保障直接与国家的政治利益需要相联系，有明显的政治色彩。社会优抚的作用主要是以下几个方面：

（一）社会优抚是国家安全稳定与发展的重要保证

社会优抚事业与国家的军事活动紧密相连，军队是国家政权的重要保障，国家存在，必然存在军队，就必须建立优抚事业。做好优抚工作，是国家长治久安、社会稳定发展的重要保证。

（二）社会优抚是社会经济快速发展的重要保障

社会优抚事业维护军人权益、稳定军心，促进了军队建设，为社会经济发展创造和谐、安定的环境。同时，国家开展优抚工作，可以增强军队实力，融洽军政、军民关系，和平时期军队直接参与地方建设，加快社会经济发展速度。

（三）社会优抚起到稳定社会、鼓舞士气的作用

优抚对象在生活和工作中不能满足合理需要时，势必会影响他们生活和工作的积极状态，而形成社会上的不稳定因素。社会优抚事业可以解除优抚对象的困难，消除他们的后顾之忧，使他们尽心尽力服务于国防建设和社会发展。

三、社会优抚的条件与内容

(一) 社会优抚对象的条件

优抚对象享受相应待遇的前提是对优抚对象的身份的确定。我国对优抚对象的条件情况都有严格的界定条件。

依照我国有关法律的规定享受抚恤和优待的人员包括中国人民解放军的现役军人、革命伤残军人、烈士遗属、因公死亡军人遗属、因病死亡军人遗属、复员军人、退伍军人、现役军人家属等优抚对象。这里的家属（遗属）是指认定相关人员的父母、抚养人、配偶、子女、兄弟姐妹。

1. 中国人民解放军的现役军人。具体是按照《中华人民共和国兵役法》的规定，正在服现役的军官、文职干部和士兵（含士官）。军队中保留军籍的离休干部享受现役军人待遇。

2. 革命伤残人员。指那些在服役期间因战、因公、因病（只限义务兵）致残的军人和那些国家机关工作人员，人民警察、民兵民工因战、因公致残，符合评残条件的人员，并需经审批机关批准，取得民政部颁发的《革命伤残军人证》、《国家机关工作人员伤残抚恤证》、《人民警察伤残抚恤证》、《民兵民工伤残抚恤证》的人员。

3. 烈士遗属。指经法定机关认定，得到《因公死亡证明书》的遗属。

4. 因公死亡军人遗属。是指法定机关认定，得到《因公死亡证明书》的遗属。

5. 因病死亡军人遗属。指法定机关认定，得到《因病死亡证明书》的军人的遗属。

6. 复员军人。指 1954 年 10 月 31 日开始试行义务兵役制以后参加过中国人民解放军、东北抗日联军、中国共产党领导的游击队、八路军、新四军、解放军、中国人民志愿军等，持有复员、退伍军人证件或组织批准复员的人员。

7. 退伍军人。指自 1954 年 11 月 1 日开始试行义务兵役制以后参加中国人民解放军，并持有退伍或复员军人证件的人员。

8. 现役军人家属。指按照《中华人民共和国兵役法》的规定，正在服役期间军人的家属。

（二）社会优抚的内容

社会优抚的内容包括优待和抚恤两个方面，其具体内容涉及社会保障的方方面面，一般包括死亡抚恤、伤残抚恤、社会优待等内容。其具体内容将在本章的第二节详细阐述。

第二节　我国社会优抚安置制度

一、我国优抚安置制度的发展历程

人类社会早期出现军事冲突起，几乎就有了对军人的优抚做法。我国历来对军人优待抚恤具有诸多明确的措施和规程。新中国成立后，为满足军队建设和国防现代化建设的需要，我国建立了一套现代社会优抚安置保障体系，如：1949 年建国前夕通过的《中国人民政治协商会议共同纲领》中规定："革命烈士家属和革命军人家属，其生活困难者应受国家和社会的优待。参加革命战争的残废军人和退伍军人，应由人民政府给以适当安置，使能谋生立业"。依据此项规定，1950 年国务院又批准了内务部制定的《革命烈士家属革命军人家属优待暂行条例》、《革命残废军人优待抚恤暂行条例》、《革命军人牺牲病故褒恤暂行条例》、《革命工作人员伤亡褒恤暂行条例》、《民兵民工伤亡暂行条例》等。1954 年，已经将对残废军人的生活、优抚革命烈士家属、优待革命军人家属的保障条款写进新中国建立后的第一部《宪法》。1955 年公布《中华人民共和国兵役法》。1955 年 5 月 31 日国务院出台《关于安置复员建设军人工作的决议》，1958 年 3 月 17 日又颁布了《关于处理义务兵退伍的暂行规定》。不难看出，建国初期的 19 年里，我国制定颁布了一系列法规，积累了系统工作经验，形成了全国性统一的优抚安置保障体系。

“文化大革命”的10年间，受“左”的错误思想的严重干扰，随着民政部门的撤销，全国优抚工作在许多方面几乎处于停滞状态。甚至许多优抚政策被歪曲批判，许多优抚对象遭到打击迫害，造成优抚对象的冤假错案9.2万起。还有一些著名的烈士纪念建筑被损坏，刚刚建起的优抚保障制度遭到破坏，优抚工作面临十分混乱的局面。

党的十一届三中全会后，我国优抚工作出现新的转机，得到了新的发展。1978年5月民政部成立，查清优抚对象的底数，对优抚对象中的冤假错案进行了平反昭雪，进一步落实优抚政策，为优抚政策的新发展打下基础。

20世纪80年代以后至今，国家对优抚安置制度做了系列调整与改进。比如，1982年，我国现行“宪法”再次明确：“国家和社会保障残废军人的生活，抚恤烈士家属，优待军人家属”。1984年，我国颁布了《中华人民共和国兵役法》，其中对军人的优待和退伍安置作了明确规定。1987年，国务院、中央军委联合颁布了《中华人民共和国义务兵安置条例》，其中对义务兵的安置保障作了全面的规定。1988年，国务院颁布了第一部综合性的优抚法规《军人抚恤优待条例》，第一次明确了确定定期抚恤金的基本原则，以法律的形式把对优抚对象在各个方面的优待固定下来，同时各级人民政府也制定了相应配套的具体优待办法。接着国家有关部门又相继出台了《关于贯彻执行〈军人抚恤优待条例〉若干具体问题的解释》、《革命伤残军人评伤残等级的条件》、《革命伤残军人评定病残的条件》等规定，进一步规范了优待、抚恤、评残、批烈等各项工作，达到有法可依，照章办事，不断适应新形势发展的要求。

二、我国的优抚制度

我国优抚安置保障制度包括优待和抚恤等两项基本内容，两项内容都是国家和社会依照法规，向优抚对象提供物质帮助、社会服务和精神慰藉的保障形式，达到保障优抚对象一定的生活水平和提高他们社会地位的目的，既有物质保障功能，又有精神褒扬作用。

（一）优待制度

优待是指国家、社会和群众依法对优待对象在政治、经济方面给予优厚待遇的社会保障措施。我国主要优待制度的内容和形式主要有以下几种：

1. 劳务优待。我国人民军队的构成主体是农村青年。补偿农村军、烈属因缺少劳力造成生活困难的群众，就成了优待工作的重要内容。劳务优待的发展过程经历了代耕土地、优待劳动日等形式。我国优待工作以代耕土地为主要形式的阶段是：第二次国内革命战争时期到新中国成立后农村实行合作化以前。代耕是以村为单位，主要是临时派工和固定代耕的形式。临时派工是根据代耕地的需要，基层组织随时派人耕种；固定代耕指固定专人包耕或包产。二者在当时对保障优抚对象的生活都发挥了重要作用。

农村实行合作化以后，为适应新的按劳分配制度，1956 年，经国务院批准内务部在全国农村普遍推广优待劳动日制度。就是对农村无劳动力的军烈属由生产大队或农业合作社优待一部分劳动日，保证烈属的生活略高于一般社员的实际生活水平，军属的生活相当于一般社员的实际生活水平。有些地方采取比照同等条件青年的劳动日，给予烈军属工分优待，这种形式的优待工作一直延续到改革开放。

2. 优待金制度。优待金指国家通过群众统筹和财政拨款等方式，向军烈属家庭提供的一种现金补贴，用以解决军烈属家庭因无劳力和劳力减少，而造成的收入下降或生活困难，在经济上保障他们的生活水平和生活质量。十一届三中全会以后，为适应新形势发展的需要，20 世纪 80 年代起逐渐全面实行发放优待金制度。

统一规范后，目前我国享受优待金的对象范围是：家居农村的革命烈士家属、义务兵家属、革命伤残军人和带病回乡复员、退伍军人等。对家居城镇生活困难的义务兵家属由县、市、市辖区人民政府给予适当的现金补助。

优待金的发放原则。对享受国家抚恤或定期定量补助尚未达到当地一般群众生活水平的，烈士家属、伤残军人和带病回乡复员、退伍军人等可享受优待金，对义务兵家属实行普遍优待。有的对享受定期抚恤的烈士家属也实行普遍优待，这些都体现优厚照顾工作思路和国家、社会、群众三结合的优抚原则。

确定优待金的标准。一是要与当地经济条件和群众生活水平相适应；二是要保障优抚对象相当或略高于当地一般群众的生活水平；三是要考虑优待金筹集的可行性。按照国家相关规定，对现役的义务兵的优待范围、优待金标准和统筹办法等，是由各级人民政府根据本地区的实际情况自行制定。各地优待金的现行标准，多数规定相当于当地人均收入水平，或不低于当地一个劳动力人均收入的1/2或2/3的水平。

优待金的统筹办法。1984年优待金国家相关文件规定，优待金不再从集体提留中开支，而由乡镇政府统一筹集，统一兑现。实行定兵定优待、发证到户、通知部队的办法。对城镇籍的义务兵有些地区也实行普遍优待。优待金的来源，一是财政拨款；二是军属所在单位或军人参军前所在单位承担；三是通过社会统筹方式给予优待。

优待金的兑现时间与办法。兑现时间一般在年底，兑现办法是义务兵家属持优待证到乡、村民政助理处或街道办事处的民政科领取。

优抚对象享受优待金的年限，要根据义务兵服役年限来确定，以部队团以上单位机关给地方政府的通知为准给予优待金。

（二）抚恤制度

抚恤制度是国家对革命烈士、因公牺牲和病故军人的家属、革命伤残军人及家属所实行的一种物质抚慰保障，是我国优抚安置保障制度的一个重要组成部分。我国抚恤制度主要包括死亡抚恤和伤残抚恤两类。

1. 死亡抚恤。死亡抚恤是指国家对革命烈士、因公牺牲和病故军人家属（简称“三属”）以发放抚恤金的形式实行的抚慰保障。根据国家有关规定，因公牺牲和病故的国家机关（含民主党派、人民团体）工作人员、人民警察也参照执行。革命烈士和因公牺牲、病故军人家属按照规定的条件，可享受定期抚恤金；因公牺牲、病故的国家机关工作人员家属按规定的条件，可享受遗属生活补助。死亡抚恤包括一次性抚恤和定期抚恤。

（1）一次性抚恤。一次性抚恤是指国家按规定对革命烈士家属、因公牺牲和病故军人家属以及因公牺牲、病故国家机关工作人员和人民警察家属一次性发放死亡抚恤金的抚恤形式。

一次性抚恤金的发放标准。新中国成立到20世纪80年代中期，发放标准是根据死亡性质和死者生前职务级别计发。如1984年，烈士一次性抚恤金标准为：班长、战士级2 000元；连、排职或21级以下干部2 100元；营级或19～20级干部2 200元。团职或15～18级干部2 300元；师职或14级以上干部2 400元。1985年10月起，国家将一次性抚恤金发放标准改变为根据死亡性质和死亡时本人工资收入计发，且做了具体规定。

1988年国家对一次性抚恤金标准再次作了调整，《军人抚恤优待条例》及民政部《关于贯彻执行〈军人抚恤优待条例〉若干具体问题的解释》有这样的内容：革命烈士，按40个月工资计发；因公牺牲，按20个月工资计发；病故，按10个月工资计发。对义务兵和月工资低于正排职军官工资标准的军人，按正排职军官工资标准发放。对立功和获得荣誉称号的现役军人死亡，按下列比例增发一次性抚恤金：被中华人民共和国主席或者中央军委授予荣誉称号的，增发35%；被军区（方面军）授予荣誉称号的，增发30%；立过一等功的，增发25%；立过二等功的增发15%；立过三等功的，增发5%。对荣立多等或多次功勋的，按其最高比例增发，不累计等次。对在服役期间荣立功勋，但退役后死亡的，不再增发一次性抚恤金。此规定适用于1986年7月1日（含）以后因公牺牲、病故人员，以前的按原规定标准执行。不难看出，比以前按不同档次固定金额发放办法更趋合理。

规定一次性抚恤金由持证的家属户口所在地的民政部门发放，具体发放顺序是：有父母（或抚养人）无配偶的，发给父母（或抚养人）；有配偶无父母（或抚养人）的，发给配偶；既有父母（或抚养人）又有配偶的，各发半数；无父母（或抚养人）和配偶的，发给子女；无父母（或抚养人）、配偶、子女的，发给未满18周岁的弟妹；无上述家属的，不发。

（2）定期定量抚恤。定期定量抚恤是指国家对符合规定条件的革命烈士家属、因公牺牲军人家属和病故军人家属按一定标准，按月发放抚恤金的抚恤制度。以此来抚慰家属，帮助解决生活困难，也称“遗属定期抚恤”或“长期抚恤”。

享受定期抚恤应具备的条件：父母、抚养人、配偶无劳动能力和生活收入的，或有一定生活收入，但不足以维持当地一般群众生活水平的；子女未满18周岁，且必须是依靠军人生前供养的。

发放定期定量抚恤金标准：各省、自治区、直辖市可参照国家制定的标准结合当地人民生活水平及当地经济状况，制定出具体标准，保证享受者的生活水平不低于或略高于当地群众生活水平。随着经济的发展和人民生活水平的不断提高，定期定量抚恤金标准也应随着提高。我国于1999年1月执行的标准是：革命烈士家属、因公牺牲军人家属每月领取的抚恤金标准，农村为每月95～100元；小城镇为每月105～110元；大中城市为每月

110～115元。病故军人家属的执行标准比上述各项降低5元。享受者中年满60岁男性、年满55岁的女性中的属孤寡老人和未满18岁的孤儿，标准在原基础上增加20%。定期抚恤金的享受人员死亡时，加发半年的标准，作为丧葬补助费。除此之外，特殊贡献的现役军人死亡，除了享受规定的抚恤金外，国防部可以发给特殊抚恤金。

2. 伤残抚恤。伤残抚恤是国家对按规定取得革命伤残人员身份（包含伤残军人、伤残机关工作人员、伤残人民警察、伤残民兵民工）的人员，根据他们伤残性质和丧失劳动能力及影响生活能力的程度，给予现金津贴的抚慰保障形式。伤残抚恤分为伤残抚恤金和伤残保健金两种。

依伤残性质分为“因战”、“因公”、“因病”三种伤残。因战致残，一般是指对敌作战致残；因公致残，一般指在执行公务中致残；因病致残，一般指患精神病以外的疾病。根据丧失劳动能力以及影响生活程度，可分为特等、一等、二等甲级、二等乙级、三等甲级、三等乙级，共4等6级。依此确定不同标准的抚恤金。

伤残抚恤金，是对无工作的革命伤残人员具有生活保障性质的一种补偿费。退役后回乡务农或在休养所休养的残废军人等革命伤残者的抚恤金由民政部门发放。回乡因战特等革命伤残军人的抚恤标准，参照全国一般职工的工资收入来确定。其他各个伤残等级依次按一定比例计发，拉开档次以体现差别，并随着国家经济发展不断提高标准。

伤残保健金，是由民政部门发给退出现役后参加工作或者享受离、退休待遇的伤残军人和革命伤残人员，具有保健性质的一种补助费。为体现在生活和医疗等方面均有保障，近年来，伤残保健金标准有所调整。

伤残抚恤发放办法，从革命伤残人员经法定机关审定标准，发给伤残证件之日起计发。现役军人由所在部队发在职残废金；

退役的伤残人员，由户口所在地的民政部门发放。

三、我国的安置保障制度

（一）安置保障的含义及有关法律规定

安置保障是指国家和社会依法对退役军人提供就业、养老等安置的社会保障制度。安置的对象有退伍义务兵、转业志愿兵、军队转业和离退休干部等。安置是以退役军人获得必要的就业、生活保障和政治优待，维护军队的战斗力，退役军人与社会的最优结合为目的。

我国安置保障制度的相关法律规定有：1954 年、1955 年国务院批准发布的《复员建设军人安置暂行办法》和《关于安置复员建设军人工作的决议》。1958 年 3 月国务院颁布实施的《关于处理义务兵退伍的暂行规定》。1987 年，国务院发布的《退伍义务兵安置条例》。

（二）安置保障应遵循的原则

1. *回原籍安置的原则*。义务兵退出现役后，一律回原籍安置，转业志愿兵原则上回原籍安置，就是“从哪里来，回哪里去”。这一项基本原则实施过程具体表现为：来自农村的义务兵，退伍后回原征集地参加农业生产；来自城镇的义务兵，退伍后仍然回原城镇。入伍时是学校未毕业的学生，退伍后要求继续学习并符合学习条件的可以复学。

2. *妥善安置、各得其所的原则*。各级政府和社会有责任妥善安置退伍回到原籍的人员，帮助他们从新得到必要的工作、学习岗位，在生活上要给以他们适当的照顾和基本保障，充分发挥其在工作、学习和生活中的积极性。

3. *优先录用军地两用人才的原则*。为适应和平年代经济建设和社会发展的需要，政府和部队应加强培养既有较高的军事素质，又具有参加国家建设所需的职业技能和技术的军地两用人才，增强军人退伍后就业和择业能力。用人单位则应优先录用有专长的退伍军人，充分发挥他们的作用。

（三）我国安置保障制度的内容

我国现行的安置保障主要有：农村退役军人安置；城镇退役军人安置；军队离退休干部安置等三项工作内容。

1. *农村退役军人安置*。农村退役军人安置遵循“从哪里来，回哪里去”的安置原则，由原征集地的乡、镇人民政府接收安置农村户口的退伍义务兵。

农村退役军人安置的主要工作方式有两种，一种是大力开发使用退役军地两用人才，支持帮助他们招干、招工或自主创业。具体工作表现为，地方政府根据经济发展需要，可优先聘优秀分子担任乡（镇）村基层干部；推荐到乡镇企事业单位担任领导、技术骨干及合同工、临时工；鼓励他们入城务工经商，从事第二、三产业；扶持他们成为专业户或兴办经济实体。另一种是帮助回乡退伍军人解决生产、生活、住房等方面的困难，更要帮助单身、伤残和带病回乡军人解决实际困难。通过国家、集体、个人三方共同努力，对无技术的退伍军人培训一至两门生产技能，并给予资金扶持，以帮助其发展生产；对生活较困难的伤残和带病回乡的退伍军人，应酌情帮助解决；对于回乡无房居住的退伍军人，应通过自力更生，集体帮助，辅之国家必要补助的办法加以解决；对于带病回乡的退伍军人，如旧病复发，地方医疗单位应积极予以治疗，费用本人负担有困难的，乡镇和村集体应帮助解决，集体无力解决的，县、市民政部门酌情给予补助。

2. *城镇退役军人安置*。城镇退役军人安置是由国家对城镇户口的退伍义务兵，转业志愿兵，军队转业干部，二、三等革命残废军人等统一安排工作，保证就业。主要情况是入伍前没有参加工作的由政府统一安排就业。入伍前是国家机关、企事业单位正式职工的，原则上回原单位复工复职。对因残、因病不能坚持8小时工作的，原工作单位应当按照对具有同样情况的一般工作人员妥善安置。原工作单位已撤消或合并的，由上一级机关或合并单位负责安置。

城镇退役军人安置的方针政策的不断完善过程。20 世纪 50 年代中期开始，我国施行“行业归口”的政策，是接收单位必须完成的一项指令性政治任务。1980 年，我国进一步确立了“按系统分配任务，包干安置”的城镇退役军人安置方针。1993 年起实行《关于退伍义务兵安置工作随用工单位改革实行劳动合同制的意见》，进一步适应了市场经济发展。

现行的安置办法是国务院、中央军委于 1994 年对安置工作作了进一步改革的办法，采取按地区经济发展状况区别安置，有条件的地区实行“供需见面，双向选择，保底安置”的办法，在一些经济发展比较落后、安置难度大的地区，采取“按职工比例分配任务”的办法进行安置。

办法强调“无论是国有企业、集体企业、行政事业单位，还是股份制企业、‘三资’企业、私营企业等都有接收安置退伍士兵的义务”。也规定“对拒绝接收或完不成任务的单位，要追究领导者的责任或予以处罚”。适合退伍军人就业的待业部门和行政、事业单位要优先安排其就业。

积极提倡和鼓励城镇退伍军人自谋职业，可从事个体经营，开办股份制企业或自行在劳务市场谋取职业，当地政府要制定相应的政策，予以优惠。适应劳动力市场发展的需要，各地要有组织、有计划地积极创办退伍军人两用人才服务机构，开展育才、荐才、用才一体化服务，使其成为劳动力市场的中介服务机构。

3. 离退休军人安置。离退休军人安置是国家和社会对直接从军队岗位上离退休的军人提供的养老生活保障，是国家安置保障制度的重要组成部分。经历了以下发展阶段：

我国对老弱病残军官采取由荣军教养院终身供养，或发给生产资助金复员回乡等办法进行安置。

20世纪50年代后期，我国开始逐步建立军队干部的退休和离休制度。比如，1958年7月颁布了《国务院关于现役军官退休处理的暂行规定》，1978年颁布实行《中国人民解放军干部服役条例》，1981年10月实行《关于军队干部退休的暂行规定》。1959年10月中组部、总政治部规定1945年以前参加革命的营级大尉以上干部才能担任荣誉职务，正师级或大校以上干部可在军队离职休养。1982年国务院、中央军委进一步完善军队干部离休制度，颁布实行的《关于军队干部离职休养的暂行规定》等。

我国进入市场经济后，为使离、退休军人得到妥善安置，1984年提出设置军队离退休干部管理机构，实行干休所制度。1985年起县（市、区）在军队离退休干部居住设基层管理机构：15人以上建干休所、15人以下建服务站，工作人员按1∶5配备，所需车辆按1∶15配备，干休所陆续建立起来。1990年民政部颁发了《军队离退休干部休养所暂行规定》，使干休所工作纳入制度化、法制化轨道，构成军队离退休干部安置制度的重要部分。

第三节　我国军人保险

一、我国军人保险情况概述

这里讲的保险广义理解应是，由多数成员在合理分摊的基础上建立专门用途的后备基金，用于对少数遭遇危险事故并造成经济损失的成员进行经济补偿，以保证社会生产正常进行和社会成员生活安定，最终实现社会政治经济秩序稳定的一种互助互济型的社会经济形式。社会保险是广义保险中的一部分，军人保险又是社会保险中的一部分。

由于许多国家建有军人保险制度，求得与一般国民的养老、医疗保险制度保持衔接，再有多数军人均将退役最终融入社会，中国社会的养老保险、医疗保险等社会保险项目已确立为社会统筹与个人账户相结合，为保证军人相应的社会保险权益，必然要求设置军人保险项目。

军人保险是针对军人的特殊职业所采取的一种经济补偿手段，通过国家拨款、军人个人缴费以及其他渠道筹集特定的保险基金，以保障现役军人的合法权益，鼓励军人安心服务，提高部队战斗力，促进部队的全面建设。

我国建立军人保险制度的发展历程。1994 年开始研究军人的社会保险问题；1997 年 1 月，中央军委原则决定建立军人保险制度。1998 年 7 月，国务院、中央军委批准印发的《军人保险制度实施方案》规定："军人保险对象为现役军人；设置军人伤亡保险、军人退役医疗保险、军人退役养老保险，并可根据国家建立多层次社会保障体系的要求和军队建设的需要，适时建立其他保险；军人保险基金主要通过国家拨款和军人个人缴费渠道筹集"。同年 8 月，《军人伤亡保险暂行规定》在全军实行，标志着我国军人保险制度开始建立。2000 年 1 月，建立了军人退役医疗保险制度；2004 年 1 月，正式在全军实施军人配偶随军未就业期间的社会保险制度。同时军人还制定了《军人保险基金管理暂行办法》、《军人保险基金会计核算办法》、《军人保险个人账户转移办法》等配套制度规定。

（一）我国军人保险的主要内容

1. 军人伤亡保险。军人伤亡保险，是对因战、因公牺牲或者致残的军人或其家属给予经济补偿。也是在军人抚恤制度之上，借鉴商业保险的做法建立的补充性军人保险制度。

军人伤亡保险的基金来源包含：中央财政拨款部分；个人缴费部分；军队调剂安排部分；基金运营收益部分等。规定现役军官、文职干部、志愿兵，每人每月缴费不超过全军军人月平均工资收入的 1%，义务兵、供给制学员不缴纳保险费。

军人伤亡保险含军人死亡保险与军人伤残保险两项内容。

其具体待遇的给付办法是：以全军干部月平均工资收入为给付计算单位，凡批准为烈士的，保险待遇为72个月工资；凡因公牺牲的，保险待遇为48个月工资。伤残保险待遇为：因战致残的，特等为42个月工资；其他依次下降，直到12个月工资；因公致残的，保险待遇标准从6个月工资到36个月工资的不同等级。因病致残的，从12个月工资到24个月工资的不同等级计算。

现役军官、文职干部、志愿兵退出现役时，没有领过伤亡保险金的，退还个人实际缴纳的保险费加利息。

2. 军人退役医疗保险。军人退役医疗保险，是为保障军人退出现役后享有国家规定的医疗保险待遇，保障军人的合法权益，使军人安心服役而建立的军人保险制度。是在军人公费医疗基础之上的具有补充性质的医疗保险。

国家规定军人退役医疗保险的对象，是师职以下现役军官、局级和专业技术四级以下的文职干部、士官、义务兵和具有军籍的学员。义务兵、供给制学员不缴纳退役医疗保险费，不予建立退役医疗保险个人账户。

军人退役医疗保险基金的来源是国家财政拨款和军人缴纳的退役医疗保险费。其具体办法是：师职以下的现役军官、局级和专业技术四级以下的文职干部和士官，每人每月按照本人工资收入的1%的数额缴纳退役医疗保险费；国家按照军人缴纳的退役医疗保险费的同等数额，给予军人退役医疗补助。两项资金都由军人所在单位后勤机关财务部门逐月记入本人的退役医疗保险个人账户，其利息每年计算一次，计入军人退役保险个人账户。根据具体情况规定了相应的办法，具体有以下几种：

第一，军官、文职干部晋升为军职或者享受军职待遇的，不再缴纳退役医疗保险费，个人缴纳的部分连同利息一起退还本人。缴纳退役医疗保险费后致残的二等乙级以上革命伤残军人，退还个人缴纳的退役医疗保险费及利息。

第二，被保险对象退出现役时，由本人所在单位后勤（联勤）机关财务部门结清。义务兵退役时，按照上一年全国城镇职工平均工资收入的1.6%乘以服役年数的计算公式直接计付军人退役医疗保险金。

军人退役后的医疗保险金计付办法分两种情况，一是按照国家规定不参加城镇职工基本医疗保险的，由军人所在单位后勤（联勤）机关财务部门将军人退役医疗保险金发给本人；另一种是按照国家规定应当参加城镇职工基本医疗保险的，由军人所在单位后勤（联勤）机关财务部门将军人退役医疗保险金转入军人安置地的社会保险经办机构，具体办法由中国人民解放军后勤部会同劳动保障部等有关部门制定。

从地方直接招收的军官、文职干部和士官入伍时由地方社会保险经办机构将其基本医疗保险个人账户结余部分转入接收单位后勤（联勤）机关财务部门，计入本人的退役医疗保险个人账户，并逐级上交到中国人民解放军总后勤部。牺牲或者病故的军人退役医疗保险个人账户资金可依法继承。

3. 军人退役养老保险。军人退役养老保险，是保障军人退出现役后享有国家规定的养老保险待遇。

2006年劳动和社会保障部发布的《关于认真做好部队退役人员劳动和社会保障工作有关问题的通知》规定：军队退役人员退出现役，安置在企业工作的，应按照国家有关规定参加基本养老保险，其军龄视同缴费年限，并与实际缴费年限合并计算。对一直未参保缴费或参保后又中断缴费的，属于个人缴费部分由个人负担，单位缴费部分确有困难的，可由军队退役人员所在企业与当地社会保险经办机构共同协商，签订缓缴或补缴协议，使其能够参保并接续基本养老保险关系。各地要按照属地管理的原则，切实将军队退役人员按规定纳入基本养老保险范围，地方财政特别是省级财政要调整支出结构，缓解基本养老保险基金支出压力。中央财政在安排养老保险专项转移支付资金时，对财政确有困难的中西部地区和老工业基地，以及接收军队退役人员人数较多的地区，予以适当支持。

二、军人配偶随军未就业期间社会保险的主要内容

军人配偶随军未就业期间社会保险，是为了解决军人配偶随军未就业期间的基本生活保障和社会保险补贴待遇及关系衔接问题建立的一种社会保险制度，目的就是解除军人后顾之忧，激励军人安心服役。这一制度包含军人配偶随军未就业期间的基本生活补贴、养老保险个人账户、医疗保险个人账户，国家按一定比例给予个人账户补贴。

这一制度的适用对象是中国人民解放军、中国人民武装警察部队现役军人随军配偶，凡军人配偶随军期间未就业者，依照本办法规定享受基本生活补贴和养老、医疗保险个人账户补贴待遇。

根据2003年12月，国务院、中央军委颁发的《中国人民解放军军人配偶随军未就业期间社会保险暂行办法》规定具体的实施办法有以下内容。

（一）基本生活补贴

军人配偶随军未就业期间基本生活补贴根据军人服役的地区划分补贴标准，由军人所在单位后勤机关按月发放。如驻国家确定的一、二类艰苦边远地区和军队确定的三类岛屿，以及一般地区部队的军人，其配偶随军未就业期间基本生活补贴标准，为每人每月320元，驻国家确定的三、四类艰苦边远地区和军队确定的特、一、二类岛屿部队的军人，其配偶随军未就业期间基本生活补贴标准，为每人每月410元。

驻国家确定的一、二类艰苦边远地区和军队确定的三类岛屿部队的军人，其配偶随军未就业期间领取基本生活补贴标准全额的期限最长为60个月；驻一般地区部队的军人，其配偶随军未就业期间领取基本生活补贴标准全额的期限最长为36个

月。未就业随军配偶领取基本生活补贴标准全额期满后，按本人基本生活补贴标准8%的比例逐年递减。递减后的基本生活补贴最低标准，由总后勤部参照省会城市失业保险金标准确定。驻国家确定的三、四类艰苦边远地区和军队确定的特、一、二类岛屿部队的军人，其配偶随军未就业期间基本生活补贴标准不实行递减。

（二）养老保险待遇

军人所在单位后勤机关按照缴费基数11%的规模，为未就业随军配偶建立养老保险个人账户，所需资金由个人和国家共同负担，其中，个人按6%的比例缴费，国家按5%的比例给予个人账户补贴。缴费基数参照上年度全国城镇职工月平均工资60%的比例确定。个人缴费和国家给予个人账户补贴的比例，根据企业职工个人缴费比例的变动情况，由总后勤部和国务院有关部门适时调整。根据未就业随军配偶随军随队前的不同情况，规定相应个人账户转入手续的办理办法。

（三）医疗保险待遇

军人所在单位后勤机关为未就业随军配偶建立医疗保险个人账户，医疗保险个人账户资金由个人和国家共同负担。未就业随军配偶按照本人基本生活补贴标准全额1%的比例缴费，国家按照其缴纳的同等数额给予个人账户补贴。未就业随军配偶在就业或者军人退出现役随迁后，按照规定应当参加接收地基本医疗保险的，由军人所在单位后勤机关将其医疗保险个人账户资金转入接收地社会保险经办机构，再由接收地社会保险经办机构并入本人基本医疗保险个人账户。按照规定不参加接收地基本医疗保险的，其医疗保险个人账户资金，由军人所在单位后勤机关一次性发给本人。

中央财政安排的资金，由总后勤部列入年度军费预算，中央财政每年予以拨付。养老、医疗保险个人账户资金中个人缴费部分，由军人所在单位后勤机关在发放基本生活补贴时代扣代缴。军人配偶随军未就业期间养老、医疗保险个人账户资金必须存入国有商业银行，专户存储，所得利息直接记入个人账户。

[资料与案例分析]

[案例]

贺某是某部队军官。2003 年 6 月，贺某在执行任务的过程中因公牺牲。2004 年 7 月，贺某的儿子要参军。贺某的儿子可以享受入伍优待吗?

[评析]

贺某的儿子可以享受入伍优待。《军人抚恤优待条例》第三十六条规定，烈士、因公牺牲军人、病故军人的子女、兄弟姐妹，本人自愿应征并且符合征兵条件的，优先批准服现役。

[相关资料]

现役军人、人民警察、机关工作人员，符合下列条件之一，并经军队团级以上单位的政治机关批准的军人为因公牺牲军人，并向家属颁发《革命军人因公牺牲证明书》。①在执行任务中，遇到非本人所能抗拒的意外事故死亡。②上下班途中，发生非本人责任的交通事故死亡的。③因战因公致残，医疗终结评残发证一年后，因伤口复发死亡的；因公致残医疗终结评残发证后，因伤口复发死亡的。④因患职业病死亡的。⑤在执行任务中，因突然发病死亡的。⑥因医疗事故死亡的，也按因公牺牲对待。凡是因本人过失造成事故死亡的，不能按照因公牺牲处理。

思考题

1. 简述社会优抚的内涵与功能。
2. 社会优抚的主要内容包括哪些方面?

3. 怎样理解社会优抚是一项特殊的社会保障制度。随着时代发展如何去完善?

4. 我国军人保险的主要内容是什么?

5. 你认为现行军人保险制度有哪些方面需要进一步完善?

第十章　社会福利

福利，无论在历史上还是在现代，都是一个被广泛应用的词语。在历史上，福利往往包含着道德伦理的说教。在福利领域，国家干预最初就是主要表现为政府提供的福利如何取代宗教机构的作用。进入 20 世纪以后，由于国家和政府的干预，福利才开始真正向社会福利转变，从只为极少人提供服务转变为全体国民都能够分享的一种社会政策。在现代社会经济发展中，各国政府通常除了实行旨在保障居民社会安全的一般社会保障项目外，越来越强调和推进以改善人们生活质量为宗旨的社会福利事业，特别是在保障儿童、老人和残障者等弱势人群的安全和基本生活的同时，如何改善他们的生活质量和发展环境，已成为世界各国密切关注的问题。社会福利制度的建立和发展，使这些问题的解决和人们良好愿望的实现成为可能；近阶段世界各国对福利制度的不断改革和完善，使实施的成本逐步得到控制，而效益有所提高。

第一节　社会福利制度概述

在现代社会保障体系中，除了社会保险、社会救助等制度外，社会福利的作用日益明显，它在改善和提高社会成员生活质量方面，已成为一种极其重要的制度因素。

一、社会福利的含义

社会福利概念有广义和狭义两种解释。广义的社会福利是指为了改善和提高全体成员的物质生活和精神生活的各种社会服务及其措施。狭义的社会福利概念是指在社会成员因年老、疾病、生理或心理缺陷丧失劳动能力而出现的生活困难期间向其提供的服务及其措施：在不同的国家和地区，社会福利一词也具有不同的含义，一些国家和地区，“社会福利”大体与“社会保障”同义，即属广义的社会福利范畴。另一些国家，如美国、日本等国家，社会福利仅只社会保障制度体系中的一项制度和领域。

在我国社会福利一词在制度规定和实际工作中有着不同的解释和涵盖范围。在制度规定上，我国社会福利工作包括政府民政部门主管的那一部分社会福利工作和劳动部门主管的职工福利和补贴制度。从这一层面上，社会福利是国家、社区组织和企事业单位为满足各类社会弱者、遇有一定困难的社会成员或本单位职工的基本文化物质需求，提供或组织实施的带有福利性质的服务保障和收入保障。因此，其含义和覆盖面较广，但它未涉及社会性的福利事业。在实际工作中，由于我国在建国初期就建立了“就业与保障直接合一”的行政性计划体制，只有企事业单位职工和国家机关工作人员享有职工福利和补贴待遇，而且“职工福利和补贴”一直作为专用术语与“社会福利”并列使用。因此，社会福利的含义就更狭窄，它专指为社会上不属于任何单位、不享受职工福利和补贴、由民政部门负责照顾的那一部分社会成员的福利工作。所以，在实际工作中，“社会福利”一词通常被定义为国家和社区组织为满足各类社会弱者和遇有一定困难的社会成员的基本物质文化需求，而向他们提供和组织实施的带有福利性的收入保障和服务保障，如儿童福利、老人福利、残障者福利等等。

按目前理论界和政府部门的共同认识，把社会保障制度的内容界定为社会保险、社会救助、社会福利、优抚安置、社会互助和个人储蓄积累等六个方面。按此理解，我国的社会福利为社会保障制度的一个方面，其含义属于狭义社会福利范畴。在此，除特别指明的，我们基本上在狭义的范围内讨论社会福利问题，即把社会福利视为社会保障的一个方面。

二、社会福利特征

社会福利与社会保障体系中的其他内容相比，有其特殊性。主要表现在以下几个方面：

1. 社会救助和社会保险主要是保障人们的基本权利，而社会福利则是为人们的全面发展提供和创造条件。因为福利不仅为人们提供生活方面的需要，更主要的是为人们提供精神方面的需要，其最终目的是不断改善并提高社会成员的生活质量。因此，福利更能提高社会整体素质和社会文明进步的程度。

2. 社会福利的保障方式主要是为人们提供服务和设施，如开办医院、学校、福利工厂、疗养院、康复中心、娱乐中心等等。享受社会福利待遇的对象就是国家法定范围内的公民，享受条件也不受年龄、性别、职业的限制，福利待遇标准也是划一的。

3. 社会福利事业的内容具有广泛性。社会福利事业的内容包括国民教育福利、住宅福利、在岗劳动者的职业福利，以及社会化的老年人福利、儿童福利、妇女福利、残障者福利等项目，因而是社会保障体系中内容最复杂、项目最多的部分。

4. 社会福利体现国家和社会对社会成员的责任，福利费用主要来自国家财政拨款或由企业提留，部分来自私人捐助。因此，社会福利事业中既有政府举办的国民教育、住房福利等社会福利，也有企业举办的职业福利及社会民间举办的社区福利或慈善性福利事业。社会福利事业必须有社会各方资源共同投入。

5. 社会福利是消费品分配的一种补充形式，它不是以货币的形式而是以服务和物质的形式分配给收益者。在生产力比较发达、人们对精神需求比较迫切的国家，社会福利水平成为社会文明与进步的一个显著标志。

三、社会福利的内容

社会福利是政府与社会通过各种福利服务、福利企业、福利津贴等形式，对社会成员提供基本生活保障。它面向全体国民，内容广泛，目的在于改善与提高社会成员的生活质量。尽管各国的社会福利体系内容不同，并且随着社会的发展变化而不断发展变化，但综合而论，一个完善的社会福利体系大体应当包括老年人福利、残障者福利、妇女儿童福利、青少年福利、住房福利等诸多方面。

1. *老年人福利*。老年人福利是以老年人为对象的社会福利项目，是国家和社会为了安定老年人生活、维护老年人健康、充实老年人精神文化生活而采取的政策、措施和社会公益服务。

2. *儿童福利*。儿童福利是根据儿童的身心特点以及可能受到的侵害设立，由国家和社会为保障儿童的特殊利益和特殊需要而提供的照顾和福利服务。

3. *妇女福利*。妇女福利是根据妇女的生理特点以及可能受到的歧视和侵害设立的，由国家和社会为保障妇女的特殊利益和特殊需要而提供的照顾和福利服务。

4. *残障者福利*。残障者福利是指国家和社会在法律和政策范围内，围绕发展福利事业，向全社会各类残障者普遍提供资金帮助和优价服务的一种社会性制度。

5. *教育福利*。教育，特别是基础教育，具有明显的福利性质，是一种国民福利。教育福利是以免费或低费方式向国民提供教育机会和教育条件的社会福利事业。

6. *住房福利*。住房福利是指国家和集体为保证劳动者享有居住条件而在购房和房租方面给予的优惠。它是保障居民基本住房要求的主要措施。

7. *基本卫生保健*。基本卫生保健是国家为提高公民身体素质，预防各种疾病而提供的一项公共福利，是社会福利的重要内容，不仅包含医疗，还包括饮食、防病等涉及人的健康的多方面的内容。

8. 职工福利。职工福利是指单位通过举办集体生活福利设施，建立各种补贴制度，向职工提供物质帮助和生活服务活动的总称，由于其福利内容主要涉及生活领域，所以通常又被称为职工生活福利。

9. 社区福利服务。所谓社区服务，是指在社区政府的统一规划和指导下，运用社区社会工作的基本理论知识与技术，以社区为单位，以一定层次的社区组织为依托，以群众的自我互助服务为基础，突出重点对象，面向全体社区居民的，以提高社区居民生活质量的专业性生活服务活动。社区福利服务，从对象上说，主要是为老年人、残障者、儿童以及优抚对象等特殊群体提供的带有福利性质的服务。

第二节　妇女儿童福利

一、妇女儿童福利与社会发展

妇女儿童福利，是妇女福利与儿童福利（或未成年人福利）的合称，是国家和社会为了满足妇女、儿童的特殊需要和维护其特殊利益而提供的照顾与福利服务，是社会福利系统中的重要组成部分。

就妇女而言，占人类社会总人口的一半，妇女解放及权益维护的程度是衡量一个国家或地区其社会文明进步程度重要标尺。基于妇女特殊的生理、心理特点而产生的妇女福利，即是涉及妇女解放和社会发展的非常重要的制度安排。虽然现代社会保障制度产生于 19 世纪 80 年代，但对妇女福利保障确是自第二次世界大战后逐步发展起来的。当时，西方发达国家普遍推行福利国家政策，妇女福利作为福利国家社会保障制度的重要内容，很自然地得到普遍的重视和发展。当时的苏联和东欧社会主义国家也同样积极建立妇女福利制度。一些国际组织对妇女福利也给予相应的关注。例如，1952 年，国际劳工组织通过了《生育保护公约修正案》（第 103 号）、《生育保护建议书》（第 95 号），在世界范围内提供了照顾妇女生育的保障政策框架。1953 年，世界工联维也纳会议也提出了争取社会保障的完备纲领，指出真正的社会保险必须包括生育保险在内。在这样的背景下，许多国家积极推动妇女福利事业的发展，使妇女福利覆盖范围由小到大、保障项目从少到多、保障水平从低到高，形成了较为完备的体系。

儿童是国家和民族的未来，全面保护儿童的合法权益，促进其身心健康，不仅是社会文明进步的象征，更是社会发展的必然要求。因此，1959 年，联合国发布《儿童权利宣言》，主张各国政府重视维护儿童权益并为儿童提供相应的福利保障。1999 年底 87 届国际劳工大会通过《最有害童工形式公约》，目的只在全世界范围内有效禁止最有害的童工形式。许多国家对儿童的保护措施也日益严密，各种儿童福利构成了社会福利的重要内容。尤其是在一些老龄化国家，随着生育率的不断下降，儿童也就成了国家与社会重点保护的对象，为此，各种儿童福利项目不断出现并迅速走向制度化。

从各国的实践来看，凡是社会发展水平高的国家，社会保障制度必定健全，妇女儿童福利事业也十分发达；凡是社会发展水平低的国家，社会保障制度往往存在着缺漏，妇女儿童福利事业也很落后。因此，妇女儿童福利事业的发展水平，在某种程度上代表着一个国家的社会发展水平。

二、妇女福利

妇女福利是对妇女经济权利和社会权利的认可和保障机制。随着社会的发展与人类文明的进步，妇女从政治上获得了解放，在法律上拥有同男性一样的权利，并享受到了越来越充分的社会福利。如在就业和收入分配上，妇女有劳动就业和同工同酬的权利，有财产所有和继承权利，有休息和获得物质帮助的权利；在文化教育上，有接受教育、从事科学文化研究的权利。除此之外，妇女在劳动保护和社会福利方面还受到特殊的保护和照顾。

在中国，妇女福利尚未形成完整的体系，也非普遍性福利。从现行政策来看，中国的妇女福利主要有以下内容。

（一）生育福利

妊娠和生产是妇女生活乃至家庭生活的大事。社会有责任通过政治、医疗卫生和法律体制提供良好的卫生保健服务，确保妇女生产过程中的安全。在中国，妇幼保健机构是实施《母婴保健法》、依法提供妇女保健服务和保证母亲健康的主渠道。有职业的妇女则可以享受生育保险待遇。

（二）特殊职业保障

中国现行的劳动法制规定，禁止安排女职工从事矿山、井下、国家规定的第四级体力劳动强度的劳动和其他禁忌从事的劳动。女职工在月经期间，不得安排从事高处、低温、冷水作业和国家规定的第三级体力劳动强度的劳动。女职工在怀孕期间，不得安排从事国家规定的第三级体力劳动强度的劳动和孕期禁忌从事的劳动。对怀孕 7 个月以上的女职工，不得安排延长工作时间和夜班劳动。同时，根据《女职工劳动保护规定》，女职工生育享受不少于 90 天的产假，产假期间工资照发或领取生育津贴。在哺乳未满 1 周岁的婴儿期间，不得安排其从事国家规定的第三级体力劳动强度的劳动和哺乳期禁忌从事的其他劳动，不得安排其延长工作时间和夜班劳动。

（三）保护妇女的就业和工作权利

由于妇女的生理特点，在经、孕、产、乳“四期”中，需要得到特殊的保护和照顾。中国宪法、劳动法和妇女权益保障法均明确规定，妇女享有与男子平等的劳动权利、同工同酬的权利和休息的权利，获得安全和卫生保障以及特殊劳动保护的权利。凡适合妇女从事的职业，任何单位不得以性别为理由拒绝招收女性劳动力或提高对女性的录用标准；不得在女工孕期、产期、哺乳期降低其基本工资或解除劳动合同；妇女在经期应得到适当照顾，从事较轻的工作；孕期，特别是临产前的一段时间，要减轻孕妇的工作负担，调离对孕妇和胎儿不利的环境；在晋升、晋级、评定专业技术职务以及分配住房和享受福利待遇等方面不得歧视妇女。

三、儿童福利

儿童福利是社会福利在特殊群体中的体现，它实际上是对儿童时期的生理、心理、社会性提供满足需要、促进发展的社会政策、专业科学知识以及具体行为等的总称。

广义的儿童福利，是指一切针对全体儿童的，促进儿童生理、心理及社会潜能最佳发展的各种方式和设计都属儿童福利范畴，它强调的是社会公平，但具有普适性。正如联合国在 1959 年公布的《儿童权利宣言》中所指出的那样，“凡是以促进儿童身心健全发展与正常生活为目的的各种努力、事业及制度等均称之为儿童福利”。在社会工作领域，儿童福利被认为是一种服务，美国的《社会工作年鉴》定义儿童福利为“旨在谋求儿童愉快生活、健全发展、并有效地发掘其潜能，它包括了对儿童提供直接福利服务，以及促进儿童健全发展有关的家庭和社区的福利服务”。

狭义的儿童福利，是指面向特定儿童和家庭的服务，特别是在家庭或其他社会机构中未能满足其需求的儿童。这种意义上的儿童福利的对象，一般为遭遇各种不幸情境的儿童，如孤儿、残障儿童、流浪儿、被遗弃的儿童、被虐待或被忽视的儿童、家庭破碎的儿童、行为偏差或情绪困扰的儿童等等。这些特殊困难环境中的儿童往往需要予以特别的救助、保护、矫治，以解决其面临的各种问题。因此，狭义的儿童福利强调的同样是社会公平，但重点是对弱势儿童的照顾。

需要指出的是，儿童福利需要是建立在儿童权利观念上的，是将儿童作为一个能动的主体对其发展本质的认识和判断。评价一个国家的儿童福利政策和运行机构及机制的优劣，重要的标志在于是否能涵盖儿童的全面需求。一般来说，儿童的需求包括生理、心理、情感、精神和社会几个方面，如需要良好的营养和平衡的饮食、衣物、住所，每一个儿童都需要被看成是独特的发展中的人等等。中国台湾学者普华源曾将社会福利体制应该涵盖的青少年（儿童）需求归结成八类：①获得基本生活照顾：家庭与社会应提供青少年（儿童）成长过程中所需基本生活和养育需求；②获得健康照顾：包括适当的身心医疗照顾和预防保健服务；③获得良好的家庭生活：家庭应提供良好的亲子关系和良好的教育环境；④满足学习的需求：社会应提供青少年（儿童）充足的就学机会和良好的教育环境；⑤满足休闲和娱乐需求：家庭和社会应提供足够的休闲娱乐场所和设备，并教导其学习良好的娱乐态度及习惯；⑥拥有社会生活能力的需求：家庭与社会应培育青少年（儿童）有关社会关系和人际交往技巧、生活技能、适应能力和学习正确价值观等多种能力；⑦获得良好心理发展的需求：家庭和社会应协助青少年（儿童）建立自我认同，增进自我成长的能力；⑧免于被剥削伤害的需求：保障青少年（儿童）人身安全、个人权益及免于被伤害等权利。

上述这些需求是广义的儿童福利必须涵盖的，它以儿童的发展为取向，也被称为机制型（或制度型）儿童福利；而狭义的儿童福利，除需要满足服务对象的上述需求外，还必须针对他们生存所面临的各种问题，如寻找被遗弃儿童的父母和家庭、残障儿童的诊断治疗和康复、行为偏差或情绪困扰儿童的矫治等等，在解决问题的基础上促进儿童的发展，这是一种以问题为取向的儿童福利，也被称为补救型（或残补型）儿童福利。

中国政府是很重视儿童福利事业的，它把发展儿童福利、促进儿童健康成长当作义不容辞的职责。国家制定了维护儿童权利的法律、法规，如《未成年人保护法》、《母婴保健法》、《收养法》等等，成立了专门的儿童工作机构，如国务院妇女儿童工作委员会、民政系统内部的社会福利与社会事务司、救灾救济司等，以及共青团中央及其各省市所属共青团委员会的少年部。他们作为儿童福利行政部门广泛发展宣传教育活动，动员各种社会组织和社会力量，保护儿童权益，发展儿童福利事业。在医疗卫生方面，国家先后建立了一些儿童保健专门机构和专职队伍，各级保健机构对儿童开展了系统的医疗保健工作，实行优生优育，如开设“儿童保健门诊”，对新生儿进行定期健康检查和指导。民政部门侧重于承担孤儿、弃婴、伤残儿童的照顾工作。国家给儿童福利事业单位拨出专项经费，并配备了工作人员和生活、教育、医疗等设备，使孤儿弃婴受到保育和教育，使伤残儿童得到照顾和医治。

在制度建设方面，1977 年以后，政府着手改革完善儿童福利制度。1979 年 10 月，中共中央、国务院转发《全国托幼工作会议纪要》，要求各级党委和政府积极抓好这项工作，以解决儿童入托难问题，进一步推动托幼事业的发展，同年为配合计划生育的基本国策的推行，国家设立独生子女保健津贴。1986 年 4 月，六届全国人大第四次全体会议通过了《中华人民共和国义务教育法》，规定国家实行九年义务教育。1991 年 9 月 4 日，全国人大常委会审议通过了《中华人民共和国未成年人保护法》，中国儿童福利最终实现了有法可依的目标。

就具体内容而言，中国的儿童福利事业虽然尚未形成完整的体系，但基本框架已经确立。

它主要包括：一是儿童生活服务，包括托儿所、幼儿园等社会服务事业；二是儿童教育福利，包括义务教育、特殊教育等；三是保健，包括儿童免疫，独生子女保健津贴等；四是儿童福利院，专门收养无依无靠孤儿、弃婴等；五是其他，如儿童免费或低费上公园、参观博物馆等等。

第三节 老年人福利

一、人口老龄化与老年人福利

根据联合国的评价指标，一个国家65岁以上的老年人在总人口中所占比例超过7%，或60岁以上的人口超过10%，便被称为老年型国家。所有发达国家均属于老年型国家。世界人口老龄化趋势的加剧，使老年人的生活问题对经济和社会发展提出极为严峻的挑战，因此，各国都把老年人福利作为福利制度乃至整个社会保障制度中的重要内容来加以考虑。

人口老龄化的加剧，不仅直接决定着老年人福利的需求，而且也决定着老年人福利的结构。一方面，老年人数的大幅度增加，其经济来源成为生活问题，寿命愈长负担愈重，而伴随着人口老龄化到来的往往还有家庭规模也日益小型化，少子高龄化成为发达国家的现实社会现象。在这种背景下，按照普遍性原则为老年人提供直接的现金津贴就构成了老年人福利的必要内容。另一方面，由于老人平均寿命的延长，而家庭保障功能的不断削弱，老人的医疗和日常生活照料服务需求也迅速增加，所以说护理服务与生活照料服务就很自然地构成了当今世界老年人福利中的重要内容，也是衡量各国老年人福利水平的一个重要标志。

二、老年人社会福利的主要内容

老年人福利是社会福利的一个组成部分，包括国家和社会为了安定老人生活、维护老人健康、充实老人的精神生活而制定的政策和提供的各种服务设施与社会公益服务，主要有退休养老保险、健康检查、保健服务、康乐活动、社区服务等项目。

老年人福利是建立在老年人特殊的社会需要和生理变化上的。一般而言，人进入老年会离开劳动岗位，体力也会持续减退，经济来源丧失或者大幅度减少，这种变化不仅使老年人成为受抚养者，而且使他们的社会地位发生重要变化。这就特别需要家庭、亲人、社区、志愿部门和政府予以特别关注和帮助。而老年人福利正是基于对老年人的关注和帮助而成为各国社会政策非常重要的内容。简而言之，老年人福利应当力图填补由于老年人处境的变化所导致的差距，并提供必要的手段来支持、帮助处于自然环境中的老年人。所以，这些服务应以社区为基础并应在老年人的一切福利方面为他们提供预防性的、补救性的和发展方面的服务。

从各国尤其是发达国家的老年人福利政策来看，健全的老年人福利应当包括如下主要内容。

（一）向老年人或照顾老年人的家庭提供支持

1. 现金津贴。包括直接以现金形式向老年人发放的国民年金、高龄津贴，或者通过削减所得税，特别形式的货币援助和住房补助等。

2. 人员服务。提供诸如家访医生或护士和助手，能够暂时解除家庭的日常护理和照料任务。

3. 适当的教育或宣传方案和咨询服务。以帮助家庭更好地了解老年人的问题和需要。

（二）老年人福利设施

1. 养老院。兴办各种养老院，提供安老服务。

2. 老年公寓。兴建老年公寓，满足有生活自理能力的老年人的需求。

3. 托老所。为老年人提供日托照顾服务。

4. 其他老年人福利设施。包括老年人的活动中心、娱乐中心等。

（三）老年人保健

1. 老年人保健体检中心。提供老年人的定期体检，及时发现疾病及时治疗。可以立足社区，也可以由现在的医疗保健系统或在医疗中心、医院设立老年病学部门。

2. 交通安排。例如必要时对需要门诊治疗的老年人提供廉价、有补助的乘车证和护送服务。

3. 为卧病在家的老年人提供必要项目的廉价租赁服务。

4. 建立预防性医疗方案中心，给老年人以及年轻人提供充分而合适的关于老龄化的预防性护理方面的知识。

5. 建立优惠的老年人医疗保障制度，发展老年保健、医疗、康复事业，提高老年人的身心健康水平。

（四）老年人的住房和环境

1. 住房津贴，是有家属和无家属的老年人均能享受适当的生活水平。

2. 对老年人的各种生活帮助，如家庭保姆、护送、传送服务等。

3. 给无家亦无其他亲属可投靠的老年人提供充足的和适当的住房。

4. 按老年人需要、能力和财力提供形式比较灵活的长期和短期性质的“养老机构”。

5. 利用如电话等基础设施为老年人提供咨询服务和某种程度的安全和保障。

6. 改善老年人的家庭环境和居住条件，鼓励老年人与家庭成员共同居住，同享天伦之乐，同时也减轻老龄化高峰期的社会压力。

（五）老年人教育

1. 建立持续终身教育系统，满足老年人学习与教育的需要。

2. 对想继续工作的老年人施行有关内容的学习或进修方案。

3. 专门培训向老年人提供社会服务的社会工作人员与护理人员。

4. 进行关于老龄问题的培训和教育，使那些照顾年长者的人（家庭成员和专业人员）能了解并满足老年人的需求。

（六）老年人娱乐和参与社会生活

1. 适当的老年娱乐方案，折中方案要考虑到老年人在各个方面的能力。

2. 鼓励老年人将他们多种才干和能力同其他年龄组的才干和能力汇合在一起，为社会中的一切人谋福利。

3. 推动社区服务事业向广度和深度发展，为老年人提供良好的社区环境，增进对老年人的生活照顾和文化体育服务，提高老年人的物质和精神生活质量。

（七）老年人就业

1. 为想继续工作的老年人提供咨询和进修服务。

2. 为老年人准备退休的咨询服务或方案，这种服务或方案可以同教育方案密切联系起来。

3. 恰当评价和利用老年人的才干和能力，特别是那些刚进入老龄期的老年人的才干和能力。

4. 制定老年人的就业政策、规定和法规，让老年人一生积累的丰富知识和经验发挥余热，为社会经济发展做出贡献。

（八）其他

包括面向老年人提供优惠性服务，如坐车、逛公园等让老年人更多地享受到实惠。

上述多种多样的老年人社会福利服务器内容可以归纳为三大类：一是对存在问题的人提供补助（补救性社会福利服务）；二是对预计会出现的社会问题采取防范措施（预防性社会福利服务）；三是帮助创造有助于老年人健康生活和积极发展的条件（发展方面的社会福利服务）。其形式则包括现金福利、实物福利和社会服务、政策优惠等。

三、老年人福利保障应注意的问题

由于人口老龄化趋势的加剧，老年人福利客观上成为现代社会保障体系中日益重要的内容，完备的老年人福利不仅能够解决老年人自身的诸多问题，而且能够减轻老年人家庭的负担，从而有利于社会发展的重要制度安排。在发展老年人福利事业时，需要注意下列问题：

第一，国家应当加大对老年人福利事业的投入，把满足老年人需求放到国计民生的高度来考虑，公共财政要成为公共福利的重要支撑，而老年人福利居于重中之重的地位。

第二，充分调动民间力量，走官民结合的社会化道路。如扶持民间兴办养老院、老年公寓，发动社会捐献以促进社区福利事业的发展。而各种社会服务机构亦应鼓励老年人参加志愿组织，以便利用他们的知识，并增进他们的归属感。

第三，立足社区发展老年人福利事业。老年人一般都离不开熟悉的环境，在社区内提供老年人福利不仅能够节约成本，而且可以更好地满足老年人的需求，环境的熟悉和人与人之间的熟悉，使老年人能够更好地享受晚年生活。

第四，统筹发展老年人福利事业。在大力发展老年人福利设施的同时，有必要将家庭照顾、社区照顾、机构照顾和志愿组织的照顾有机地结合起来。

第五，应当培养一支老年人福利工作队伍。为老年人提供服务需要一定的专业技能，包括心理学知识、医学知识等等，在发达国家乃至中国香港地区，都是由专业的社会工作者承担这类工作；在日本，更是大量培养老年福利护理人才，以满足人口老龄化时代的老年人福利事业发展的需要。社会福利服务人才的培训应重点放在老年医学、老年病学及老年心理学等方面，还应对非专业护理人员如家庭成员进行培训，以使他们能更好地了解老人，并为老年人服务。

第四节　残障者福利

一、残障者与残障者福利

残障者是残障者福利事业指向的对象。在国际上，残障者的定义较多。例如，国际公约《残障者职业康复和就业公约》第

195号中这样定义：残障者是因经正式承认的身体或精神损伤在适当职业的获得、保持和提升方面的前景大受影响的个人。《残障者权利宣言》中指出，残障者是指任何由于先天性或非先天性的身心缺陷而不能保证自己可以取得正常的个人生活和社会生活上一切或部分必需品的人。《关于残障者的世界行动纲领》中的残障者定义为：残障者并不是一个单一性质的群体，包括精神病患者、智力迟钝者、视觉、听觉和语言方面受损者、行动能力受限者和"内科残障"者等。

在中国，根据1990年12月28日全国人大常委会通过的《中华人民共和国残疾人保障法》第二条规定，残障者是指在心理、生理、人体结构上，某种组织、功能丧失或者不正常，全部或者部分丧失以正常方式从事某种活动能力的人，它包括视力残障、听力残障、言语残障、肢体残障、智力残障、精神残障、多重残障和其他残障等多种类型，是一个特殊的社会群体。而中国残疾人福利基金会提出的定义是：残障者是指由于心理状态、生理功能、解剖结构的异常或丧失，而导致其部分或全部失去以正常人的方式从事某项活动的能力，因而在社会生活中不能充分发挥正常作用的人。

残障者福利是国家和社会为帮助残障者而提供相关福利既服务措施的统称，其目的是最大限度的帮助残障者自立，并为他们能与其他社会成员一样参加社会所有领域的活动而创造条件。为此，联合国及有关国际会议先后通过了一系列纲领性文件，主要有《禁止一切无视残障者的社会条件的决议》(1969)、《智障者权利宣言》(1970)、《残障者权利宣言》(1975)。1981年12月，第一个世界性残障者自助组织——残障者国际(D. P. I)在新加坡成立，总部设在瑞典斯德哥尔摩，现有团体成员70多个。1981年，联合国将这一年定为"国际残障者年"，确定1983—1992年为联合国残障者十年。第37届联大则通过了《关于残障者的世界行动纲领》。

至此，新的完整的残障者观确立，世界性残障者工作体系形成。新的完整的残障者观的实质在于“平等、参与、共享”，它包括：残障者是人类社会的一部分；是具有宪法赋予的公民权力的人；社会有责任给残障者以补偿，使残障者回归社会主流，平等参与社会生活并平等享有社会物质文化成果；残障者同样是社会物质、精神财富创造者；对待残障者和残障者事业的态度，是社会进步、人类文明的标志，残障者应当奋发图强，成为社会的奉献者和建设者。

二、残障者福利的主要内容

社会福利作为一种制度，是在人类进入工业化社会以后才出现的。由于各个国家经济发展水平、社会福利政策不同，因此社会福利的内容以及保障程度也有很大差别。就残障者福利而言，其内容主要有以下五项。

（一）康复保障

康复有广义和狭义两种意义。广义的康复正如世界卫生组织给康复下的定义：康复是指综合、协调地应用医学的、教育的、职业的、社会的和其他措施，对残障者进行治疗、训练和辅助，尽量补偿、提高或者恢复其丧失或削弱的功能，增强其能力，促进其适应或重新适应社会生活。《关于残障者的世界行动纲领》第 11 条也给康复下了广义上的定义：康复是指由既定目标并且时间有限的一段过程，这一过程旨在使有缺陷的人在心智上、身体上、参与社会生活的功能上都能达到最佳状态，这样就为其生活的改善提供了自身的条件。由此可见，广义的康复是指残障者的全面康复，其中包括医学康复、教育康复、职业康复、社会康复诸方面。康复的目的，在于使残障者恢复和改善由于身体和精神障碍而丧失的行使自己权利的能力和机会，使他们能和健全人一样有平等机会参与社会生活和家庭生活。

狭义的康复仅只医学康复，它的工作对象不是疾病而是障碍；它的目的不仅是治疗疾病和保存伤残者的生命，而主要强调功能训练，整体康复，最终重返社会。

与广义康复和狭义康复相适应，康复实践主要有两类：一类是集中式康复，它是指在康复中心、康复医院对残障者进行的康复服务。集中式康复因设备先进，技术水平高，可为康复对象提供良好的医疗康复。第二次世界大战后，康复中心或康复医院迅速发展。如美国的高技术型康复，西欧诸国的高福利型康复，日本的高技术及高福利的混合型康复，都为残障者提供了良好的医疗康复。另一类是分散式康复，即社区康复。社区康复 1976 年由世界卫生组织倡导，至今全世界已有 60 多个国家和地区开展。社区康复不仅为残障者提供医疗上的康复服务，而且还为残障者提供教育康复、职业康复和社会康复，它比容纳量小、费用高、收益面窄的集中式康复具有更多的优越性，适合全球，尤其是经济不发达的发展中国家残障者的需要。

（二）教育保障

对残障者进行教育，是指运用特殊的方法设备和措施，对盲、聋、哑、智力发展落后或残肢的儿童、青少年或成人进行教育。

残障者与健全人一样，有着强烈的求知欲望和要求。读书求知不仅可以为残障者掌握科学技术，为社会工作奠定基础，而且可以提高残障者自身的素质，使他们从知识中得到充实、提高，使他们从知识中了解社会、人生，从而增强生活的勇气和信心。但是，由于残障的影响和障碍，使他们不能像正常人那样进入各类学校。为了保障残障者的受教育权，国家应兴办为残障者服务的特殊学校，如聋校、盲校、弱智学校等。也可以在普通学校设置特教班；国家还要为残障者编写专门的教学计划和教材，按照不同的残障特点去施教；文化部门出版适合残障者阅读的书籍；国家教育部门明确规定各类学校招收残障学生的办法，不能让有资格就读残障学生流在校外。对残障学生的学费、住宿费做出合理规定，使他们不致因交不起学费而辍学。

许多国家尤其是发达国家的教育家、社会学家、心理学家分析认为，让有条件的残障学生随班就读，不仅不影响他们获取知识，而且和正常学生在一起读书，会增强和培养他们的回归意识，会消除他们的自卑和消沉，是一种对残障者行之有效的教学方式。

（三）劳动就业

残障者劳动就业，是指为达到法定劳动年龄，有一定的劳动能力且要求劳动就业的残障者安排力所能及的工作，或提供就业的机会，使他们通过自己的劳动，获得劳动报酬或经营收入，由靠社会负担的人变为为社会做贡献的人。劳动就业是每个人在成年之后的强烈愿望，自然也是残障者的强烈愿望。残障者就业，是残障者参与社会生活、改善生活状况、提高社会地位的基础，实现其人生价值的关键。劳动就业不仅可以使残障者为社会创造更多的物质财富和精神财富，从而使他们获得劳动报酬，改善生活条件，提高社会地位，而且使他们实实在在地参与社会生活，回归社会主流，增强他们的生活勇气和自信心，促进社会的安定团结。

由于残障的影响和社会的偏见，在发展中国家受经济条件的影响，使残障者就业比较困难。为了保障残障者劳动就业权的实现，国家需要从法律的形式规定国家机关企事业单位录用残障者的比例，并规定出相应的奖惩措施；国家还应大力兴办各类残障者从业的福利工厂，可以规定某些产品由残障者企业专产专营；在原料供应、产品销售、税收等方面，国家应对残障者企业给予优惠政策，以保护、扶持残障者企业的生存和发展；帮助残障者从事个体经营。如果说康复是残障者回归主流的主要方式或归宿，那么就业则使残障者人生价值得到体现，因为一个人最大的权利就是劳动就业的权利、贡献的权利，因而是需要政府予以切实保障的一项权利。

（四）文化生活

残障者的文化生活，是指残障者在社会生活中发展的文化、体育、娱乐等活动。由于残障者是一个特殊困难的群体，因此他们所发展的文化、体育、娱乐活动在内容与形式上与健全人有明显区别。积极组织残障者参加文化生活，对于丰富残障者的精神生活，提高残障者的审美观艺术修养，促进残障者的身心健康，都有着非常重要的意义。积极组织残障者参加文体活动，有利于残障者生活和精神康复；残障者在文体活动中表现出来的顽强拼搏精神，对健全人是一种很大的激励，可以帮助他们理解、尊重残障者，从而在社会上形成一种良好风尚。通过各种文化媒介反映残障者生活；组织和扶持残障者出版物，举办残障者文化活动；各种文化、体育、娱乐场所为残障者提供方便和照顾，如设立无障碍设施等，满足残障者精神文化生活的需要。

（五）残障者福利设施

为解决残障者的福利要求，国家和集体应该在发展经济的基础上办好福利院、精神病院、医疗站等福利机构，并逐步改善在其中生活的残障者的状况。对那些没有条件从事劳动的残障者，国家、集体通过多种渠道给予社会救济和困难补助，以保障他们的基本生活。

此外，国家和社会要消除种种妨碍残障者参与社会生活的障碍。主要是：第一，在残障者出入的公共场所，如商场、剧院、体育馆、博物馆等场所修建或改建无障碍设施，便于残障者通行；第二，利用各种渠道进行宣传教育，使人们了解并理解残障者，消除对残障者的歧视和偏见，进而支持、关心、帮助残障者。消除环境障碍，在为残障者获得与健全平等的参与社会生活的机会方面，发挥不可替代的作用。

三、中国的残障者福利

对残障者的社会关爱度，是衡量一个国家文明程度的重要标准，因为残障者是异于正常人的一个弱势群体，是一个需要社会特别关注的群体，需要政策特别倾斜、法律特殊保障的群体。中国残障者总数已突破6 000万人，占总人口的5%，他们构成了一个规模庞大的特殊群体，需要有相应的、专门的福利保障。根据1991年实施的《中华人民共和国残障者保障法》，残障者福利的基本内容是国家和社会采取扶助、救济和其他福利措施来保障和改善残障者的生活；其他福利措施则包括对无劳动能力、无法定扶养人、无生活来源的残障者按规定给予供养、帮助残障者参加社会保险，举办社会福利院的其他安养机构收养残障者，为残障者提供优先服务与辅助性服务，对残障者搭乘交通工具给予方便或免费，减免农村残障者的各种社会负担。就残障者福利项目而言，中国传统的残障者福利项目主要包括特殊教育、残障者收养、通过开办福利企业安排残障者就业、相关税费的政策减免等项目。

近十多年来，在中国残障者联合组织的推动下，残障者社会福利各项事业发展较快。据统计，截至2003年，全国不同程度得到康复的残障者已达880万，其中白内障复明、精神病防治和聋儿语言康复、用品用具供应服务等康复工程的效果尤为显著。盲、聋、智力残障少年儿童义务教育入学率达到76%，职业教育进一步发展，从学前教育到高等教育的特殊教育链初步形成。改革开放以来，城镇有劳动能力的残障者的就业率从1988年不足50%提高到2003年的83.9%。普遍进行的扶贫开发和残障者专项扶贫，帮助近千万农村贫困残障者解决了温饱问题。通过实施最低生活保障，采取救济、补助、供养等措施，为499万特困残障者解决了基本生活问题。

2004年3月召开的十届全国人大二次会议通过了《中华人民共和国宪法》修正案，首次将“人权”概念引入宪法，明确规定“国家尊重和保障人权”。这是中国人权发展史上的一个标志性事件。残障者的福利保障是人权保障的必要组成部分。对于残障者来说，他们在各个方面都需要得到社会力量更多的帮助。因此，树立文明社会的残障者观，形成良好的社会氛围，发展残障者福利事业，就显得格外必要且重要。同时，残障者福利不仅在理论与法制上较其他福利事业的发展更具规范意义和社会意义，而且在部分领域取得了很大的进步。以“平等、参与、共享”为核心内容的现代文明社会残障者观逐步确立，残障者的人权保障、福利事业已经具有了较好的外部环境。

［资料与案例分析］

被遗弃的孩子

据报载，2001年12月24日，西方传统的平安夜即将来临之时，一个女婴被遗弃在北京同仁医院的门诊大厅。同仁医院儿科冯大夫对弃婴已经见怪不怪，她说：“弃婴经常有，这十几年都这样，孩子多数都有病，像脑发育不全、骨头有畸形等。”同仁医院2001年共捡到5个弃婴，而往年都在10个左右。同仁医院李士瑞说：“80%是有毛病的，他们觉得扔在医院有人管，儿童医院捡到的比我们多好几倍。”相对于这种一出生即被遗弃的情况而言，更多孩子是在养育了一段时间以后才被抛弃的。

把孩子扔在医院固然是一些父母的选择，但医院并不会为遗弃儿做更多的治疗。另一些父母甚至不愿意这样担惊受怕，他们选择了遗弃街头的做法。按照北京市这几年的惯例，弃婴发现后首先会被送到和平里医院儿科进行身体常规检查，开具疾病证明后才转送到儿童福利院。和平里医院儿科值班的杜护士的印象是：“最近一年半大概有300个。30%～50%是健康的，主要是女婴。”北京市民政局福利处证实：“北京接受的弃婴每年都超过200人，多数是有残障的。”

尽管全国范围内并没有关于弃婴的详细统计数字，但这并不妨碍评估弃婴问题的严重性。作为一个严重的社会问题与恶劣现象，国家有必要完善相关政策，通过创新发展儿童福利事业来维护弃婴的生存权与发展权。因为弃婴是活生生的生命，理所当然地享有人的权益。应当承认，中国的儿童福利事业发展滞后，观念也陈旧，除在城市设立有少数儿童福利院外，相关配套措施也不健全。因此，弃婴的命运令人忧心。

第一，大力发展儿童福利事业非常必要，但需要充分调动社会各界资源，才能真正解决好这一现实社会问题。从目前的情况来看，无论是医院还是福利院都承担着压力。医院在捡到弃婴后，必然需要为其看护甚至治疗，而医院并没有安排弃婴的资金和设施；政府办的福利院虽然有国家的投入，但规模十分有限。如北京市第一儿童福利院，按常规可容纳 40～50 名孤残儿童，北京市第二儿童福利院，常规可容纳 250 名孤残儿童，两所福利院的常规收养规模才 300 名左右，而目前实际收养的孤儿及弃婴已经达到了 1 200 名；这些儿童 14 岁后，将转到位于小汤山的北京市第二社会福利院，那里负责收养残障者，现有 300 名。这样的官办福利院的规模，相对于北京市每年出现的以 200 多名弃婴（还不包括孤儿）的增长速度，显然无法满足需要。当然，除儿童福利院安排外，另外还有几种消化渠道，如领养、国外收养、上学找到工作（极少）、自然消耗，但这些安排更是有限。因此，对弃婴完全采取由政府包养的传统政策并不妥当。事实上，一些地方开始出现民间人士收养孤残儿童及弃婴的做法，但因得不到政府与社会的有力支持，境况普遍不好。因此，国家在直接举办福利院的同时，有必要对民办福利院给以扶持甚至直接的财政支持，只能这样才能壮大收养弃婴的力量，使弃婴悲惨的命运得到改善。

第二，放宽收养弃婴、孤儿的政策，充分利用民间爱心力量。在城市，弃婴的新闻很容易得到人们关注，每次医院出现弃婴都会有好心人跟着想要收养，并不断有电话打过来咨询收养问题，但都被医院一一回绝。因为按照九届人大五次会议于1998年11月4日修改通过，自1999年4月1日起施行的《中华人民共和国收养法》，规定了非常严格的收养条件与收养程序，否则将视为违法。如收养法规定必须是无子女的家庭才能收养，否则，就是违法，这就限制了有子女家庭收养孤儿、弃婴的行为。事实上，中国无子女的家庭毕竟是极少数，如果对有子女家庭这样占绝大多数的家庭实行限制，则显然不利于儿童收养事业的发展，也不利于儿童福利事业的发展。例如，北京朝阳区东风乡外地来京人员陈荣于1995、1996年收养了几个自己捡到的弃婴，办起了“爱婴之家”，但《中华人民共和国收养法》及相关法规出台后，民政部门要求把孩子送到福利院，陈容坚决不同意，当地人评论认为“这是不能说对，也不能说不对”。后来，陈容家里出了点变故，她带着5个孩子走了，现在下落不明，这5个孩子最小的1岁多，大得已经上了宏志中学，不知道以后谁来对他们负责。陈容的遭遇表明了法律的规范与民间爱心存在着脱节，而这样的结果可能损害孩子的成长。如果法律、法规、政策进一步完善，能够充分调动并利用民间人士的爱心与资源，则包括弃婴收养在内的儿童福利事业，一定能够获得更好的发展。

第三，有必要严格规范对弃婴行为的处罚措施。弃婴是不良的社会现象，这种行为属于违法犯罪行为，《中华人民共和国刑法》第261条就明确规定，“对年幼、年老无独立生活能力的，应承担扶养责任而不尽抚养义务情节恶劣的，处5年以下有期徒刑。”但事实上，由于寻求弃婴者成本较高，实际上非常困难，即使找到了弃婴者，法院几乎没有过依法惩办弃婴人行为的案例。因此，在保护弃婴生命与健康权的前提下，应当进一步明确对弃婴行为的处罚规定，通过法律的手段约束并减少弃婴现象。

第四，用人性与爱心来重视对弃婴权益的综合维护。对弃婴的维护体现了一个社会的文明进步程度，但弃婴的权益不仅仅是生存的问题，也包括教育、情感保障等内容，因此，在加快发展福利院、完善收养政策的同时，还应当改进福利院的管理，真正让弃婴在福利院或在收养人家像在自己的家一样。一般而言，弃婴遭遇遗弃是一种严重的心理伤害，要想解决弃婴的心理问题，不仅意味着在安全的环境里看护他们，更重要的是要让他们的身心，尤其是精神世界最大程度地恢复健康、健全。因此，从一定意义上说，最好是让他们回归家庭生活。

思考题

1. 如何理解社会福利的概念?
2. 妇女儿童福利的内容有那些?
3. 如何理解人口老龄化与老年人福利的关系?
4. 简述我国残障者福利事业的发展状况。

第十一章　社会服务保障与社会工作

第一节　社会服务保障

一、社会服务保障的含义及特征

（一）社会服务的含义

社会服务这个词使用的频率比较高，在日常生活中经常被使用。同时，随着人们需求意识的提升，社会服务也日益成为一个和社会保障有着密切联系的概念。

服务，《辞海》上的释义有二：其一是指为集体或为别人工作，如为人民服务；其二是政治经济学术语，亦称劳务，是指不以实物形式而以提供活劳动的形式满足他人某种特殊需要，如医疗部门以及服务性行业等工作者的劳动活动。结合上述两方面的意义，可将社会服务界定为一种以提供劳务的形式来满足他人或社会需求的活动或行为。

一般意义上的社会服务是一个比较笼统的概念。具体而言，社会服务应有广义和狭义之分。广义的社会服务包括生活福利性服务、生产性服务和社会性服务。生活福利性服务指直接为改善和发展社会成员的生活福利而提供的服务，如衣食住行用等方面的生活福利服务。生产性服务指直接为物质生产提供的服务，如原材料运输、能源供应、信息传递、科技咨询、劳动力培训等。社会性服务指为整个社会正常运行与协调发展提供的服务，如公用事业、科教文卫事业、社会管理事业等。狭义的社会服务即指针对社会成员的生活保障和福利提供的服务。

（二）社会服务保障的含义与特征

社会服务保障是国家和社会依法为社会成员提供的具有社会保障特性和功能的社会服务，是现代社会保障的一项基本实施方式和手段。

社会服务保障作为一种实现社会保障功能的基本方式和手段，它有着自身的一系列特征：

1. 服务性。服务性是社会服务保障基本的性质特征。从本质上看，社会服务保障属于社会服务的范畴，是社会服务在社会保障这一特定领域的功能实现。因此，服务性也是社会服务保障区别于其他社会保障方式和手段最显著的特征。作为一种活劳动的使用过程，服务虽然要借助一定的物质载体，但无论服务的提供和使用都是一个动态的活动过程，而非物质形态的物品；服务的过程不同于物质产品的生产过程，服务的提供过程和使用过程可以具有同期性，服务的提供过程同时也是服务接受者使用服务的过程；服务可以因接受者的不同需求，提供极为个性化的运动形态的使用价值；服务的直接结果一般是服务接受者某种状态的改变，而不是物质产品的产生，生产性服务也只是生产过程的一个“中介”。服务由于具有这些特性，因此它能满足人们仅靠物品而无法满足的种种需求，如医疗保健、技能培训、生活照料、精神愉悦等需求，特别是具有个性化的特殊需求。社会服务保障就是通过制度性的安排，运用服务的方式和手段，不仅提供普遍的基本的物质保障性服务，而且更注重个性化的精神性和发展性的服务保障，以此来满足社会成员仅靠物质和资金而无法满足的种种保障需求，与物质和资金保障发挥互补作用，使社会保障的功能得以全面实现。

2. 保障性。保障性是社会服务保障基本的功能特征。如前所述，社会服务有各种不同类型的服务，每一类服务可以发挥各种不同的功能。而社会保障体系中的服务，不是无所不包的服务，而是针对社会成员可能面临的生、老、病、死、失业、贫困等生存风险所提供的保障性服务，这种服务与其他的资金和物质保障措施相配合，帮助遭遇生存风险的社会成员克服困难，以保障他们的基本生活和增加他们的福利。因此，这种服务的目的、手段和评估标准等都必须符合社会保障的功能要求。

3. 社会性。社会性是社会服务保障的对象性特征。服务因使用对象的不同可以分为公共服务和私人服务。私人服务是供私人使用的服务，具有排他性。而公共服务是为社会集体提供的服务，是以服务形式存在的公共物品，具有非排他性和共用性。使用公共服务的社会成员不能轻易地排除他人使用同样的服务，人们可以共同使用这类服务，其使用价值在社会成员之间不可分割。社会保障服务就是为了实现社会保障功能，而由社会向其成员提供的一种具有社会性的公共服务，凡是具有合法的社会保障需求的成员都可以使用这种服务，以满足自身的保障需求。同时，社会保障服务也要求保障对象，即保障服务的使用者要以积极的姿态参与这种服务过程，使服务功能在积极的社会互动中得以实现。

社会服务保障的特征是多方面的，而上述三项特征是最为基本的，认识这些特征可以更好地理解社会服务保障的概念和内涵。

二、社会服务保障的分类

根据社会服务保障服务内容的性质不同，可将社会服务保障分为：

（一）社会保险服务保障

社会保险中的养老、医疗、失业、工伤、生育等保障项目，都必须有服务性的保障措施才能实现其保障功能。我们无法想像失去自立能力、行动极为不便的独居老人如何去领取属于自己的养老金；一个失业工人领取失业保险金后仍前途茫茫，生活无着落。因此，老人要安度晚年，相应的生活照料服务等是必不可少的；失业工人领取保险金后对其进行岗位技能培训和就业中介服务是非常有意义的。因此，社会保障中物质和资金保障功能的实现必然依托于保障性的社会保险服务措施。

（二）社会救助服务保障

社会救助中的城乡贫困救济、自然灾害救助、扶贫开发等同样都离不开服务性保障措施。社区帮困服务、五保供养服务等在城乡贫困救助中发挥着极其重要的作用。若没有灾害紧急救护、灾民安置、生产恢复等服务，自然灾害救助也就无从谈起。扶贫开发更是不同于传统发钱发粮的扶贫救助，扶贫开发的主要方式是在政府和社会的政策、项目、技术、资金、信息等的扶持下，通过贫困地区群众自身的参与和开发，摆脱贫困面貌。扶贫开发是造血型扶贫，其中政策引导和服务比简单的资金投入具有更重要的意义。

（三）社会福利服务保障

在我国的社会福利事业中，在各类儿童、老人、残障者等福利院中，收养人员的医疗、教育、康复、生活照料等服务是福利保障最基本的内容，用于这些服务方面的投入往往比直接的衣食供给投入更大。在残障者康复和就业安排中、企事业单位的职工福利中，福利服务都是必不可少的组成部分。

（四）优抚安置服务保障

优抚安置是一项特殊的社会保障，其注重物质和精神、资金和服务并重的保障特征，决定了在精神褒扬和为优抚对象提供各种拥军优属的社会服务方面，有着特别重要的作用。退伍军人的安置工作更是一种政策和服务性的保障措施。

三、社会服务保障在社会保障体系中的地位和作用

（一）社会服务保障的历史地位

作为现代工业社会的一种社会安全机制，社会保障制度从其

萌芽、形成到长足发展，服务性保障始终是其体系中不可或缺的组成部分。1601年英国《伊丽莎白济贫法》的颁布实施，标志着现代社会保障制度的萌芽，在这项法规中就规定了无力从事劳动的贫民，如残障者、老年人、患病者，抚育幼小子女的母亲等，可以进入济贫院，由济贫院收养。这种院舍救济就包括了服务性保障，对于无依无靠的孤儿、弃婴、父母贫困而无力抚养的儿童，济贫机构设法寻找社会上的救助者予以领养或者寄养，这实际上是一种中介性保障服务。尽管《伊丽莎白济贫法》存在有一定的历史局限性，但是由于救济对象客观上存在的服务性保障需求，这个带有萌芽性质的社会救济法规，仍然把服务性保障措施作为贫困救济的必要组成部分。

现代社会保险制度诞生于19世纪80年代的德国，通过了疾病、工伤、养老、失业等社会保险立法，创建了当时世界上较为完备的社会保险体系。它在第一部疾病保险立法中就规定，对全体从事工业经济活动的工人实行强制性医疗保险，保险费由工人和雇主分担，医疗机构则为投保者提供医疗和药品服务，费用由医疗保险机构经管的保险费支付。由此确立了医疗保险中经费保障和服务保障相结合的原则，这里既有直接的医疗服务，又有间接的管理服务，此项原则以后为世界各国的医疗保险体制所采纳。

1935年，在经历了空前严重的世界经济危机冲击后，美国在罗斯福新政时期制定了《社会保障法》，社会保障的概念由此产生。《社会保障法》在美国建立起了一个包括养老保险、失业保险、残障者和孤残儿童救助等综合性的社会保障制度。在这个保障体系中，保障对象除了可以依法获得各种保障津贴之外，还可以得到各种相应的公共服务。包括老人的服务、残障者和孤残儿童的救助服务，社区失业保险服务中心提供的失业者登记管理和再就业服务，失业者为了满足领取失业救济金的条件，自身还可以参加如义务消防员等的社会公共服务，体现了社会保障服务的参与性和共同性。

第二次世界大战以后，西方一些发达的工业化国家相继实行高福利政策，纷纷宣布建成福利国家。被称为“福利国家之父”的英国贝弗里奇勋爵，其在战争期间提出的《社会保险及相关服务》的报告，对于战后福利国家的发展具有重要的里程碑意义。战后的英国就是根据其思想设计的社会保险和社会服务的福利模式。即使在20世纪70年代以后，西方国家出现了福利危机和社会保障制度改革的新趋势，一些社会津贴项目被削减，但是发展和改善社区照顾等保障性服务项目的呼声和尝试却日益兴盛。

在现代社会保障制度的发展历程中，服务保障始终占据着重要地位，这不是制度设计者的刻意安排，而是由社会的客观存在的服务保障需求所决定的。

（二）社会服务保障在现代社会保障体系中的地位

现代社会中人们面临的生存风险不仅是多样的而且是系统的，要抵御这些风险仅靠资金和物质资料是远远不够的，还需要有各种服务和帮助。一个充裕的养老金的领取者，当他独自卧病在床时，如没有医疗和生活照料等服务，养老金对他便失去了意义。同样一个失业者如果只领取失业救济金，而没有相应的就业中介服务和必要的岗位技能培训，他的再就业也会变得更加困难。因此在一个健全的社会保障体系中，社会服务保障是必不可少的组成部分，它有着资金和物质保障不可替代的地位和作用。无论是社会保险、社会救助、社会福利还是优抚保障都离不开服务性的保障措施，因为所有的保障项目中都客观存在着服务保障的需求。所有的保障项目只有和服务性保障相结合，社会保障的功能才能完整的实现。

在社会保障体系的所有项目中，服务保障一方面与资金和物质保障发挥着互补作用，共同满足着各种保障需求，另一方面由于其自身的特殊性，有效的保障服务还有利于降低社会保障成本，提高社会保障效益。通过广泛吸纳各种社会力量包括志愿者参与社会保障服务，可以拓展社会保障的资源渠道，形成社会各方共同承担社会保障职能的合理机制。通过个性化和参与式的服务，还可以进而提高保障对象的社会适应和自我发展能力，更好地体现现代社会保障制度以人为本和促进社会进步的宗旨。

总之，无论从纵向的社会保障制度发展历史考察，还是从横向的现代社会保障制度内在结构考察，社会服务保障都是实现社会保障功能不可或缺的基本方式和手段，在现代社会保障制度中有着不可替代的作用和地位。

第二节　社会工作

一、社会工作的涵义

“社会工作”是由英文“Social Work”直译而来，它的早期可追溯到人类因生存互助而兴办的慈善服务，包括政府、民间、私人以及宗教团体所举办的各项助人活动。20世纪开始，它被纳入学术研究的领域，成为一门学科，同时，也逐渐孕育其科学内涵，成为一种专门性的服务方法，亦即现在所称的“专业社会工作”。

关于“社会工作”一词，专家们对其实质意义的争论非常多，对于这些定义我们除了用客观的态度去领会不同定义者的观点外，还可以透过不同角度的定义去把握社会工作的全貌。

第一种，社会工作就是解决社会问题的工作。这是从目标和任务上进行界定的。如美国1972年出版的《国际社会科学百科全书》认为：“社会工作的目标是帮助社会上受到损害的个人、家庭、社区和群体，为他们创造条件，恢复和改善其社会功能，使他们免于破产。社会工作的职能是帮助人们适应社会和改善社会制度。职业社会工作者的任务是采取各种适当措施援助那些由于贫困、疾病、免职、冲突以及由于个人、家庭或社会群体在经济上和社会环境中失调而陷于困难的人，此外，还参加社会福利政策与社会预防方案的制订。”

第二种，社会工作是一门专业服务和助人的过程。社会工作是一种专业服务、一种助人的过程。社会工作需要运用科学性的知识及艺术性的方法和技能，在人际关系中协助个人或团体，以获得社会的和个人的满足与自主，它常由一个社会机构或有关组织来执行。

第三种，社会工作是一种制度。社会工作是一种协助人们去预防和解决社会问题，恢复并增强他们社会生活功能的一种社会制度化的方法。在这一定义中，社会工作既是一种社会制度(social institution)，是一种专业服务（human service profession)，也是一种技术性、科学化的实地工作。它强调了社会工作是人类社会福利及社会保障中的中坚制度，缺乏了社会工作的实施，社会福利和社会保障功能将难以全面实现。

以上观点是从不同角度来界定社会工作的。本书认为社会工作是一门综合运用现代科学所提供的知识与技能而形成的以应用为主的专门学科，是一门艺术，一门科学，一个专业。它以科学的知识为理论基础，以艺术的运作为过程，通过为社会成员提供各类服务与福利保障，帮助困难者与不幸者恢复生活能力和信心，调整人们适应社会的能力。其宗旨在于预防和解决社会问题，恢复和增强人们的社会功能，达到个人和社会的全面发展，提高生活质量。这个定义强调了：第一，社会工作是社会科学；第二，社会工作是一种专门职业，社会工作者必须接受专门教育；第三，社会工作是助人的服务事业；第四，社会工作的主要对象是生活中的弱者、不幸者以及由于生理或心理功能失调而引起生活困难者；第五，社会工作的目标是预防和解决社会问题，促进社会稳定与协调发展。

二、社会工作的目标与功能

从抽象意义上讲，社会工作的目标是提高人的社会功能，协调、平衡人与社会、人与环境的关系。具体来说，就是帮助个人和群体认识、解决、减少由于与环境互动所产生的问题；认识个人、群体与环境的潜在不平衡，提供预防措施，使之归于平衡。它包括两个方面的含义：一是使个人、团体更好地适应环境，得到社会的认可；二是改善环境以利于人的健康全面发展。

现代意义的社会工作是为解决工业化带来的社会问题而出现的。可以说，没有社会问题，就没有社会工作。社会工作主要是分析社会问题产生的原因，揭示其变化趋势及特点，找出解决的办法并进行实践。社会问题的形成是由多种原因造成的，经济滑坡、文化失调、信仰危机、社会失控、自然灾害、政策失误等都可能引发社会问题。社会问题的多因性体现了它的复杂性，社会工作作为人与社会间的中介系统，要处理复杂的社会问题。一是从宏观上为国家制定社会政策、社会立法和制度化措施施加于社会控制提供依据；二是从中观上要实现社会化管理，通过社会组织动员社会各种力量开展多种社会服务；三是从微观上要做好个案处理，针对不同性质的问题，运用科学的方法进行合理解决。通过对社会问题的综合治理，协调社会关系，使个人在与社会互动中均能发挥潜能，最终使自己得到满足。由此可以看出，社会工作的功能是多向、综合的。社会工作的基本功能有四种。

一是预防功能。包括及早发现、控制和消除有可能损害社会功能有效发挥的条件和情况。它也可以分为两大类。一类是预防个人和群体互动中的问题，另一类是预防社会问题的发生。以婚前辅导为例，它是要防止损害社会功能的个人和社会问题。这一服务希望通过辅导让准夫妇预见到婚姻生活中会出现的问题，对婚姻深思熟虑并充分了解，避免缺乏这方面知识所引发的问题。再如社会救助制度的制定，确保贫困者、灾民难民的基本生活；养老社会保险制度的制定，确保老年人晚年的基本生活，以预防可能产生的社会问题。

二是恢复功能。指恢复受损的社会功能，又可以进一步划分为治疗功能和康复功能。治疗是消除导致社会功能失调的因素，康复是重组和重建互动模式。以治疗功能为例，社会工作者会帮一个丧失部分听力的聋儿获得助听器，或帮着把一个遭人遗弃的孤苦孩子安置到寄养家庭里。康复功能方面则可能是帮那个获得助听器的孩子在心理上接受这一器具，并习惯在生活中佩戴它。至于另一个孩子则是帮助他适应新家。

三是调节的功能。主要是指促进人的健康发展的功能。社会工作在协助那些失调的社会弱者，恢复并增强其社会生活功能方面，其社会调节作用是很具体、明显的。对部分社会成员而言，总有许多不公平现象，若不及时消除隐患，就会引发社会问题。社会工作的着眼点在于注重人与人之间、人与环境之间的调适，在一定程度上平衡人们的心理，使每个人得到健康、自由全面的发展，从而使社会有序发展。

四是发展的功能。主要是指挖掘社会资源，启发个人或制度的潜能，增强其预防问题的能力，从而更好地发挥其社会功能。教育人们用发展的观念看待社会的进步，认识新的环境，适应新的环境；协调现存的社会资源，增强其使用效应，使其有效地为社会利用，创造良好环境，促进社会发展。在我国，社会工作的功能还体现在精神文明建设中，表现在发扬社会主义人道主义精神，建立平等、互助、团结、友爱的新型人际关系，形成健康、文明、科学的生活方式和良好的人文环境中。

三、社会工作的要件

（一）案主

指社会工作服务的对象，又称“当事人”、“福利受益者”或“福利使用者”。案主可以是个人、家庭、团体、组织或社区，甚至于社会体系。

（二）社会工作者

是指受雇于公私立社会福利机构或设施中从事社会服务的

人。通常，社会工作者自称是专业的助人者，以区别于一般从事社会服务的志愿工作者。

（三）机构与设施

是指社会工作服务提供的所在地，也许是工作场所、学校、邻里社区、医院、住宅中心，或者治疗室、社会福利机构等。社会工作员在这个场所内与案主一起工作，以改变案主的行为，或解决问题。在这一场所中的设备、生态环境，形成一种助人的结构、界限、符号意义、规范与路径，以引导互动的行为趋向。所以，生态环境是产生助人关系动力的一部分。而社会工作的机构与设施包括设备、人力、规范、目标，以及执守的社会福利理念等。这些都是影响社会工作服务成效的重要元素。

（四）干预行动

指社会工作机构与社会工作者为了完成任务所付出的变迁努力。其实，也就是社会工作的过程中所进行的一切活动，包括为案主所认可与建立契约、界定问题、建立工作目标及执行改变的计划。通常，一个问题情境并非仅靠一套干预行动即可解决，有时候，需要通过好几套方案与活动才能达成一个社会工作的目标。总之，社会工作干预行动是社会工作机构或社会工作者针对案主需求所进行的一切服务过程。

除了以上四个助人情境中的主要体系外，构成社会工作助人情境内各体系间维系的力量，应归功于“关系”的建立。因此，我们特别亦将其列为社会工作助人情境中的重要元素。

（五）专业关系

社会工作为了达成目标，势必在服务过程中建立良好的关系。专业关系被描述成为社会工作的灵魂或基石。专业关系不同于日常生活中的人际关系，其差别在于以下三点：

1. 专业关系是为专业目的而建立，人际关系可能以自身的满足为目标，而专业关系是为了改变计划这一目标而建立。

2. 专业关系的形成不以社会工作者自身的利益为前提，而人际关系的建立是可以以一己私利为出发点。

3. 专业关系的形成以客观与自我了解为基础，工作者可以被允许跳出个人的问题与情绪需求，而敏感地面对案主的需求。然而，人际关系则涉及较多的主观情绪与偏好。也就是说，在专业关系的建立过程中，应撇开个人偏见。

四、社会工作的原则与方法

社会工作在帮助个人与社会协调中，面对的主要对象是劳动者和个人以及社会群体，实质也是做“人”的工作。因而，在社会工作的实施中，必须遵守一定的原则，运用专门知识和科学方法，才能最终帮助人们提高物质文化生活水平，改变其精神面貌。

（一）社会工作的原则

社会工作是一种职业。那么，它是一种什么样的职业呢？美国《纽约时报》曾生动地勾画出职业的社会工作者的形象：“一种新的职业在我们鼻尖下发展成熟了，它就是社会工作。我们原以为社会工作者不过是拎着菜篮子帮助穷人的，现在，她却是以她的专业训练、科学方法和艺术家风度来解决社会上许多领域的问题的‘里手专家’。她善于处理家庭经济困难和感情纠纷问题。她帮助社区福利和有关的服务机关协调平衡。她在医院、社团、学校等单位工作，探求预防青少年和成年人的越轨与犯罪。”可以说，社会工作是对社会消极现象接触最多、最敏感，最积极拥护社会改革，为人们创造幸福美满生活的职业，是“助人为乐”的职业。为搞好社会工作，社会工作者必须遵守一定的行为准则。西方国家由于职业化的加强，相继成立“社会工作者协会”，并制定了社会工作者的“道德守则”。总的原则是：①坚持尊重服务对象的个人尊严的原则，不容许发生有损个人尊严的事例；②坚持尊重服务对象的个人权利的原则，不容许发生侵犯个人权利的事例；③坚持尊重服务对象有个人选择的权利，不容强人所难而让服务对象勉为其难；④坚持尊重个人自我完善的原则，服务时要为服务对象自身的发展考虑；⑤在向社会群体提供服务时要平等待人，对任何一类群体，不管是儿童、少年群体，或是青年人群体、成年人群体、老年人群体、妇女群体，在进行服务时均应一视同仁，不分贫富、种族、民族、宗教信仰，不分知识水平，杜绝歧视行为；⑥在对社会提供服务时，应提倡政策及立法的完善以改变社会现状及促进社会公正，为每个公民提供自我发展、自我完善的广阔空间。对每个社会工作者来讲，人生的价值不在索取而在奉献，是一言一行的“价值法则”。要尊重人的价值，理解人，尊重人，关心人。特别对老年人、残障者、贫困者，不能把他们当作社会包袱，而应当看作是社会财富。在人与人的关系上树立平等、互助、合作的观念，使社会工作成为沟通和调节人际关系以及协调个人与社会关系的桥梁。

（二）社会工作的方法

随着社会工作的发展，社会工作本身也有自己的工作方法。一般来说，许多学者把这些方法归为两大类。

1. *直接社会工作方法*。社会工作三大传统方法，即社会个案工作、社会群体工作和社区社会工作被称为直接社会工作方法。其特点都是社会工作者直接与社会工作对象接触，以获得社会工作服务的效果。①社会个案工作。就是以个人或家庭为服务对象，采取个别接触方式，协助案主澄清其遭遇的问题，并共同寻求解决问题的途径的一种科学方法，有的学者认为其实质属于人际关系的科学知识和方法。②社会群体工作（社会团体工作）。以社会群体（两个人以上的团体）为服务对象，在社会工作者的帮助和影响下，共同参加集体活动，以帮助个人认识和适应社会关系和社会环境，促进群体成员间的互动，以增进社会所需的社会功能的一种方法。③社区社会工作。是指以社区及社群为服务对象，运用社会调查分析技术，为社区发展和增进社区福利提供可行措施的一种方法。具体还可分为社区组织、社区发展和社区服务等方面的内容。这三种方法在社会工作发展史上都是最早运用和推广起来的专业方法，虽然在服务对象的数量和工作活动的方式上有所不同，但都是以人和社会问题为对象和工作内容的，三种方法之间具有共同的功能和交互的作用。由此可见，掌握系统的社会工作方法是必须的。

2. 间接社会工作方法。是指社会工作者间接地对社会工作对象进行服务的方法。主要包括社会工作督导、社会工作研究、社会工作咨询、社会立法、社会政策、社会工作行政等方法。这些方法采取的方式并不一样，但共同的目标是：提高专业社会工作者的服务水平，制定合乎实际的社会政策，帮助人们按社会政策管理、规范自已的社会生活，提高人们的社会生活能力和社会功能。

3. 群众路线的社会工作方法。中国的社会工作在接受一些西方国家社会工作的个案、社区工作方法的同时，仍然保持发扬本国传统的依靠群众、发动群众的社会工作方法。这种方法在中国具体表现为：充分利用集体组织的力量开展社会工作，在社会成员中持续地开展互助活动；广泛地在社会成员中形成较规范的、大规模的社会服务活动。运用这种方法的形式多种多样。群众路线的社会工作方法既是中国的传统方法，也是由本国经济、文化、政治的国情所决定的。

五、社会工作的实施领域

社会工作研究领域是很广泛的，且实施范围也极其广阔。如中国民政部门是主管社会工作的职能部门，其工作内容极为丰富，它既主管一般的社会工作项目，如社会救济、老年福利、儿童福利、伤残人的康复与就业、精神病人的收容与治疗等，也主管一些特殊的项目，如社团管理、基层政权建设、拥军优属、复员退伍军人安置、婚姻登记、殡葬改革等等，涉及各个领域。根据中国的国情分析，就实施的范围来讲，社会工作主要运用于以下工作领域。

1. 社会保障社会工作。主要运用社会工作的间接工作方法，通过各级社会工作机构、国家与社会的福利保障单位，把社会政策转化为社会服务，通过将社会保障制度的政策贯彻落实，帮助人们摆脱由物质原因带来的困境，达到与社会协调一致的目的。

2. 社会福利社会工作。这是社会工作中最广泛的一项内容。主要包括：企业保险、老年人福利、儿童福利、残障者福利、妇女福利、优抚安置、社会成员生活补贴、改善公民居住条件、各种集体福利事业等。随着社会工作的发展，其范围将更加广泛。

3. 医疗社会工作。它是增强全体公民体质的社会福利服务。包括：各种医院、诊所和医学康复机构的社会服务，公共卫生设施与卫生行政的社会服务，心理卫生机构和精神疾病防治医院的社会服务等。

4. 司法矫治社会工作。它是指对因违法犯罪失足者及其家属提供的社会服务，以处理因犯罪而带来的个人和家庭的心理障碍和生活难题，预防产生新的问题，达到矫治犯罪心理和行为的目的。其主要方法可分为教育改造和劳动改造。

5. 城市社区服务。它是指通过社会工作机构的组织和社会工作者的努力所形成的群众性服务活动。它通过建立系统的完整的社会服务网络，为社区居民的物质生活和精神生活提供各种社会福利和社会服务。

6. 农村社会工作。它是指在政府指导下，运用各种社会力量所进行的农村社会服务。其工作内容包括：农村社会救济、农村社会福利、农村计划生育、农村养老保险、自救生产等等。

7. 学校社会工作。主要是指通过专业性的服务，帮助学生发掘潜在的聪明才智和创造性，改善学习环境，完善教育功能，促进学生正常成长。

8. 军事社会工作。它是指在军人、军人家属、部队所在社区中搞好部队建设和军人退役后的安置所开展的各项专业服务。

社会工作按服务的对象还可分为：老年人社会工作、青年人社会工作、妇女社会工作、残障者社会工作、幼儿社会工作、专业社会工作者社会工作等等。

第三节 社会服务保障与社会工作的发展

一、社会保障与社会工作

（一）社会工作与社会保障的历史渊源

社会工作与社会保障制度的发展有着十分密切的历史渊源，在一定意义上可以说，社会工作是随着现代社会保障制度的日益发展和完善而逐步地走向专业化，没有社会保障制度的建立、发展和完善，也就没有社会工作的专业化历程。社会保障和社会工作都可以追溯到英国颁布旧《济贫法》等社会救助事业的兴起。德国社会保险制度的建立，美国《社会保障法》的实施对现代社会工作的发展都有着十分重要的影响。专业社会工作形成于19世纪末、20世纪初的欧美发达国家，以后逐步拓展到世界其他地区，成为现代社会发展和社会福利制度的重要组成部分。社会工作的范围也随着社会保障事业的发展越来越来越广泛，使社会工作成为一种由政府或私人社团所举办的广泛性的专业社会服务。而且，更重要的是，社会保障制度的实施是通过大量的社会工作来实现的。

（二）社会工作是实施社会保障的主要工作方法之一

可以说，社会工作主要用于社会保障体系中的社会救助和社会福利。社会保障体系中的社会救助、社会福利只是从政策上规定了救助对象、救助标准以及所要达到的目的。但如何实施这一制度，如何确定救助对象，如何从精神上帮助他们克服生活困难或生理、心理障碍，开展自救，达到和社会的协调，这就需要大量的社会工作进行干预。在我国，社会工作有相当一部分内容是实施和实现社会保障的，包括社会救助工作，社会福利工作。群众团体的组织工作，社会组织和发展工作，社会保护工作，民政工作，社会居民工作，托儿工作，老年人、残障者、精神病患者以及弱智儿童等类人员的赡养、保健、康复、医疗、学习、教养工作，规劝、改造和挽救犯人的工作，个人与群体关系的工作；此外，还包括社会政策的制定与执行，社会行政管理工作等等。

社会工作按服务对象和内容，包括残障者服务、未成年人服务、妇女服务、老年人服务、劳动者个人的生活服务等。按照协助解决问题的类型，包括失业问题、贫穷问题、犯罪问题等。因此，社会工作扩展了社会保障的服务领域和功能。并且，通过社会工作的发展和社会工作者多方面专业化的社会服务，使社会上的老年人，残障者，贫困者，寡、孤、精神病患者等弱者能享受到经济增长和社会发展所带来的利益，促进个人、家庭、组织、社区之间的协调，从而促使社会保障功能得以更好地实现。

总之，随着社会工作的日益专业化、制度化，在社会生活的各个层面都发挥着越来越重要的服务保障作用。在微观层面，社会工作为保障个人和家庭的生活，帮助社会成员解困救难，促进他们社会适应能力的增强和自身的发展。在中观层面，改善社会组织和社区的外部环境和内在结构，增强它们的组织功能，促进它们与社会协调发展。在宏观层面，影响和完善政府的社会政策和社会福利制度，以保障人权，促进社会的公正和进步。

二、社会服务保障和社会工作

尽管社会工作和社会服务保障在体制构架和发展路径上既存在联系又有分别，然而社会工作的基本属性和功能特征，决定了它与社会服务保障具有内在的一致性。笼统地讲，社会服务保障和社会工作都可以称之为是现代社会保障的基本实施方式和手段之一，都以服务的方式把社会保障制度或政策转化成社会保障实践，使社会成员的福利或保障服务需求得以满足，使社会保障的功能得以实现。其具体体现在：①社会工作和社会服务保障的基本理念都是以人为本，通过维护每个社会成员的基本生存和发展权利，增进社会的公共福利，以达成人类社会的和谐公正与繁荣进步。②社会工作和社会服务保障的基本功能都是社会生活的安全网和社会发展的稳定器，通过对社会成员基本生活的保障，调节社会的贫富差距，解决社会问题，促进经济与社会的协调发展。③社会工作和社会服务保障实现功能的基本方式都是服务，而且两者在服务的范围、手段和重点对象等方面都存在着很大的交叉与一致性。养老、医疗、残障、失业、贫困救助等社会保障和福利服务都是两者基本的服务内容和范围，服务的基本手段都包括直接服务和间接的社会行政等服务，服务的重点对象都是孤、老、病、残等社会弱势群体。

虽然，社会工作和社会服务保障的基本方式都是服务，但社会工作所提供的服务具有明显的特点和优势：①遵循专业的价值理念；②服务实践有一定的理论基础；③服务操作过程注重技能性、方法性和艺术；④注重服务效能。这些也正是社会工作所提供的服务的“专业化”特征，也是社会工作作为一种社会服务和职业能被广泛接纳和认同的原因所在。

社会工作与社会服务保障的内在一致性及社会工作所提供的服务的特点表明，许多社会服务保障的项目和内容需要依托专业化社会工作予以实现，而发挥服务性的社会保障作用，也应该是现代专业化的社会工作最重要的功能之一。社会服务保障与社会工作应有机地结合在一起，以促进社会保障功能的全面而有效地实现。

三、全球化背景下社会服务保障的发展

20 世纪 80 年代以来，一个从经济领域延伸到社会生活其他领域的全球化浪潮正在兴起，全球化不仅是跨越国界的竞争性经济的发展，而且是跨越国界的政治因素、社会因素、文化因素、人口因素、环境因素等，在全世界范围内发挥着作用。全球化的

趋势对各国社会经济的发展产生了深刻的影响，对传统的社会保障系统提出了新的挑战，在社会生活领域中导致了各国政府社会保障政策的调整。

全球化浪潮的冲击，全球性环境的破坏，人口结构的老龄化，劳动力流动规模的增大，新的失业和贫困的增加，各种社会冲突的加剧，政府社会福利政策的调整，在客观上使得社会保障的需求也发生了新的变化，特别是其中的服务性保障需求变得更加迫切和重要。

在服务保障的数量和范围上，鉴于社会保障资源的不足和福利支出方向改变，人们在生活、就业等方面遭遇更多困难的同时，普遍要求在养老、医疗、失业培训、贫困救助等各个方面获得更多的社会服务，而不是削减服务，以帮助他们克服困难，面对新的形势和环境。而且，与全球化的趋势相适应；社会部门的社会服务也出现了跨越国界的趋势，这更激发了人们拓展社会服务的愿望，希望社会服务的理念和方式能传遍世界各个角落，经过本土化的构建，向世界各地需要服务的人们提供帮助。

在服务保障的质量上，人们要求克服传统的福利体制下社会服务中的“行政化”和“官僚化”倾向。改变社会服务低质量的状况，降低服务成本，提高服务质量，打破传统专业化服务的局限，使服务更加综合有效，更加贴近人们的生活。在服务提供的渠道和方式上，人们要求政府、市场和社会应该有更好的协调，中央政府和地方及基层社区应该建立更加合理的分权机制和伙伴关系，用新的共同治理模式取代传统的政府管理模式，使地方和社区发挥更加重要的作用，提升传统的非政府志愿者服务的方式，培育和发展更多的社区服务机构和自助服务组织，使接受服务者更多地参与服务过程，使社会服务的提供更加多元化、人性化。

社会服务保障需求的这种变化，反过来也会影响和促进社会保障和社会服务体系的完善与发展。

四、我国社会服务保障体系的建设和专业社会工作的发展

中国真正意义上的现代社会保障制度创建于新中国成立之初，在传统计划经济体制下形成的社会保障体系，实行的主要是“国家—单位”保障模式。改革开放以后，社会主义市场经济体制的确立及社会结构的深刻变迁，使原计划经济体制下形成的社会保障体系出现了体制排异，保障功能日益萎缩，体制矛盾日益突出。20世纪80年代中期，中央在关于“七五”计划的建议中提出了改革我国社会保障制度的历史任务，由此开始了中国社会保障制度的全面改革和重建。

经过十多年的探索和改革，我国社会保障制度的重建取得了突破性的进展，一个新型的独立于企业之外的社会化保障体系正在逐步形成。但是，新体制的构建同样面临着一系列深层次的矛盾和困难，中国社会保障制度的改革迫切需要继续深化。深化改革的核心问题，是如何以新的思路和制度设计，动员组织社会保障资源，建立一个行之有效的多元化的社会保障体系。

作为现代社会维护公民基本生存权利的社会安全制度，在制度选择的基本导向上，必须全面确立以人为本的社会价值理念，使保障制度真正体现社会公平和对人的终极关怀，既关注人的最基本的生存需要，也关注人的生理的、心理的、经济的、社会的各种需要。现代社会保障制度要正视各种需要的综合，不能只见钱不见人。其次，在保障功能的实施机制上，不能只重视资金保障而忽视服务保障，不能只建立保障资金和物品的发放机构，而没有满足人的多种保障需求，增强保障对象自身能力的社会服务机构。资金保障与服务保障的互补，既是满足人性化保障的客观要求，又是提高相对不足的保障资金利用效率的必要途径。建立独立于企事业单位之外的社会保障制度需要社会服务体系的支持。只有当一个福利保障体系能较好地体现人性关怀和社会公平

的时候，才能使社会保障责任的分担成为一种积极的社会整合机制。只有当一个福利保障体系兼具较为完善的资金和服务保障功能时，才能使有限的保障资源通过多元整合得到有效的利用。

我国社会保障制度改革中显露出来的问题，不仅是资金不足，而且是服务不足的问题。不仅是收支难以平衡，更是一个物质保障和服务保障不平衡的问题。因此体现人性关怀，加强服务保障体系建设，应该成为进一步深化我国社会保障制度改革的一项重要目标。而要实现这个目标，充分重视现代社会工作的福利服务功能，积极推进中国专业化社会工作的发展是尤其值得关注的。

推进专业化社会工作的发展，是中国经济体制转轨和社会转型的客观要求。社会主义市场经济体制的确立和社会结构的现代化转型，为中国的经济和社会发展开辟了广阔的前景，同时也带来了一系列新的社会问题。经济体制的改革和产业结构的调整，使实际失业率持续上升，就业形势严峻；社会贫富分化现象加剧，城乡新贫困阶层的出现，使反贫困的历史任务变得更加复杂；人口老龄化的压力日益增大，社会化养老问题已经成为迫切需要解决的社会问题。此外，婚姻家庭问题、青少年教育问题、犯罪问题等，也都在新的社会环境下出现了新的特征和趋势。中国解决社会问题的传统模式主要是依靠党群系统的政治思想工作和政府机构的行政工作，运用社会控制和管理的方式解决社会问题。面对一系列新的社会问题和矛盾，传统的社会运行机制已经难以适应。因此，大胆进行制度创新，培育和发展一个独立的专业化的社会工作系统，已经成为完善中国社会运行机制，解决中国新的社会问题和矛盾，促进社会稳定发展的历史性课题。

由于社会工作发源于西方工业化国家，它主要是提供社会公共服务产品，在中国培育和发展专业社会工作，客观上存在着体制障碍和文化差异，这就需要在借鉴和引进世界其他国家成功经验的基础上，结合中国的国情，走本土化的发展道路。这种本土化不仅是方法技能的本土化，而首先应该是理论和体制设计的本土化，使社会工作能够在中国的土壤中生根发芽。

从中国经济和社会发展的现实出发，现阶段探索建立中国特色的社会工作系统，应该同中国迫切需要解决的社会问题结合起来，特别是与中国社会保障制度的改革进程结合起来。社会工作所具有的社会福利服务功能，对当前中国社会保障制度改革的深化，对于社会服务保障体系的建设有着特别重要的价值。老年社会工作可以帮助建立社会化的养老服务体系；医疗社会工作有利于医疗保险制度的改革和完善；残障者社会工作能够促进残障福利事业的发展和残障者的自强自立；专业化的劳动就业培训和中介服务会使得失业保险和救助变得更加积极；而综合的社区工作和社区服务更能使贫困救助和福利服务构建起新的体制环境。无疑，一旦专业化的社会工作成为社会服务保障体系的重要支柱，必将为中国的社会保障制度改革开辟出新的前景，同时也将为中国专业化社会工作的发展寻找到具体途径和体制空间。

[资料与案例分析]

癌症康复者的心理和行为支持服务

——江东新村陈先生的个案社会工作计划

一、案主背景

陈先生，男，48岁，高中文化。1981年结婚，育一女。2001年发现患有胃癌，同年7月完成手术。因患病，陈先生失去工作，妻子为照顾丈夫，也辞工全心家务。目前全家靠最低保障费维持生活。时届女儿中专毕业，因无力支付学费，其继续就学及就业都面临困难。

二、个案分析

根据了解，陈先生及其家庭至少面临以下问题，需要得到外来的支持与干预。

1. 疾病与治疗。癌症是特殊生命事件，康复更是长期过程，这些都给康复者带来负面作用。癌症事件、康复过程、药物副作用等给陈先生及其家庭带来心理压力、经济短缺、失去工作等消极影响。

2. 无业。发现癌症后，陈先生不再工作。手术半年后，他曾瞒着家人进行身体锻炼以期重新工作，但巨大负效果彻底击碎了他的梦想。自陈先生患病至今，妻子辞工全心照顾丈夫。女儿今年中专毕业，尚未正式就业。因此，全家三人都没有正式工作。

3. 经济紧张。陈先生康复需要不少医疗和营养费用。医疗费用中极大部分可由医疗保险费和职工互助基金报销，自己尚需负担7%，每月200～300元。全家都靠最低保障费（每人每月280元）维持生活，家庭经济十分紧张，无法保证陈先生的充足营养费用，有时甚至连医疗费也无力支付。

4. 女儿读书与就业。由于经济短缺，处于继续就学年龄的女儿只好寻求就业。由于尚欠学校学费，其就业手续无法办理。女儿获得正式工作岗位并继续深造是全家高度关注的议题，因为女儿是全家的未来，也是全家改变命运的希望所在。

5. 心理压力。案主情绪起伏会很大，经常出现忧郁、无助感，对疾病及生命比较焦虑。由于陈先生及其家庭面临“复合”困境，他们不可避免面临焦虑、烦恼等心理问题。

三、工作目标

本方案旨在于服务过程中同时达成任务目标和过程目标。任务目标首先在于协助案主直面当前的各项困境，然后再分别围绕具体问题和需要来讨论和分析可能解决途径并发掘资源；过程目标则旨在提升案主的多方面能力。

四、工作理念

癌症康复者是社会的弱势人士。由于健康水平下降、康复费用昂贵，因此，如果他们应变不当，可能会导致失业、贫穷、心理健康水平下降等后续负面事件。这些物质和精神层面的事件不但会影响其本人康复，而且会影响家庭的整个生命过程。

癌症康复者比一般人面临更多困难，而且癌症康复者面临的各种困难可以视为危机。

癌症康复者是弱势人士，其中极大多数人士的个人资源不足和客观环境恶劣。这可能使他们缺乏恰当响应危机的办法，或者采取不当方式应对困境。因此，他们首先需要他人和社会的支持和帮助，协助提供心理辅导，解决现实问题。鉴于“助人自助”是社会工作的重要原则，协助他们“自助”即达观面对困境、增强应对压力的能力是帮助其解决问题的根本手段。

由于癌症康复者会同时面临诸多问题，这些问题是案主所在系统的有机组成部分。因此，如果针对这些问题同时采用干预手段，那么，一个问题的舒缓或解决显然会有利于其他问题的良性发展。

五、工作原理

本方案采用“危机干预法”（crisis intervention）对案主提供帮助。危机干预法是经过专门设计的、旨在影响危机过程的活动，以达到改善案主应对未来危机能力及其他良好结果。其基本假定是：个人应该与其环境处于平衡状态，面临危机者其平衡就被打破。危机干预法的基本技术涉及情绪、认知和行为等方面。其效果取决于案主原先的应变资源（如，个人意志、情绪控制能力、积极达观的认知等）、可用的社会支持系统、危机的本质、帮助者采用的干预手段等。

六、工作方案

（一）提供心理援助

目的：在情感层面协助抒发负面情绪，发现可能的应急资源。

内容：

（1）分享案主的情感体验：个人感受、家人反应及发泄情感的办法。

（2）探索与这些情绪有关的个人需要。

（3）讨论案主发泄情绪方法的特性。

（4）介绍和演练管理情绪的技巧（空椅子法、洗髓法），学习释放，达致平静心境。

（5）讨论可能资源：针对康复，提供市癌症康复俱乐部的联络信息；针对无业，提供福利彩票销售点申请的信息和有关政策的咨询方法；针对女儿就业与读书，提供继续教育信息。

（6）家庭作业：演练管理情绪的技巧（下次分享感想）；根据信息，联络市癌症康复俱乐部，完成福利彩票销售点申请书的初稿，联络有关院校获得确切的继续教育信息。

（二）直面当前困境

目的：在认知层面协助案主评估和面对已经出现的各种困难。

内容：

（1）分享案主过去一星期的管理情绪体验、效果及感想，讨论案主各类其他家庭作业的完成情况及其体验。

（2）进一步分析案主正在面对的各种困难状况。

（3）讨论这些困难的产生原因及其机制。

（4）分享案主对不同困境的未来可改变性的看法。

（5）讨论案主对困境看法的合理和不合理之处。

（6）切磋达观认识当前的各种困难的方法。

（7）家庭作业：继续演练管理情绪的方法，反思各种困境的可变性，思考舒缓和解决困境可以采取的行动。

（三）切磋应变行为

目的：在行为层面协助案主设计积极的应变行动。

内容：

（1）分享案主情绪管理的体验和对行动思路的思考。

（2）分享案主已经采用过的舒缓或解决困境的行为。

（3）讨论这些行为的合理性与不合理性。

（4）分享有利于康复的行为，包括：参与癌症康复俱乐部，介绍与演练气功技巧。

（5）讨论有利于就业的行为，包括：妻子从事非正规工作，向福利彩票销售点提出申请（要求街道提供帮助）。

（6）切磋有利于女儿就业与读书的行为，包括：鼓励女儿在实习期间体现优秀的员工行为，根据继续教育信息报名就读等。

（7）商讨有利于改善经济紧张的行为，包括：进行伤残鉴定从而办理提前退休手续等。

（8）家庭作业：演练管理情绪的技巧，实施本次讨论的积极行为。

（四）进行反思提升

目的：回顾已有工作过程，探索未来努力方向。

内容：

（1）分享案主的家庭作业完成状况。

（2）讨论人生事件的应对过程：事件评估、发现资源、采取行动。

（3）反思和讨论已经采用的情感抒发、认知修正和行为修正的技巧。

（4）分享对上述方面的各自感受。

（5）讨论未来可以继续努力的领域。

（6）家庭作业：思考针对上述困境还可以采用哪些方式发泄情感，还可以开发哪些资源，还可以采取哪些行为。

（五）提高应变能力

目的：依托对多种困境的应对体验和思考，领悟对付未来可能负面事件的能力。

内容：

（1）分享案主的家庭作业完成状况。

（2）建立达观、开放的和迎接未来的心态：认识人生危机事件的不可避免性，认识自身与家庭的作用，在理念上积极追求可行的改变。

（3）领悟发掘各种外来资源的技巧：学会巩固和建立支持网络、获得非正式社会支持的方法，讨论发现机构、政府、市场资源的途径，商讨积极参与社会生活的方法。

（4）讨论面对人生负面事件的“治本之法”：发现原因机制、改变可变因素从而防止损害和改善前景的方法。

（5）家庭作业：总结自己在工作过程中的收获，反思自己在服务过程中的改变，发现人生的意义。

（六）寻找人生意义

目的：总结收获和巩固成效，与其他弱势人士进行互助从而提升自我。

内容：

（1）分享案主在工作过程中的多元感受。

（2）发现案主在整个课程中的积极转变。

（3）探索工作计划的优点与不足。

（4）讨论案主需要继续努力的方向。

（5）共同家访社区孤寡老人。

（6）体会个人对社会的价值和互相帮助的重要性。

（7）进行再测。

（8）赠送纪念品。

七、成效评估

本方案的评估采用量表测量法和问卷法两种方法，其中量表测量分前测和后测两次，问卷评估在工作计划完成前进行。

1. 量表测量。量表测量分前测和后测两次，由案主填答量表。前测旨在比较全面地发现案主的问题，后测旨在了解案主在接受干预后的情况。

2. 问卷测量。问卷测量旨在把握案主在接受干预后了解解决问题/满足需要的技巧方法（知晓度）和演练这些技巧（操作度）的情况。案主在服务结束前被要求回答由若干开放式问题组成的问卷，籍此工作者可以了解案主对下述方法的知晓度和实际操作状况：①自我调解烦恼；②锻炼身体；③获得工作岗位；④帮助女儿继续读书；⑤帮助自己减轻经济压力；⑥扩大个人交往网络；⑦寻求某些组织或机构帮助。

思考题

1. 什么是社会服务保障？社会服务保障的特征是什么？

2. 什么是社会工作？社会工作的基本功能、原则、构成要件是什么？社会工作的实施领域有哪些？

3. 社会保障和社会工作的关系是什么？社会服务保障与专业化社会工作之间的关系是什么？

4. 在全球化和社会保障政策调整的影响下社会服务保障需求发生了什么新的变化？

5. 我国为什么要在建设社会服务保障体系的进程中推进专业化社会工作的发展？

参 考 文 献

[1] 史柏年．社会保障概论．高等教育出版社，2004
[2] 赵慧英，于丹．社会保障概论．中国铁道出版社，2004
[3] 马斌．社会保障理论与实践．中国劳动社会保障出版社，2006
[4] 熊敏鹏．社会保障学．机械工业出版社，2004
[5] 郭士征．社会保障学．上海财经大学出版社，2004
[6] 何平．社会保障概论［第二版］．中国劳动社会保障出版社，2004
[7] 阮凤英．社会保障通论．山东大学出版社，2004
[8] 刘钧．社会保障理论与实务．清华大学出版社，2005
[9] 李宝梁，王喆．城市农民工社会保障问题的思考．社会工作（学术版）.2006（12）
[10] 李卫永，周庄．我国养老保险制度面临的问题和对策．中南民族大学学报（人文社会科学版）.2006（6）
[11] 中国社会科学院农村发展研究所．中国农村发展研究报告 No4. 北京：社会科学文献出版社，2004：188
[12] 米红，邱晓蕾．中国城镇社会养老保险替代率评估方法与实证研究．数量经济技术经济研究 .2005（2）：12～18
[13] 张建波，左相印．弥补养老保险隐性债务面临的困难及对策研究［J］.技术经济 .2005（3）：9～11
[14] 福建省农村社保模式及其方案研究课题组．农村社会养老保险制度创新．经济管理出版社，2004
[15] 王洪春，汪雷．中国农村社会保障新的机遇与挑战．中国科学技术大学出版社，2006
[16] 郑秉文．社会保障体制改革攻坚．中国水利水电出版社，2005
[17] 姜向群．老年社会保障制度—历史与变革．中国人民大学出版社，2005

[18] 吴中宇．社会保障学．华中科技大学出版社，2004
[19] 刘子操．中国社会保障制度研究．中国金融出版社，2006
[20] 李娟．论我国社会医疗保险的覆盖面问题．中国保险管理干部学院学报．2004（3）
[21] 国务院关于建立城镇职工基本医疗保险制度的决定．国发〔1998〕44号．http：//wwwjlgovcn/zt/yibao/policy11htm
[22] 刘洋．社会福利机构规范化管理规章制度全集．企业管理出版社，2005
[23] 丁少群．我国新型农村合作医疗制度及其可持续发展研究．西南财经大学．2006
[24] 陈健生．新型农村合作医疗筹资制度的设计与改进［J］．财经科学．2005（01）
[25] 李文琦．城镇化背景下的农民工社会保障问题研究［D］．西北大学．2005
[26] 陈刚．工伤保险．中国劳动社会保障出版社，2005
[27] 黄乐平．最新工伤处理操作实务．法律出版社，2005
[28] 关怀．劳动法（第二版）．中国人民大学出版社，2003
[29] 章雨欣．社会福利事业工作规范与管理实用手册．银声音像出版社，2005
[30] 郑功成．社会保障概论．复旦大学出版社，2005
[31] 邓大松，刘昌平．2005—2006年中国社会保障改革与发展报告．人民出版社，2007
[32] 吕学静．现代各国社会保障制度．中国劳动社会保障出版社，2006
[33] 邓薇．中国转型期农村社会保障问题研究．湖南人民出版社，2006
[34] 秦宪文，夏江海．我国失业保险制度存在的问题及对策［J］．海南金融．1997（10）：40～42
[35] 失业保险条例．http：//wwwjincaocom/fa/law1202htm
[36] 劳动和社会保障部我国的劳动和社会保障制度．http：//wwwctax-orgcn/rdzt/
[37] 童星．社会保障与管理．南京大学出版社，2002
[38] 王文素．社会保障理论与实务．经济科学出版社，2004
[39] 齐海鹏．社会保障教程．东北财经大学出版社，2006

[41] 王益英．社会保障法．中国人民大学出版社，2000
[42] http：//wwwldzccom. 劳动仲裁诉讼网
[43] 赵俊超．扶贫开发理论与实践．中国财政经济出版社，2005
[44] 刘庆龙．中国社会保障．河南人民出版社，2002
[45] 关信平．社会政策概论．高等教育出版社，2004
[46] 郑杭生．社会学概论新修．中国人民大学出版社，2002
[47] 孙光德，董克用．社会保障概论．中国人民大学出版社，1999
[48] 张祺．社会保障概论．中国劳动社会保障出版社，2006
[49] 民政部．2005 年民政事业发展统计报告．http：//wwwmcagovcn
[50] 朱庆芳．城市贫困群体的特点及原因．载中国党政干部论坛．2002 (4)
[51] 中国扶贫开发报告．中国扶贫信息网．http：//wwwhelp－poverty-orgcn
[52] 中国扶贫开发的伟大历史进程 2000. http：//wwwpeoplecomcn
[53] 国务院新闻办公室．中国农村扶贫开发白皮书．2001
[54] 曹立前．社会救助与社会福利．中国海洋大学出版社，2006
[55] 费梅萍．社会保障概论．华东理工大学出版社，1999
[56] [美] 查尔斯·H·扎斯特罗．社会工作与社会福利导论．中国人民大学出版社，2005
[57] [美] 谢尼亚舍尔一阿德龙．建立社会保障—私有化的挑战．中国劳动社会保障出版社，2004
[58] [美] 查尔斯·H·扎斯特罗．社会工作概论．中国人民大学出版社，2005
[59] 夏淑梅．社会保障概论．安徽大学出版社，2005
[60] 田小宝．中国社会保障．五洲传播出版社，2006
[61] 李迎升．社会工作概论．中国人民大学出版社，2004
[62] 陈银娥．社会福利．中国人民大学出版社，2004
[63] 李珍．社会保障理论．中国劳动社会保障出版社，2001
[64] 许文兴．农村社会保障．中国农业出版社，2006
[65] 洪进．社会保障导论．中国科学技术大学出版社，2006